CÓMO DECLUIR SU MENTE Y SUPERAR LA ANSIEDAD Y LA DEPRESIÓN

Deja de preocuparte y empieza a trabajar en tu autoestima. Aprenda a lidiar con momentos difíciles y superar el trauma con la ayuda de un guía.

EDWARD SCOTT

Tabla de contenido

Sommario

PARTE I

Introducción

lguna vez sintió que si mirara dentro de su cerebro, vería una gran, caótica y desordenada pila de pensamientos desorganizados? Cuando siente que su cerebro está siendo golpeado a la izquierda, a la derecha y al centro por un flujo interminable de pensamientos y estímulos, se siente como si su cerebro estuviera en modo de sobremarcha todo el tiempo. De ahí el estrés que sientes. Tu cerebro te está enviando una señal de emergencia, ondeando una bandera roja frenéticamente con la esperanza de que leas las señales y liberes tu mente. Imagina que tu mente es como los armarios y gabinetes que tienes en tu casa. Los limpias de vez en cuando porque sabes que si no lo haces, el desorden se acumulará y comenzará a desbordarse. Bueno, tu mente funciona de la misma manera. Es posible que no lo veamos físicamente, pero podemos sentir cuando nuestras mentes tienen una gran necesidad de ordenar algo. Excepto que en lugar de deshacerse de los elementos físicos, lo que va a hacer esta vez es eliminar el exceso de equipaje no esencial en forma de pensamientos inútiles e innecesarios. Elimínelos y su mente estará libre para concentrarse en mantenerse productivo y motivado.

Diga la palabra "desorden" y la mayoría de nosotros pensamos inmediatamente en el desorden físico en nuestro entorno inmediato. A menos que alguien lo señale, probablemente no haya pensado en el hecho de que su mente también es capaz de acumular hábitos. Sabrá cuándo está sucediendo esto cuando note los siguientes signos:

- Estás rumiando demasiado
- Pasas demasiado tiempo enfocándote en la negatividad
- Estás obsesionado con lo que está fuera de tu control
- Te cuesta dejar ir la negatividad
- Tiene dificultades para dejar ir la ira y el resentimiento.
- Te cuesta dejar ir la tristeza y cualquier emoción desagradable que te agobie.
- Tu lista de tareas mentales tiene muchas metas y sueños incumplidos.
- Te distraes fácilmente con tus circunstancias externas.

- Los nuevos estímulos y entradas sensoriales te hacen sentir abrumado con demasiada facilidad

Desafortunadamente, nada bueno puede salir de una mente abarrotada. Estás gastando demasiada energía mental y malgastando un tiempo precioso. Una mente desordenada conduce a la desorganización, la distracción, la confusión y le dificulta tomar decisiones productivas, mantener un enfoque claro, ordenar sus prioridades y, en general, ser productivo. Tratar con una mente desordenada no es algo que deba tomarse a la ligera. Déjalo continuar el tiempo suficiente y eventualmente perderás el contacto con tu presente. Te sentirás desconectado contigo mismo y con tu entorno hasta que finalmente empieces a perder el contacto con las relaciones que tienes también. Puede sentirse como si estuviera caminando en un aturdimiento desenfocado, infeliz y estresado, sin saber lo que está haciendo con su vida y por qué.

La única solución a este enigma es despejar tu mente. Los hábitos mentales que tiene en este momento podrían impedirle alcanzar su máximo potencial. Debe ordenar para desarrollar la dureza mental, la fuerza y la resistencia que necesita para no volver a dejar que el estrés lo perturbe nunca más. Una vez que dejes ir el equipaje mental que te agobia, tu mente finalmente estará libre y tú también.

¿Qué contribuye a una mente desordenada?

El mundo en el que vivimos. Esa es la razón principal por la que tenemos tanto desorden en el piso de arriba. Desde el momento en que se despierta, la información entrante de los sitios de redes sociales, Google, canales de noticias, contenido que le envían sus amigos y familiares, mensajes de texto, notificaciones por correo electrónico, todo le llega de una vez en el momento en que abre los ojos y contesta. su teléfono. Este es un gran cambio con respecto al estilo de vida de hace varias décadas, cuando las personas se despertaban y disfrutaban de unos momentos de silencio antes de levantarse de la cama y comenzar su rutina. Hoy en día, el cerebro humano está más ocupado que nunca a lo largo de la historia. Lo hemos convertido en una máquina de procesamiento de información constante con las notificaciones y los estímulos implacables que nos siguen llegando.

Para cuando salimos de la casa, llegamos al trabajo y nos sentamos detrás de la computadora para comenzar el día, es posible que nos encontremos demasiado agotados y abrumados mentalmente para concentrarnos en nuestro trabajo. Estamos estancados y no sabemos qué hacer al respecto. Incluso cuando tratamos de concentrarnos en nuestro trabajo, estamos amenazados por distracciones todo el tiempo. Un colega conversador en el cubículo de al lado. Teléfonos sonando descolgados. Conversaciones volando de un lado a otro. Los frecuentes pitidos de su teléfono, que indican que acaba de llegar una nueva notificación. Correos electrónicos que continúan "sonando" en su computadora. Tratar de luchar y mantener tu concentración es agotador en esas condiciones, incluso peor cuando tu mente está más desordenada de lo que debería estar. Fuera del trabajo, hay muchos factores que también intentan llevar nuestro enfoque en diferentes direcciones. Le preocupa pagar las facturas este mes. No sabe si podrá cumplir con su fecha límite cuando tenga dos hijos que cuidar en casa. Está considerando solicitar un nuevo trabajo pero no sabe si es una buena idea. Siempre habrá algo de qué preocuparse, preocuparse o pensar. ¿Dónde termina?

Cuando no le da a su cerebro pobre y con exceso de trabajo el tiempo suficiente para concentrarse en una cosa a la vez, se siente atascado mentalmente. Hoy en día, la expectativa es que necesite realizar varias tareas si desea hacer varias cosas a la vez. Pero aquí está la cuestión: nuestras mentes NO fueron diseñadas para realizar múltiples tareas. Se supone que solo debemos enfocarnos en una cosa a la vez, pero la presión de hacer malabares con múltiples responsabilidades ha convertido la multitarea en algo aceptable en estos días. A decir verdad, la multitarea es ineficaz a largo plazo y, en lugar de promover una mejor concentración, promueve la ansiedad. Cuando persigue el reloj en lugar de concentrarse en lo que se supone que debe hacer, se pone nervioso, nervioso y ansioso cuando nota que se está quedando sin tiempo. En la prisa por cumplir con el plazo de tiempo autoimpuesto que se ha fijado, su enfoque se disipa. Se cometen errores, se pasa por alto información crucial y se siente emocional por la presión de apresurarse para cumplir su objetivo de tiempo para poder pasar a su próxima tarea. La multitarea es contraproducente y estás contribuyendo a tu mente desordenada cuando lo haces.

No son solo los pensamientos negativos los que tienen que preocuparse por abarrotar su mente. Su entorno también tiene un papel importante que desempeñar. El desorden ocurre cuando hay dos tipos de desorganización: situacional y crónica. El primero ocurre cuando ocurren eventos importantes en la vida o transiciones, como casarse, tener un bebé, mudarse a una nueva casa, tener un ser querido, comenzar un nuevo trabajo. En el frenético cambio, puede sobrevenir el caos y el desorden. Esto último ocurre cuando nuestro entorno externo desorganizado no muestra signos de mejora. A medida que el desorden empeora, también lo hace nuestro estado emocional. Estar en un entorno desordenado puede afectar nuestro estado de ánimo. La cantidad de desorden que hay en su hogar en este momento podría tener un impacto emocional y psicológico tan profundo, y tiene una forma de afectarlo mental y físicamente sin que usted lo sepa. Estar rodeado de desorganización hace que sea difícil para cualquiera concentrarse. Cuando se vuelve imposible tener claridad en su vida, comienza a cuestionarse y preguntarse qué está haciendo con su vida.

Nos hemos vuelto tan condicionados a una vida de materialismo que creemos genuinamente que las decisiones sobre las compras que hacemos se basan en un pensamiento cuidadoso y una lógica sólida, pero con toda honestidad, eso está lejos de la verdad. Hay una cotización de ventas clásica que resume perfectamente este escenario: "La gente no compra productos. Lo que están comprando son mejores versiones de sí mismos". Las compras que hacemos representan nuestras esperanzas, lo que creíamos que era cierto cuando las compramos y lo que esperamos que nos ayude a lograr en el futuro. Hacemos compras con la esperanza de convertirnos finalmente en una versión más feliz de nosotros mismos, como prometían esos anuncios. Desafortunadamente, cuando eso no sucede, nos sentimos infelices y las emociones que sentimos solo agravan el desorden mental que ya existe.

Albergar emociones negativas es una señal de que tu mente está desordenada. Sabes que te está afectando y provocando mucho estrés, pero de todos modos te resulta difícil dejarlo ir. Comienza con un pensamiento, un sentimiento y, antes de que te des cuenta, te estás deslizando por una pendiente muy resbaladiza de emociones infelices y ya no sabes cómo bajar la velocidad. La negatividad pone tu mente en un mal lugar en el que nunca querrás que esté, y rápidamente puede despojarte de cualquier posibilidad de felicidad. Te impide vivir tu mejor vida. El problema es que la negatividad no se puede evitar por completo. Habrá algunos momentos en la vida que serán menos agradables. Decir que nunca vamos a sentir los efectos estresantes de la negatividad sería una mentira. No siempre podemos evitarlos, pero lo que puede hacer es aprender a procesarlos, evaluarlos y tratarlos mejor,

Libera tu negatividad porque tu mente desordenada lo está suplicando. Libera tu negatividad y observa cómo las cosas comienzan a mejorar.

Tus hábitos mentales son la razón por la que no estás alcanzando todo tu potencial en este momento. Tienes la mente ocupada y eso te impide hacer lo que tienes que hacer. Es por eso que te sientes "estancado", estresado, ansioso y abrumado tan fácilmente. Una mente negativa es uno de los obstáculos más debilitantes que puede tener, ya que ocupa más espacio del que le corresponde en su mente porque no hay lugar para nada más. Como un huésped de la casa no bienvenido que se ha quedado más tiempo que la bienvenida, el comportamiento tóxico debe ser expulsado y lo primero que debe hacer para organizar su mente una vez más es desarrollar la conciencia de sí mismo acerca de sus pensamientos. ¿Cómo sueles hablarte a ti mismo? ¿Qué crees o piensas de ti mismo? Lo que vas a hacer ahora es estar atento a las señales de advertencia, como pensamientos victimarios o tendencias tóxicas de diálogo interno.

Organizar tu mente requerirá muchos cambios. Limpiar el desorden fue solo el primer paso. La parte más difícil sería intentar cambiar la forma de pensar que tienes, de negativo a positivo. Superar la negatividad para siempre será probablemente uno de los desafíos más difíciles que haya enfrentado en un tiempo. Romper con los viejos hábitos que han existido durante años nunca es un proceso fácil o sencillo. Se necesitan semanas de ejercicio de reemplazo de pensamientos positivos, que es donde reemplazas tus malos pensamientos por buenos. Pasará tiempo antes de que empieces a sentir el cambio visual de una mente pesada, abarrotada, desorganizada y caótica a una mente más feliz, más liviana y libre.

CHAPTER 1:

¿Por qué tienes que leer " ¿Cómo ordenar tu mente? "

Debe aprender a ordenar su mente, eliminando todos sus pensamientos innecesarios para dejar espacio a los pensamientos más importantes. Practicar el minimalismo en tu vida puede ayudarte a concentrarte en lo que más te importa y en lo que realmente valoras en la vida. Por supuesto, debes aprender a concentrarte. Existen algunas técnicas para hacer esto y que le resulte más fácil enfocar su atención correctamente. Por último, puede hacer que el enfoque sea más fácil si prioriza sus tareas. Determina en qué quieres centrarte y ponlo por escrito para que tengas una representación visual de tus tareas más importantes. Al hacerlo, podrá comenzar a concentrarse y dejar de estar tan abrumado por todos sus pensamientos.

Debes despejar tu mente; es esencial para su salud mental, productividad y capacidad de concentración. Si tiene la mente desordenada, es posible que tenga dificultades para dormir por la noche. No podrá concentrarse en el trabajo. Será difícil disfrutar de su vida cuando esté abrumado por innumerables pensamientos y lleno de preocupaciones. Hay algunas técnicas que puede trabajar para ordenar su mente.

Una forma de despejar tu mente es despejar tu espacio físico. Puede sentirse abrumado mentalmente debido al entorno físico en el que se encuentra. Si su espacio de trabajo está desorganizado y lleno de basura, su mente lo reflejará; no podrá concentrarse en su trabajo. Por eso, es necesario recorrer tu espacio y deshacerte de todo lo que no necesitas. Esto le permitirá concentrarse en lo importante. Su hogar, lugar de trabajo y automóvil influirán en su salud mental. Ponte en un entorno que te ayude a concentrarte en lugar de distraerte de la concentración.

Otra forma de ordenar tu mente es aprender a no realizar múltiples tareas. Es instintivo realizar múltiples tareas, ya que parece una forma de hacer más. Sin embargo, está dividiendo su enfoque entre varias tareas en lugar de dedicar su enfoque total a una. Esto dará como resultado un trabajo de menor calidad y, como resultado, se sentirá abrumado. Empiece a convertir en un hábito terminar completamente una tarea antes de pasar a otra. Notará un cambio dramático al hacerlo, ya que logrará más y se sentirá mejor con su trabajo.

Ser decisivo. En lugar de posponer las tareas para más tarde, decida qué hacer en ese momento. Si tiene una tarea importante que le llevará menos de cinco minutos completar, hágalo primero. Pensar demasiado con frecuencia ocurre como resultado de una posible decisión; no querrás tomar la decisión equivocada. Si tiene dificultades para tomar una decisión, anote todos los pros y los contras potenciales de tomar cada decisión. Úselo para guiarlo en el proceso de toma de decisiones. Recibirá la oportunidad de tomar más decisiones cada día. Si dejas que se acumulen, posponiéndolos constantemente para más tarde, inevitablemente llegarás a un punto en el que te sentirás extremadamente abrumado. Decida qué hacer con las tareas que importan y elimine las que no. Para las decisiones que debe tomar, termínelas de una vez en lugar de posponer las cosas.

También puede ordenar la cantidad de decisiones que debe tomar. También puede prepararse con anticipación para sentirse mejor cuando suceda. Por ejemplo, puede planificar sus atuendos para toda la semana el domingo por la noche. Puede preparar la comida para no tener que preocuparse por la comida cuando sea la hora de comer. Haga un horario para las tareas de rutina que debe completar, como lavar la ropa todos los jueves por la mañana o pasar la aspiradora todos los miércoles por la noche. Reducir sus decisiones y crear un horario puede ayudarlo a dejar de pensar demasiado y tener un horario que ya sabe que funciona para usted. Puede hacer un horario para usted mismo para saber exactamente qué hacer.

d	l	ı	m	j	ʏ	s
o	ι	ż	i	ɿ	i	á
m	ɾ	ı	é	ˎ	ϵ	b
i	ϵ	t	r	ˋ	ɾ	a
n	ς	ϵ	c	ɿ	ɾ	d
g		ς	o	˸	ϵ	o
o			l		s	

Escoger la ropa Vacío Preparación de comidas

Minimalismo

El minimalismo, generalmente considerado como una tendencia intensa, es muy útil para aquellos que desean enfocarse con más claridad. Aunque algunos llevan esto al extremo y viven fuera de una maleta y eligen no tener una casa o un automóvil, el minimalismo es una práctica de ser más consciente de lo que eliges mantener en tu vida. Se puede aplicar a lo largo de su vida para ayudarlo a tener solo lo que le importa en su vida. Puede encontrarse practicando el minimalismo en un área de su vida, solo para que eso afecte otras áreas de su vida.

El minimalismo no es simplemente deshacerse de cosas o ordenar sus pertenencias. Es ver lo que realmente te importa y ceñirte a eso. La técnica de Marie Kondo es conservar solo los artículos que "provocan alegría". Esto significa que solo conservas los elementos de tu vida que realmente te hacen feliz. Puede ayudarlo a revisar cada artículo que posee y decidir lo que le importa. Es posible que tenga algunas cosas de las que no se sienta culpable o para "algún día en el futuro". Sin embargo, estos artículos solo te decepcionarán y frustrarán cada vez que los veas. Es importante eliminar cualquier elemento que le produzca negatividad o le recuerde el fracaso. Rodéate de elementos que te traigan alegría y te hagan una mejor persona. Tu entorno debe ser un reflejo de ti y de lo que amas. Puede optar por revisar los artículos en su casa, en el trabajo, en su automóvil, y cualquier otro lugar que puedas tener. No traigas a tu vida ningún otro elemento que te deprima de alguna manera; solo posee lo que realmente necesitas para hacerte feliz. Esto puede ayudarlo a tener una mente mucho más clara.

Además, puede practicar el minimalismo digital. Es posible que se sienta intimidado por la cantidad de información que recibe. Constantemente habrá correos electrónicos, mensajes de texto y otras notificaciones. Las redes sociales también pueden ser bastante abrumadoras. Elimina las aplicaciones que no usas o de las que no encuentras la felicidad. Deshazte de esa aplicación educativa que "deberías" usar pero que nunca usas. Deshazte de esas aplicaciones que absorben almacenamiento y que no te gustan. Limpia tu teléfono. Desactive las notificaciones que no necesite. Puede revisar sus correos electrónicos y eliminar todos los que no necesite. Cancelar la suscripción de correos electrónicos. Crea un sistema de etiquetado. Para las redes sociales, deje de seguir a aquellos que no tienen un efecto positivo en su vida. Incluso puede optar por dejar de usar las redes sociales o realizar una desintoxicación de las mismas. Limítese a una cierta cantidad de tiempo para las redes sociales. Hay tanta información que proviene de las redes sociales y mucha de ella es innecesaria. Asegúrese de que está gastando su tiempo de la forma en que desea gastarlo.

Aprendiendo a concentrarse

Tómese un tiempo para reflexionar sobre dónde se encuentra con su enfoque. ¿Está contento con su capacidad para concentrarse? ¿Desea que se mejore su enfoque? Averigua cuál es tu objetivo. ¿Se distrae fácilmente, no puede continuar trabajando después de tomar un descanso o simplemente no puede terminar las tareas con facilidad? Determina qué es lo que te impide enfocarte.

Puede intentar desafiarse a sí mismo. Date una tarea y un límite de tiempo y haz tu mejor esfuerzo. Sea consciente de la frecuencia con la que se distrae y de la facilidad con la que puede recuperar la concentración. Anote cualquier cosa que le distraiga; ¡Puede que ni siquiera te des cuenta de lo distraído que estás! Después, asegúrese de deshacerse de cualquier distracción. Apaga tus notificaciones. Asegúrese de que sea silencioso y pacífico. Lo que sea que te distraiga, asegúrate de eliminarlo. Puede planificar un horario para sus descansos. Averigua qué funciona mejor para ti. Quizás le guste trabajar cincuenta minutos y tomarse un descanso de diez minutos. Quizás prefiera trabajar más tiempo y tener un descanso más largo. Dependerá de su preferencia personal. Independientemente, es importante permanecer completamente concentrado mientras trabaja y también tomar descansos con regularidad. Esto aumentará su productividad y le permitirá estar menos estresado. Determina lo que te pone en marcha. ¿Qué es lo que te hace perder la concentración? ¿Por qué piensas demasiado? Reflexionar puede ayudarlo a determinar las causas de sus acciones.

Hay algunas formas en las que puede trabajar en su enfoque. Meditar puede ayudarte a estar tranquilo y a vivir el momento. Aprenderás a convertirte en un maestro de tu mente. Esto puede ayudar si se siente abrumado por sus pensamientos. Aunque la meditación puede parecer difícil (e incluso frustrante) al principio, le proporciona un gran impulso a su salud mental, capacidad de concentración y bienestar emocional en general. Otra forma de ayudarlo a concentrarse es haciendo algo de actividad física. Dar un paseo rápido puede ayudar a que la sangre fluya, aliviar la tensión y despertarlo. Puede ser bastante refrescante ponerse en movimiento, incluso si simplemente se toma un momento para estirarse. Permanecer activo también puede ayudar a mejorar su salud física, lo que afecta su salud mental. Por eso es tan importante mantener su salud física bajo control. Dormir la cantidad adecuada de sueño, Es fundamental consumir los alimentos adecuados y beber suficiente agua todos los días. No solo mejorará, sino que también podrá concentrarse mucho mejor.

En general, es importante cuidar su salud mental para que pueda concentrarse mejor. Si tiene algo de tiempo para sí mismo y hace pequeñas cosas que ama, puede ayudar a sentirse mejor. Cuando esté feliz, se sentirá mucho más motivado y le resultará mucho más fácil concentrarse.

Priorizando

Quizás puedas concentrarte, pero simplemente no te estás enfocando en lo que deberías. Puede ser bastante fácil quedar atrapado en tareas que no son importantes o que no son urgentes. Puede pensar que está siendo productivo, pero está procrastinando. Por eso es tan importante priorizar. Debe ser capaz de reconocer dónde debe concentrarse. De lo contrario, es como si estuvieras en una cinta de correr. Todavía estás haciendo algo, pero no vas a ir a ninguna parte. Debe aprender a priorizar sus tareas correctamente para que se concentre primero en lo que es importante. Después de eso, puede pasar a otras tareas.

Una forma de establecer prioridades es hacer listas de tareas todos los días. Es útil prepararlos la noche anterior para que pueda planificar con anticipación. Por el momento, es posible que no se sienta tan motivado para realizar todas las tareas. Ayuda tener de una a tres tareas principales durante el día. Estas son tus principales tareas. Aunque son las únicas cosas que logras durante el día, estarías feliz contigo mismo. Éstas son su máxima prioridad y es en lo que debe enfocarse en lograr primero. Esto le permitirá concentrarse en lo que debe.

CHAPTER 2

Beneficios para la salud de ordenar el desorden

E clipsar el espacio físico a tu alrededor te ayudará a crear más espacio para cosas más importantes. Además, ese orden también tendrá un impacto en tu mente ya que todo estará organizado y sabrás dónde está todo. Hay algunas cosas que le recuerdan que es necesario arreglarlas. Del mismo modo, ordenar tu mente también tiene sus beneficios.

Beneficios

Disminución del estrés y la ansiedad

El desorden te estresará. Sentir que su mente está desordenada puede hacer que se sienta cansado, ya que hay mucho por hacer en tan poco tiempo. Del mismo modo, el desorden mental también te hará sentir inseguro. Rara vez tendrá confianza en sus habilidades. En repetidas ocasiones, notará que adivina todo lo que hace. Todo esto sucede porque tu mente no puede pensar con claridad. Hay muchas cosas en las que se está enfocando y, por lo tanto, puede parecer imposible encontrar soluciones prácticas para las pequeñas cosas que tiene por delante.

Al utilizar las estrategias recomendadas mencionadas aquí para despejar el desorden de su mente, puede estar más equipado para reducir sus niveles de estrés y ansiedad. Tu mente se sentirá más liberada. El nuevo espacio que ha creado le dará a su mente la energía que necesita para pensar y tomar decisiones inteligentes. Por lo tanto, se sentirá más seguro de sí mismo y de las decisiones que tome.

Una mejora en su productividad

El desorden puede evitar que su mente logre el enfoque que necesita para manejar las prioridades que se ha fijado. Por ejemplo, en lugar de levantarte temprano y trabajar en un proyecto importante, es posible que prestes demasiada atención a la carga emocional que te agobia.

Francamente, esto frustra su nivel de productividad. Es poco probable que utilice su tiempo de manera inteligente, lo que afecta su productividad.

Eliminar pensamientos y emociones no deseados lo ayudará a concentrarse más en lo que es importante. Le resultará más sencillo establecer prioridades y trabajar para lograrlas. Te despertarás sintiéndote motivado y orientado a objetivos. A corto plazo, notará una mejora en su eficiencia. Con el tiempo, se dará cuenta de que es más eficaz que nunca, ya que puede hacer más en menos tiempo.

Inteligencia emocional mejorada

Existen numerosas situaciones en las que permitimos que nuestras emociones afecten la forma en que percibimos las cosas en la vida. Un minuto amas a alguien y al minuto siguiente piensas que es lo peor y te arrepientes de haberlo conocido. Además, estas emociones nublan nuestro juicio y terminamos sacando conclusiones que no son válidas. Normalmente, esto ocurre cuando hay muchas cosas en nuestras mentes que tenemos que manejar. El resultado es que no logramos lidiar con estas emociones de manera efectiva.

Ordenar tu mente requiere que te deshagas de los pensamientos negativos que te llevarían a emociones negativas. Como resultado, ordenar más a menudo implica que dominará cómo lidiar con los sentimientos negativos. Es menos probable que permita que los sentimientos negativos lo agobien. Esto se debe a que comprende que son solo emociones y dejarlas ir es el mejor curso de acción que puede tomar.

Puede hacer una transformación en su vida eligiendo ordenar su mente. Terminarás tomando mejores decisiones que llevarán tu vida en la dirección correcta. Sin embargo, es importante tener en cuenta que el proceso de ordenación solo tendrá éxito si sabe de dónde proviene el desorden. Para empezar, puede evaluarse a sí mismo y descubrir por qué hay tanto desorden en su mente. ¿Es porque te comprometes demasiado? ¿Es porque estás abrumado por los desafíos que tienes que afrontar? ¿Es causado por tu miedo a cometer errores? Conocer las razones del desorden asegura que puede controlar el desorden a largo plazo. Además, la era digital en la que vivimos no debería ser una excusa para llenar tu mente con información no deseada. Alimente su mente con información de calidad que lo impulse a lograr sus objetivos.

Cómo ordenar tu mente ayuda a dejar de pensar demasiado

¿Estás pensando en cómo ordenar tu cerebro? Tener una personalidad bulliciosa puede hacer que se sienta presionado, inquieto y abrumado. Afortunadamente, hemos reunido un resumen de enfoques para ordenar su cerebro. El mejor lugar para comenzar a ordenar tu vida es desde adentro. Numerosas personas descuidan las ventajas que puede ofrecer una mente sana. La mente puede llegar a verse obstaculizada por el peso psicológico y de hecho influir en la capacidad de trabajo de un individuo. El liderazgo necesario puede convertirse en una prueba y adaptarse a los problemas puede parecer impensable cuando no tienes un estado mental claro; de esta manera, es imperativo descubrir cómo liberar su mente del desorden excesivo. Dado que todo el mundo es diferente, no existe una estrategia que se adapte a todos para despejar su mente del desorden; sin embargo,

Pon la pluma en el papel

En el momento en que intente controlar mentalmente todo lo que está sucediendo, es probable que sus contemplaciones se confundan. Mantenerse en contacto con ellos lo ayudará a priorizar lo más importante, lo que lo hará sentir menos concentrado. Puede verificar fechas importantes y actualizaciones en un horario o en un bloc de notas, y escribir sus reflexiones sobre cualquier cosa que lo esté estresando en un diario individual. No cambia si utiliza una aplicación o simplemente obtiene un lápiz y papel.

Síguelo

Trabaje una parte de los consejos registrados anteriormente en su vida cotidiana para que pueda descargar el desorden mental. Asegúrese de tener un toque de "tiempo personal" todos los días con el objetivo de que pueda reducir la velocidad de manera adecuada. Al igual que ordenar su habitación evita que se transforme en un basurero total, reflexionar, componer, rumiar y conversar con los demás de manera constante ayudará a anticipar el desarrollo del desorden en su cerebro.

Ten cuidado

Todos hemos escuchado que la reflexión es un método decente para despejar el cerebro y relajarse. Lo que quizás no sepa es que hay una gran cantidad de enfoques con los que debe tener cuidado. Esto implica que puede buscar la forma que más le convenga.

Algunas cosas habituales para intentar son yoga, ejercicio y relajación profunda. Algunos enfoques no normales para ensayar el cuidado son lavarse, acurrucarse o relajarse a la orilla del mar. Hacer lo que funcione para usted.

Identificar el problema

Es difícil arreglar algo si no sabes qué pasa. Conozca las señales de advertencia de que su psique se está llenando. Algunas cosas normales a tener en cuenta son problemas de reposo, mala fijación y no poder relajarse.

Cuando haya percibido que su psique necesita una limpieza general, la siguiente etapa es descubrir qué se suma al desorden. Invierte mucho tiempo en pensar en cómo te sientes. Esto le ayudará a identificar qué le preocupa y por qué. Después de un tiempo, mejorará en la detección de los indicios de aviso de una personalidad confusa y tendrá la opción de detener las cosas desde un principio agradable y temprano.

Conversar con alguien

Conversar con un compañero o pariente de confianza, independientemente de si está en la web o cara a cara, puede ser un método extraordinario para aclarar tu psique, descargar algunos sentimientos y sacar a la luz lo que te irrita. Además, obtiene una nueva visión de un tema que lo desconcierta y lo preocupa. Si realmente está luchando, recuerde que no necesita manejar sus problemas sin nadie más.

Hay muchos expertos diferentes disponibles para conversar sobre lo que sea que te esté estresando.

Tenga en cuenta su pasado y desarrolle a partir de él

Ayúdese a recordar cómo se adaptó o dejó una circunstancia específica antes. Puede esperar que, en ocasiones, vuelva a caer en viejos ejemplos. Esto es normal, esos ejemplos se han estado desarrollando durante un período de tiempo considerable. El estrés y la culpa específicamente son sentimientos difíciles. En el momento en que se ponga en un viejo ejemplo, pregúntese: "¿Cómo está mi diálogo interno?" Si termina empapado de tensión, separe sus tensiones en dos clasificaciones: las que puede controlar y las que no.

Guíate para ¡Alto!

Siempre que el estrés te suene, o lo verbalices para que todos lo escuchen, ¡guíate para detenerte! Sustituya las consideraciones negativas por positivas. Un caso de una idea positiva es una muestra de lo que tiene en lugar de lo que necesita. No se trata solo de dinero en efectivo, también de sus aptitudes, dones, capacidades, compañeros, familia y seguidores.

En esencia, hacer un esfuerzo concertado para despejar su mente del desorden es un tremendo primer paso que puede dar para manejar el pensamiento excesivo. A medida que empiece a resolver el problema, podrá darle un mejor sentido a su vida y, lo más importante, a las personas que le rodean. Tenga en cuenta que si las personas están alimentando ese desorden, entonces podría ser el momento de alejarse de ellos.

Todo a su debido tiempo: Horarios

Aligere una parte de su estrés mental haciendo un horario. Cuando tenga todas las tareas ordenadas y ordenadas, con el tiempo libre incluido en el medio, se aliviará una medida significativa de la tensión. Vivirás de manera más competente y sufrirás minutos menos abrumadores. No puede prepararse para todo y los calendarios deben cambiarse de vez en cuando. En cualquier caso, tener un horario confiable para las cosas que cree que debe hacer, organizadas por significado, puede tener un efecto considerable en su estrés mental. Además, este es un método increíble para prometerle que tendrá tiempo para ensayar sus sistemas para despejar la mente.

Meditación para una mente clara

La meditación es un instrumento famoso para ayudar a ordenar tu vida y tu mente. No es necesario que piense como se hacía en los buenos tiempos. Pruebe este sistema cada vez más modernizado: comience con la música que aprecia. Algunas personas se benefician de melodías edificantes o grandes canciones, mientras que otras prefieren algo más atrevido. La clase depende totalmente de ti y no es necesario que sea música relajante. A continuación, busque un lugar donde pueda desconectarse de los demás y de las distracciones.

Use palabras para quitar la tensión

Las palabras escritas son un activo integral para ordenar su vida. La forma en que los utilice depende de usted. Algunas personas prefieren escribir en un diario. Esto puede ser privado y nadie más necesita verlo. Si está ansioso por que otros descubran sus reflexiones escritas, considere escribirlas en una hoja de papel y luego descartarla o demolerla una vez que haya terminado.

Empiece a ordenar su vida en el presente, comenzando por su mente. Se sentirá mejor, trabajará mejor y sufrirá menos desgracias. Además, cuando suceden cosas terribles, ¡estará mejor preparado para lidiar con ellas cuando su mente esté despejada!

CHAPTER 3:

Causas del trastorno mental

Factores medioambientales

El estrés es una incidencia normal en la vida cotidiana, especialmente para quienes se encuentran en entornos estresantes. Sin embargo, si el estrés se prolonga y se pasa por alto, puede ser una fuente de incluso más que ansiedad. Las relaciones tóxicas a largo plazo o estar en un lugar que siempre te ha disgustado durante mucho tiempo pueden provocar un aumento de la ansiedad.

Las personas que luchan contra el estrés también son propensas a luchar contra la ansiedad. El estrés puede provenir del trabajo, una relación como el matrimonio y dificultades financieras, entre otros. Contribuirán a la aparición del ataque de ansiedad que puede progresar a un trastorno mental si no se toman las medidas adecuadas. El estrés es capaz de debilitar la parte del cerebro que se encarga de combatir el estrés en sí. No solo puede afectar eso, sino también los neurotransmisores del cerebro. Se cree que afecta la producción de estos neurotransmisores y hormonas responsables de mantener el bienestar del cerebro. La mente, por lo tanto, se abrumará y carecerá del poder para combatir la ansiedad como solía hacerlo.

Nuestra vida depende mucho de los millones de experiencias que nos ayudan a comprender la vida y, finalmente, a ver las circunstancias de la vida desde diferentes ángulos. Nuestra educación tiene mucho que ver con la forma en que vemos la vida. Determina nuestra personalidad y también juega un papel clave en el desarrollo de la ansiedad. Reaccionamos de la misma manera que vimos a nuestros padres mientras crecíamos. Tener padres sobreprotectores o una interacción social limitada durante el crecimiento puede provocar ansiedad social. Si tus padres están demasiado preocupados por una situación, es posible que inadvertidamente infundan miedo en tu mente. El miedo también puede crecer como resultado del abuso y la intimidación durante la niñez.

De hecho, las experiencias vividas durante la infancia juegan un papel fundamental en la configuración de nuestra personalidad y la forma en que actuamos en respuesta al mundo que nos rodea como adultos. Es por eso que los traumas infantiles tienden a ser la principal causa de ansiedad en los adultos.

El trauma puede verse como una situación que cambia la vida y que permanece grabada en la mente de un individuo. El trauma severo incluye situaciones que pueden ser experiencias horribles, violentas o incluso potencialmente mortales. El trastorno de estrés postraumático (TEPT) es el resultado final de experiencias traumáticas que no se resuelven. No obstante, a los niños les resulta más fácil sobrellevar el trauma y recuperarse de él a medida que se incorporan a la edad adulta. Sin embargo, es posible que las cicatrices sigan ahí y que la ansiedad sea persistente. Con el trauma, un entorno que se parece mucho a la escena del trauma o cualquier vínculo con el mismo tiene el potencial de causar un ataque de ansiedad. Su sistema de manejo de la ansiedad se ve alterado en el sentido de que ya no procesan casos extremos de estrés o niveles bajos de estrés como lo hacían antes del trauma.

El cambio es bueno pero tiene sus propios desafíos. El cambio también se ha propuesto como un factor que contribuye al trastorno mental. Es cierto que nos sentimos inseguros en lugares nuevos, aunque algunas personas son capaces de adaptarse más rápido, mientras que algunos de nosotros tardamos más en hacer ajustes para cambiar. Los nuevos entornos nos estresan con emociones que pueden ser desconocidas. La ansiedad se desarrolla a partir de esta inquietud. Sin embargo, el cambio no es solo ambiental sino también emocional, como la pérdida de una persona a la que estaba tan cerca. Los cambios significativos pueden crecer desproporcionadamente si no se abordan a tiempo. Pueden provocar trastornos mentales en toda regla.

Es importante tener en cuenta que detectar eventos traumáticos desde el principio puede conducir a una recuperación saludable. Por ejemplo, si ha tenido un accidente automovilístico, es posible que tenga recuerdos, flashbacks y recuerdos de este evento angustioso. Por lo tanto, puede encontrarse sufriendo los eventos a largo plazo de tal situación a menos que pueda hacer algo al respecto desde el principio. Si es así, entonces las posibilidades que tiene de una recuperación completa son mucho mayores que si simplemente deja que esos sentimientos se agraven con el tiempo. En última instancia, su capacidad para abordar los problemas desde el principio le permitirá encontrar la manera correcta de abordarlos antes de que se conviertan en una condición psicológica grave.

¿Sabías que tener miedo de estar ansioso también te hará sentir aún más ansioso? En los ataques de pánico, las personas temen constantemente cuándo volverán a ocurrir los ataques de pánico. Ese miedo constante los mantiene muy ansiosos. ¿Por qué deberíamos temer estar ansiosos? La ansiedad ahora se convierte en un círculo vicioso. No es solo en personas con ataques de pánico, sino que las personas normales también pueden experimentar esto. Tal vez haya una actividad que hiciste hace algún tiempo y te hizo sentir escalofríos y cuando te traen la actividad nuevamente los escalofríos resurgen. Temes volver a tener escalofríos como resultado de ese primer encuentro. Por ejemplo, si tiene una experiencia desagradable mientras conduce una motocicleta, significa que es posible que en el futuro nunca vuelva a intentarlo. El mero pensamiento de esta situación es suficiente para causar ansiedad. Algunos temen que la gravedad de la ansiedad que sintieron en ese momento les vuelva a golpear al ver el objeto que los hace. Ese miedo constante es lo que alimenta la ansiedad creando así un círculo vicioso.

Una vida sana y unos hábitos de vida positivos le ayudarán a sobrellevar el estrés. El ejercicio y los buenos hábitos de vida mantendrán todos los órganos de su cuerpo sanos y en buenas condiciones de funcionamiento. Cuando practicamos malos hábitos de vida, nos volvemos propensos a sufrir ataques de ansiedad. El cerebro y el cuerpo producirán menos neurotransmisores y hormonas capaces de hacer frente al estrés, lo que lo vuelve vulnerable y débil para protegerse de un ataque de ansiedad.

Genética

Generalmente se cree que los trastornos mentales pueden ser hereditarios. En algunos casos, los niños pueden heredar emociones excesivamente nerviosas y ansiosas de uno o ambos padres. La investigación aún está en curso para identificar si la genética realmente está detrás de toda esta expresión excesiva de miedo y ansiedad. Sin embargo, se ha demostrado que el trastorno de ansiedad puede transmitirse a la siguiente generación como resultado de la crianza y el acondicionamiento más que por la genética.

Como tal, la crianza también tiene un vínculo con la genética; algunos niños sufrirán ataques o trastornos de ansiedad después de mucha interacción con sus padres o de estar cerca de ellos. La capacidad cerebral y su funcionamiento pueden estar relacionados con la herencia, por lo tanto, la capacidad de afrontar el estrés puede heredarse, lo que convierte al trastorno mental en una condición relacionada con los genes. Hay algunas pruebas que se presentaron y mostraron que los trastornos de ansiedad son hereditarios.

Los estudios también han demostrado que algunas personas tienen una gran tendencia a desarrollar trastornos mentales en comparación con otras simplemente debido a su composición física. Por tanto, se puede inferir que en algunos casos existen condiciones fisiológicas subyacentes que provocan ansiedad como lesiones en partes específicas del cerebro. Estas lesiones pueden inhibir la capacidad de una persona para lidiar con el estrés y la ansiedad de manera natural.

Factores médicos

Por pequeño que sea el porcentaje de enfermedades que pueden provocar un ataque de ansiedad, existen. Estas condiciones promoverán la condición mental, ya que interrumpen la funcionalidad del cerebro y, por lo tanto, afectan la forma en que el cerebro reacciona a los factores de estrés. La producción de neurotransmisores y hormonas también puede verse afectada. El cerebro es un órgano fundamental y un ataque contra él puede provocar un daño significativo. No obstante, es posible que no haya evidencia de una condición física. Aún así, los síntomas persisten de tal manera que el paciente muestra todos los signos sin que exista una causa fisiológica clara. En tales circunstancias, las causas de la ansiedad pueden estar relacionadas con una causa puramente emocional u otra condición física no detectada.

Biológicamente, el cuerpo humano está preparado para hacer frente a cualquier situación que surja. La glándula tiroides es una parte del cuerpo que produce hormonas que ayudan a lidiar con el estrés. Estas hormonas se liberan al torrente sanguíneo y son útiles para controlar el metabolismo corporal y los niveles de energía. Las glándulas tiroides contribuyen a la ansiedad si hay más producción de la hormona de la necesaria. Demasiada hormona tiroidea en su cuerpo provocará síntomas de ansiedad como insomnio, respiración rápida, latidos acelerados del corazón, nerviosismo, entre otros. Es importante que le revisen la glándula si se siente más ansioso, especialmente cuando se enfrenta a una situación y la ansiedad no se calma incluso después de la salida del estímulo.

Condiciones médicas como hipertensión, cáncer, desequilibrios hormonales, entre otras, también pueden producir ansiedad como uno de sus efectos. En el caso de los pacientes oncológicos, la ansiedad puede agravarse por el estrés de la incertidumbre que rodea a la propia enfermedad y su correspondiente tratamiento. Pero no solo los pacientes con cáncer pueden ser propensos a la ansiedad. Cualquier persona que esté pasando por una enfermedad grave también puede tener que lidiar con una ansiedad severa. Una afección grave puede provocar miedo y nerviosismo constantes.

Las alergias también pueden contribuir a la ansiedad. Por ejemplo, si sufre de alergias alimentarias, puede sentirse ansioso por su dieta. Es posible que no se sienta totalmente seguro al consumir alimentos, especialmente si no los ha preparado usted mismo, ya que puede haber rastros del elemento que pueden causar una reacción alérgica grave.

Alteración en la química cerebral

El desequilibrio en la normalidad de las sustancias químicas del cerebro se ha relacionado con los ataques de ansiedad. Es probable que las personas que padecen trastornos mentales tengan algunos problemas con la química cerebral. La producción de hormonas y neurotransmisores puede ser defectuosa. Los neurotransmisores incluyen serotonina, norepinefrina y ácido gamma-aminobutírico (GABA). Sin embargo, la investigación aún debe determinar si los desequilibrios químicos causan ansiedad o al revés. A través de la terapia, ya sea a través de medicamentos o algún otro tratamiento sin drogas, la mayoría de las personas pueden recuperar el flujo y la producción adecuados de neurotransmisores.

Los dispositivos de imágenes cerebrales han mostrado un descubrimiento de que las personas con trastornos de ansiedad tienen más actividad cerebral en comparación con las que no. En general, la ansiedad mantiene activa la mayor parte del cerebro durante un período de tiempo más prolongado. Esto explica los altos niveles de fatiga que surgen como consecuencia de la ansiedad. Los trastornos mentales relacionados con la funcionalidad cerebral pueden ocurrir debido a anomalías en el flujo sanguíneo en el cerebro o en el metabolismo. Sin embargo, se ha demostrado que estos cambios son temporales. Por lo tanto, bajo tratamiento uno puede recuperar el poder de lidiar con el estrés.

El trastorno mental se puede tratar independientemente de sus circunstancias o de su crianza. Todo lo que debe hacer es intentar comprender de dónde viene y por qué. Una vez que establece la fuente de su trastorno, el camino hacia la recuperación se vuelve mucho más claro. La parte más difícil de un trastorno mental es identificar la causa exacta del sentimiento. Requiere internalizar y pasar un tiempo contigo mismo para establecer qué te pone tan nervioso, ya que la ansiedad leve aquí y allá es parte de la vida. Lo que no es normal es la ansiedad que nunca cede o muere de muerte natural tras la salida del estímulo.

CHAPTER 4:

Remedio habitual en la respiración profunda localizada

L a respiración es uno de los elementos más tranquilos y versátiles de usar, por lo que la respiración será el enfoque principal para el propósito de este ejercicio.

Empiece por tomar sólo unos momentos (unos treinta segundos) para observar la respiración, en particular la sensación de subida y bajada que se produce cuando la respiración atraviesa el cuerpo y sale. Al principio, recuerde dónde siente la sensación con mayor intensidad en su cuerpo. Puede estar en el vientre, el diafragma, el pecho o incluso los hombros. Donde sea que lo sienta con más claridad, tómese un momento para notar la sensación física ascendente y descendente de la respiración de esta manera. Si la respiración es muy superficial y difícil de detectar, puede ser útil, e incluso tranquilizador, colocar la mano ligeramente sobre el área justo debajo del ombligo en el abdomen. Puede sentir los altibajos del estómago muy rápidamente a medida que su mano va y viene. Luego debe regresar la mano a su posición inicial, descansando en el regazo, hasta que comience el ejercicio.

Dado que el aire y la mente están tan estrechamente vinculados, la posición del aire no puede hacerte feliz. Para algunos de ustedes, eso puede sonar muy extraño, pero es un fenómeno muy normal. Las personas a veces dicen que no están "respirando correctamente", que el movimiento en su pecho solo se puede escuchar. Y aún así, añaden, leyeron libros y fueron a clases de yoga donde se les dijo que respiraran profundamente desde el estómago. Esto tiene sentido a primera vista, obviamente equiparamos las ocasiones en las que nos hemos sentido realmente cómodos, tal vez sintiéndonos cansados en el sofá o acostados en el inodoro, con respiraciones largas y profundas, evidentemente provenientes del estómago. Asimismo, con las respiraciones rápidas, obviamente provenientes de la zona del pecho, asociamos períodos de ansiedad o preocupación. Si usted' Si estás sentado y tienes sentimientos similares a la forma nerviosa de respirar, entonces es normal que pienses que lo estás haciendo mal. Sin embargo, realmente no estás haciendo absolutamente nada malo. Recuerde, sólo existe consciente e inconsciente, no distraído y distraído; en el contexto de este ejercicio, no existe la respiración incorrecta o la mala respiración. Técnicas de relajación específicas, por supuesto, tal vez parte del yoga o de cualquier otra práctica, pero no es ahí a donde vamos con este ejercicio.

Si lo ha hecho en su vida hasta este punto y está leyendo este libro ahora mismo, supongo que ha respirado perfectamente hasta este punto. De hecho, diría que a menos que hayas realizado actividades previas de relajación o quizás yoga, ni siquiera has sido consciente de cómo respiras la mayor parte del tiempo. La respiración es autónoma, nuestro control no es necesario para que funcione. Si se deja solo a su propia inteligencia natural, la respiración normalmente funciona de manera muy cómoda. Entonces, en lugar de tratar de ejercer tu poder (¿notas un patrón que se está construyendo en algún otro lugar aquí?), Deja que el cuerpo haga lo suyo. Se va a gestionar a sí mismo a su manera y en su propio tiempo. De vez en cuando, en un lugar, puede parecer más evidente y luego cambiar a medida que lo ve. A veces, todo el tiempo descansará muy cómodamente en una posición, ya sea el cuello, pecho o en algún lugar intermedio. Tu único trabajo aquí es escuchar, observar y ser consciente de lo que hace el cuerpo, por supuesto.

Así que concentre su mente en ese movimiento físico, la sensación de subir y bajar, sin ningún intento de tratar de ajustar la posición del viento. Puede comenzar a notar lentamente el ritmo de la respiración mientras lo hace. ¿Cómo le hace sentir el aire al cuerpo? ¿Es rápido o lento? Tómate unos segundos para intentar responder. ¿Las respiraciones fueron profundas o flácidas? También verá si la respiración se siente arenosa o suave, cerrada o abierta, cálida o fría. Estas pueden parecer preguntas locas, pero sigue el mismo concepto de agregar una suave curiosidad a tu meditación. El ciclo debería llevar unos treinta segundos.

Para obtener una sólida comprensión de cómo el cuerpo siente estas sensaciones, ahora concéntrese en el aire, ya que viene y se va cada vez. El proceso más simple para hacerlo es contar las respiraciones a medida que pasan (en silencio para ti mismo). Como sabe, el sentimiento ascendente cuenta 1, y como sabe, el sentimiento descendente cuenta 2. Siga contando hasta 10 de esta manera. Cambie a 1 hasta que llegue a 10 y repita el ejercicio. Suena más simple de lo que realmente es. Antes de empezar, si eres como yo, descubrirás que cada vez que cuentas hasta 3 o 4 antes de que tu atención se desvíe hacia algo más interesante. Alternativamente, puede encontrarse inesperadamente contando 62, 63, 64 ... y darse cuenta de que ha olvidado detenerse en 10. Ambos son muy comunes y forman parte del ciclo de aprendizaje de la meditación.

Ya no estás perturbado; en el momento en que sabe que fue perturbado, la mente se ha alejado. Así que todo lo que debe hacer es volver a concentrarse en la sensación física de la respiración y seguir contando. Si puede recordar el número en el que estaba, simplemente retírelo desde allí y, si no, simplemente comience en 1. No hay incentivos para llegar al 10 (lamento decirlo), por lo que no importa si continúa en 1 de nuevo o no. En realidad, puede ser muy divertido lo difícil que es llegar a 10 cada vez, y si tienes ganas de reír, está bien reír. La meditación puede parecer muy seria por alguna razón y puede ser tentador empezar a considerarla como un "trabajo duro". Pero cuanto más puedas poner en el sentido del humor, el sentido del juego, más simple y placentero encontrarás.

Continúe contando de esta manera hasta que haya configurado el temporizador que le permite saber que es el final de la sesión. Pero aún así, no te levantes de tu silla. Aún queda por hacer un elemento muy crítico.

Terminando

Esta parte se ignora con frecuencia y, sin embargo, es uno de los aspectos más importantes del ejercicio. Cuando haya terminado de contar, deje que su mente esté totalmente clara. No intente regular eso de ninguna manera. Eso significa no concentrarse en la respiración, no contar ni nada más. Si quieres retener tu mente, déjala ocupada. Si necesita estar en silencio sin ningún pensamiento, déjelo en silencio. Esto no necesita ningún esfuerzo, ningún sentido de control o ningún tipo de censura en absoluto, solo dejar que la mente esté totalmente abierta. Me pregunto si suena como una idea fantástica o aterradora. De todos modos, deja que tu mente se relaje durante unos diez o veinte segundos antes de que la meditación llegue a su fin. A menudo, cuando haces esto, puedes encontrar que, en realidad, los pensamientos son menos que cuando trataste de concentrarte en el aire. " ¿Por qué podría ser esto? Bien puede preguntar. Si recuerda el ejemplo del caballo que aún no ha sido domesticado, siempre está más relajado y más seguro cuando tiene un poco de espacio, cuando tiende a no causar demasiados problemas. Sin embargo, cuando está un poco atado con demasiada firmeza, parece saltar un poco. Y si puede poner algo de esta consistencia espaciosa en la parte de la práctica centrada en la respiración, entonces realmente comenzará a ver muchos más beneficios de la meditación.

Habiendo dejado que la mente divague libremente durante ese breve momento, lleve gradualmente el enfoque de regreso a las sensaciones físicas del cuerpo. Eso es poner la mente en los sentidos físicos. Observe el estrecho contacto entre el cuerpo y la silla nuevamente debajo de usted, entre los pies y la planta del piso, y entre las manos y las piernas. Tómese un momento para notar algunos sonidos, olores o sabores intensos, conectándose lentamente a tierra con cada uno de los sentidos a través del tacto y la percepción. Esto tiene el efecto de devolverlo por completo al mundo en el que vive. Primero, abre los ojos suavemente y tómate un momento para reajustarte, reenfocarte y ser consciente de la habitación que te rodea. Luego, con la intención de llevar la sensación de conocimiento y presencia a la siguiente parte del día, levántese lentamente de la silla. Asegúrese de adónde va a continuación y qué vamos a hacer porque eso ayudará a mantener el sentido de comprensión. Tal vez vaya a hacer una taza de té en la cocina, o tal vez regrese a la oficina para sentarse frente a su computadora. No importa lo que sea, lo que importa es estar lo suficientemente abierto en tu propia cabeza para que puedas seguir sintiendo con plena conciencia en todo momento, uno tras otro.

CHAPTER 5:

Remedio habitual para la meditación

"Mientras meditamos, simplemente estamos viendo lo que la mente ha estado haciendo todo el tiempo". - Allan Lokos

Los investigadores que intentaban estudiar los beneficios psicológicos de la meditación intentaron analizar las ondas cerebrales de un sabio monje tibetano a través de un escáner. Una vez finalizada la exploración, el investigador le dijo al monje: "Señor, la máquina ha revelado que su cerebro realmente entra en un estado de relajación intensa, y eso es una validación para la meditación". El monje simplemente dijo: "Eso no es correcto. Mi cerebro valida tu máquina ".

La meditación se puede practicar de varias formas, desde la respiración profunda hasta el canto y la sintonización con el sonido de los pájaros. Por mucho que a la gente le gusten las definiciones concisas, la meditación no se puede encasillar o reducir a un tipo particular de disciplina. Es lo que funciona maravillosamente bien para ti. Puede ser tan fácil y sencillo o tan intrincado y complicado como el profesional quiera que sea.

El término meditación se toma prestado de las palabras latinas meditari (contemplar o pensar intensamente en algo) y medari (traduce curación). Medha también se traduce en sabiduría en sánscrito. La meditación se considera una práctica espiritual que busca lograr un sentido de unísono entre el cuerpo, la mente y el espíritu.

Se cree que infunde una sensación de calma y tranquilidad dentro de nuestro sentido de ser o existir. La meditación despeja nuestras telarañas mentales de pensamientos dañinos y autodestructivos, abriendo así el camino para ideas más nuevas y productivas. Para algunos, es una práctica esencialmente espiritual o religiosa, mientras que para otros es una actividad terapéutica.

La meditación infunde una sensación de calma o paz interior a los practicantes disciplinados, comprometidos y consistentes. Allana el camino para un pensamiento equilibrado, tranquilo, objetivo y sabio.

Una práctica de meditación regular y constante conduce a una mayor conciencia sobre sus sentimientos, patrones de pensamiento y acciones. Estar en un estado de conciencia enfocado conduce a pensamientos positivos y una mejor toma de decisiones. Ofrece una mayor claridad de pensamientos y acciones, además de poner a la persona en un estado mental sereno pero lleno de energía. La meditación tiene la capacidad de transformar completamente sus pensamientos, acciones, comportamiento y vida.

La región de la corteza prefrontal de nuestro cerebro almacena toda la información relacionada con experiencias y recuerdos. Esta área está interconectada con nuestras sensaciones físicas y regiones de nerviosismo / ansiedad a través de vías neuronales. La meditación debilita la conexión entre las cadenas neuronales para reducir el estrés y la ansiedad, lo que conduce a un estado mental más tranquilo.

Una práctica de meditación disciplinada y regular rompe los vínculos neuronales que nos hacen experimentar miedo o sensaciones físicas abrumadoras. Estamos en una mejor posición para identificar y ser conscientes de estas sensaciones sin dejarnos intimidar por ellas. Por ejemplo, cuando nos duele el cuerpo, automáticamente asumimos que algo anda mal con nuestra salud física o con nuestro cuerpo. Sin embargo, una práctica de meditación bien cultivada le permite reaccionar a las sensaciones de manera más objetiva. Simplemente reconocerá el dolor sin quedar empantanado por él. En lugar de estresarse o reaccionar ante las sensaciones físicas, simplemente lo aceptará con total desapego y sin dejarse vencer por sus implicaciones imaginarias.

Hay muchas técnicas de meditación basadas en diversas disciplinas, objetivos espirituales y filosofías religiosas. Elija los que mejor se ajusten a sus objetivos y le hagan sentir un sentido de unidad consigo mismo (o que tengan principios con los que pueda identificarse estrechamente).

Metta o meditación de bondad amorosa

Metta se traduce como bondad y benevolencia en el antiguo idioma pali. La práctica se practica fundamentalmente en la filosofía budista, donde se sabe que mostrar compasión por uno mismo tiene varios beneficios. También se ha demostrado científicamente que la capacidad de una persona para mostrar bondad consigo misma da como resultado una mayor empatía hacia los demás, emociones más positivas, mayor autoaceptación y un sentimiento general de vivir una vida gratificante y plena. Hay un mayor sentido de propósito en la vida.

La bondad amorosa se practica sentándose en una posición cómoda con los ojos cerrados. Empiece por generar gradualmente sentimientos de bondad y magnanimidad en su corazón. Comienza mostrando amor, bondad y compasión hacia ti mismo, y poco a poco avanza hasta mostrar amor hacia otras formas de vida. La progresión suele pasar de uno mismo a un ser querido, a un conocido neutral, a una persona difícil y a los cuatro. Finalmente, muestras bondad amorosa al universo entero.

El sentimiento que se experimenta al practicar esta meditación es desear la felicidad, la alegría y el bienestar de todos. La práctica se puede hacer más relevante cantando palabras y afirmaciones coincidentes que evoquen sentimientos de amor ilimitado y bondad afectuosa para todos. Visualice el dolor de los demás, mientras se acerca a ellos y les ofrece amabilidad. Imagina el estado de ser otra persona y deséale paz, bondad y felicidad.

Meditación consciente

La atención plena a la respiración es uno de los componentes más importantes de los rituales de meditación budista.

Al igual que la atención plena en sí misma, comprende llamar la atención de forma intencionada o intencionada hacia el momento presente. No se trata solo de ser consciente del presente, sino de aceptarlo sin juzgar, centrándose de cerca en cada sensación, sentimiento, emoción y pensamiento a medida que surgen y se desvanecen.

Encuentre un espacio tranquilo y sin distracciones que le brinde vibraciones positivas. Puede ser en cualquier lugar, desde el patio trasero hasta un rincón favorito de la casa.

Tranquiliza la mente antes de comenzar. Aléjate de todo lo que sucede en tu vida. Vacíe su mente, especialmente si ha tenido un día estresante o si su mente está preocupada por la ansiedad por las cosas que suceden en el futuro. Los sentimientos y pensamientos harán un pequeño movimiento en tu mente antes de que se calmen. Obsérvelos bailar y déles tiempo para quedarse quietos.

Siéntese en el suelo o en una silla en una posición relajada (se requiere un cojín). Mantenga la espalda recta y las manos sueltas. La práctica de la meditación consciente comienza prestando mucha atención al movimiento de la respiración. Empiece por tomar respiraciones largas y profundas.

Dibuja una conciencia completa de la respiración, observando el proceso de inhalación y exhalación para cada respiración. Observe cómo cada respiración fluye dentro y fuera del cuerpo. Experimente la sensación de que el aire entra en sus pulmones y se libera por la boca. Respirar profundamente ayuda a traer una sensación de calma y relajación al cuerpo y la mente. Ayuda a traer una especie de serena quietud a los pensamientos.

Recuerde que tiene el control total de sus pensamientos, sentimientos y emociones. Cuando note sentimientos o pensamientos que no quiere encender o complacer, simplemente libérelos sin elegir concentrarse en ellos.

Esta es una técnica valiosa cuando se trata de despejar la mente. La meditación consciente te da el poder de tener el control de tus pensamientos y emociones, sin sentirte abrumado por ellos. Aprende a notar sus pensamientos suavemente sin juzgarlos y desarrolla el poder de liberarlos sin verse afectado.

Siempre que encuentre que su mente vaga por pensamientos que lo distraen, reconózcalos fugazmente y vuelva a la respiración. Empiece a observar sus inhalaciones y exhalaciones con atención. Concentrarse en su respiración le permite concentrarse en la neutralidad. No hay buena respiración y mala respiración. El patrón de respiración sigue siendo el mismo independientemente de sus pensamientos y emociones.

Del mismo modo, evite emitir juicios sobre sus pensamientos o incluso sobre cómo está meditando. Juzgar interfiere con el propósito de la atención plena. Está bien distraerse o tener pensamientos que ocupen su mente. Simplemente reconozca y deje pasar estos pensamientos o sentimientos. La meditación consciente no es una presentación ni una actuación en la que te clasifiquen o puntúen. No seas duro contigo mismo y haz lo que funcione para ti, mientras retienes los principios básicos de la meditación consciente.

Visualización guiada

La visualización guiada es una de las técnicas de meditación más modernas que se utiliza para despejar la mente, reducir el estrés, cumplir los objetivos y la curación espiritual. La inspiración detrás de esto todavía está arraigada en la filosofía budista de que "la mente lo es todo. En lo que piensas te conviertes."

Uno de los factores clave de esta forma de meditación sobre otras es que la meditación guiada se enfoca principalmente en el cumplimiento de una meta. Puede ser cualquier cosa, desde una promoción laboral hasta una mayor paz interior.

El practicante de meditación es guiado por un instructor para visualizar o imaginar situaciones relajantes, calmantes y positivas. Cuando imagina experiencias positivas y serenas en el ojo de la mente, el cuerpo reacciona liberando un montón de sustancias químicas que estimulan sentimientos de bienestar y positividad.

Las situaciones pueden variar desde relajarse en su playa favorita hasta estar en un parque abundante o acostarse en la casa de sus sueños.

Puede usar audios de meditación guiada en ausencia de un instructor para ayudarlo a guiar su enfoque para alcanzar un estado meditativo relajado. Haga un uso generoso del poder de la imaginación y la visualización para estimular al cerebro a ver objetos, viajes de maravillas escénicas y entidades positivas. Puede combinar la visualización guiada con afirmaciones para imprimir el mensaje con más fuerza en la mente subconsciente.

Muchos practicantes de meditación emplean prácticas de meditación guiada para relajarse y repostar. Se identifica para reducir la presión arterial y las hormonas que inducen el estrés. El cuerpo y la mente se calman y se siente un mayor flujo de relajación y energía. Existe una tendencia a sentirse más rejuvenecido y vigorizado para afrontar nuevos desafíos.

Las visualizaciones o imágenes guiadas también se pueden utilizar para cumplir objetivos personales / profesionales. Por ejemplo, visualiza toda la presentación antes de presentarla frente a una gran audiencia hasta el más mínimo detalle. De manera similar, un atleta puede imaginar su desempeño en el campo justo antes de la próxima carrera.

Otros utilizan la visualización guiada para obtener una comprensión más profunda de su ser interior. Les ayuda a aprovechar su intuición y fortalecer su conexión con la voz interior. Reciben a través de estas imágenes respuestas a preguntas, sentimientos o pensamientos que estaban luchando por descubrir con la ayuda de su mente consciente. Por ejemplo, si alguien no está seguro de su trayectoria profesional, puede utilizar la meditación guiada para canalizar su voz interior y orientar sus decisiones, eliminando así una gran cantidad de desorden mental.

Qi Gong

Qi Gong es una de las formas más antiguas de meditación originaria de China. Esencialmente, implica el uso de la respiración y los movimientos para distribuir la energía a través de los diversos círculos energéticos del cuerpo. A diferencia de la mayoría de las formas de meditación, combina movimientos de respiración y artes marciales para controlar sus pensamientos, dirigir la energía de su cuerpo y experimentar alivio del estrés.

Múltiples ejercicios de Qigong se clasifican utilizando más de 80 patrones de respiración distintos. Algunas son artes marciales basadas en la energía y el fortalecimiento, mientras que otras ayudan a cumplir con la mediación y los objetivos espirituales. Qi Gong se puede hacer en una posición estática sentada o de pie o mediante un flujo de movimientos (la mayoría de los videos de YouTube tienen prácticas de Qi Gong basadas en movimientos). Las prácticas centradas en la meditación se realizan en posición sentada sin ningún movimiento.

Comienza sentado en una posición relajada y cómoda. Asegúrese de que el cuerpo esté centrado, relajado y equilibrado. Alivie sus músculos, órganos vitales, tendones y nervios. Regule el patrón de respiración tomando respiraciones profundas e intensas.

Lleva la mente a un estado de calma.

Concentre toda su atención en el centro de gravedad del cuerpo (dantian inferior), un par de pulgadas por debajo del ombligo. Se entiende que esta es la raíz de tu energía vital, convirtiéndola así en el centro energético.

CHAPTER 6:

Remedio habitual para la reformulación de todos los pensamientos negativos

Las distorsiones cognitivas representan los pensamientos negativos que tenemos sobre el mundo que nos rodea, todo lo que sucede en nuestra vida lo interpretamos como un hecho desfavorable e irracional. Hay varios estudios sobre estas distorsiones y resulta que hay alrededor de trece tipos en cambio, otras personas indican que hay alrededor de cincuenta tipos. Por tanto, es imposible confirmar con certeza el número exacto, ya que algunas de estas distorsiones se suman entre sí.

Pongamos un ejemplo, una persona que hace demasiadas preguntas sobre un problema y no sabe si elegir un camino u otro significa que está muy indeciso sobre su vida y que está creando problemas "inútiles" incluso por una simple cosa. Otro caso es aquel en el que un adolescente es muy emocional y teme estar entre otras personas, ciertamente es una persona que odia hablar con la gente y estar en público y prefiere la soledad porque se siente agitado fuera de su "hábitat natural y cómodo" y el mayor terror es hacer algo de lo que la gente se ría.

El primer gran bloqueo que se le presenta es la ansiedad de que se rían de él por cómo se comporta en estas situaciones, entonces esta será la principal causa de sus mayores dudas que tocarán la puerta como, por ejemplo, dar un discurso para su empleador.

Son personas que creen que todas sus experiencias sin duda se convierten en error, ni siquiera se dan la oportunidad de que esta vez tal vez sea la adecuada para tener excelentes resultados. La lucha más importante que están / deben enfrentar es la de la emoción, el control emocional porque muchos de sus comportamientos derivan del descontrol de su fuerte miedo. Para salir de este limbo no hay forma sencilla, es fácil caer en él pero es difícil salir de él.

es difícil pero no imposible. Tendremos que buscar la ayuda de un terapeuta que se encargue del comportamiento emocional y que nos haga luchar con la forma en que nos acercamos a las personas. Con el tiempo verás el cambio y te será más fácil relacionarte con ellos y como decíamos no sería sencillo pero, con un poco de práctica y buena voluntad, lo superarás todo.

Vivirás con un estilo de vida completamente diferente junto con una forma de pensar que ya no se enfoca en el miedo, la ansiedad, el sentirte inadecuado pero, vivirás en completa tranquilidad.

Todo esto es posible a través de las sesiones de terapia conductual emocional. Hace que la mente y los sentimientos negativos naveguen por diferentes caminos para que podamos estudiarlos en profundidad y eliminar lo que crea estos sentimientos. A través de este método, los flujos irracionales, infelices e instintivos se cambian por los lógicos, aventureros y controlados y es posible entender cuál es la verdadera forma de pensar y cuál es la falsa.

Tomando el ejemplo de una persona que hace muchas preguntas, imagínense que va a dar un discurso frente a su empleador y solo con las sesiones de terapia y las herramientas que ha aprendido podrá escapar y dar un buen discurso. sin miedo a equivocarse. Debe asegurarse de que la mente esté cubierta de positividad, tranquilidad y relajación y eliminar el miedo.

Una vez eliminado, te das cuenta de que no tiene una base sólida sobre la que se apoye y ya no puede "apoderarse" de tu mente. Para entender que no tienen una base, uno puede preguntarse: ¿la gente se cree incompetente? Si es así, ¿por qué? ¿Por qué la gente se ríe de ellos si cometen el más mínimo error? ¿Todo esto es correcto? No, no es. Cuando comprenda esto, será más consciente de que no tiene que preocuparse por nada.

Pero la gente seguirá haciendo preguntas, haciéndote sentir inadecuado, y que no sabes cómo hacer nada o que todo lo que haces, lo haces mal. Pero eso no te importa mucho, quien te hace estas preguntas es porque quizás en su vida no es capaz de hacer nada y por eso se burla de ti pero es el primero que tiene miedo.

El siguiente paso es el de la indiferencia, solo que así continúan porque tienes la fuerza para seguir adelante y no pensar y repensar las cosas que te dijeron. También se ponen en ridículo cuando ven que a ti no te importa lo que te dicen y luego, tal vez, después de esto, empiezan a pensar que no es tan importante burlarse de las personas cuando lo padecen.

La gente cotidiana lucha contra las distorsiones cognitivas, nuestra mente es un viajero que a veces piensa con hechos concretos y otras veces sin una razón real nos hace sentir pánico. Por esta última razón, tenemos que desafiarlo, romper el pánico que sentimos y dejar que nuestra mente sea invadida por pensamientos positivos y tranquilidad. Al aprender esto, ya no seremos atacados por malos pensamientos.

Esto también nos hace comprender cuánto nos influyen las emociones y, al mismo tiempo, nos importa cómo podemos deshacernos de ellas. Día tras día, hora tras hora, el entrenamiento y la conversación con nuestro terapeuta mejorarán cada vez más; comenzarás a cuidarte, a amarte, a apoyar a otras personas y a vivir la vida paso a paso, no necesitas entusiasmarte con las cosas que sucederán si tienen que suceder no puedes hacer nada , tienes que vivir de la manera que viene. A esto hay que sumarle un sueño tranquilo, afrontar el estrés que experimentaremos, mantener bajo control la ansiedad y la depresión junto a un estilo de vida saludable.

La terapia emocional conductual es una cura que se basa en el análisis de tus emociones negativas y la relajación del cuerpo / mente.

Esto es a través de una meditación sana y pacífica, relajación de los músculos corporales, técnicas de respiración, etc. Las personas cotidianas que sufren estrés emocional-conductual deben realizar esta actividad para afrontar mejor el día y sentirse mejor con su cuerpo.

Además, dejarás de lado la negatividad y vivirás solo en armonía contigo mismo y con los demás. Este remedio es utilizado por muchas personas que sufren de este estrés, y se les dice que imaginen estas preocupaciones como un hecho hipotético y no como una realidad porque nuestros pensamientos toman en cuenta nuestros sentimientos pasados y hacen los mismos pensamientos que los resultados que logramos y no como si fueran realidad.

Tener que hacer esto te permite ser consciente del mundo en el que vivimos y reaccionar ante las cosas que suceden; te permite vivir mejor la vida sin miedo y la mejora si hay algo que cambiar.

No siempre, sin embargo, pero en unos pocos casos, esta terapia ha ayudado a las personas de hecho las ha hecho sufrir cada vez más, encerrándolas en sí mismas y trayendoles otro tipo de problemas como en el peor de los casos, el suicidio.

Esto es "normal" para las personas muy emocionales, que no pueden controlar su comportamiento, no pueden controlar la ansiedad y el miedo. Una cosa que es cierta y muy importante es que no debes tener miedo de que se rían de ti cuando dices que tienes una enfermedad mental, es lo mismo que una fractura en el brazo, no debes avergonzarte.

Las personas que padecen estos trastornos psicológicos tienden a subestimar el problema y posponerlo, pero podría empeorar cada vez más si continúan retrasándolo. Con la terapia mencionada anteriormente, pueden vencer este malestar interior por sí mismos, con herramientas y "entrenamiento".

Se las arreglan para salir del borde del dolor saliendo del miedo, el estrés, la ansiedad, el terror y dejando entrar la tranquilidad, la relajación y la positividad. Continuar cada día entrenando para entrar en estas nuevas sensaciones te inundará cada vez más de pensamientos positivos por lo que será normal sentirse así.

Si, por ejemplo, durante una discusión, estás proponiendo ideas, no te atreves a proponer algo porque eres tímido, tienes miedo de hablar, y entonces empezamos a pensar "no puedo" o "no puedo" entonces nunca logrará vencer este miedo. Pero si cuando estás en esta situación estás tranquilo, analizas el caso y piensas que no estás ahí que tienes que hablar con la gente pero crees que todo es un hecho hipotético, verás que la calma llega y lo harás. ser capaz de hablar, tal vez no haciendo un discurso, sino comentando algo.

Todo lo que necesitas es entrenar, ponerte en estas situaciones no hace más que ayudarte a superar el terror que sientes. Solo haciendo esto verás que podrás sacar lo mejor de ti y la gente te apreciará, y también demostrarás que eres bueno en algo.

Algo muy vital que muchas personas hacen a menudo es mezclar opiniones e ideas con la realidad y esto es muy peligroso para ti, para tus victorias y para tu confianza en ti mismo. Dividir las cosas, diferenciarlas por otras razones.

Las reflexiones a tener en cuenta al vivir estas situaciones, haciendo referencia al ejemplo de la persona que no puede expresar su opinión en una discusión, son:

- Esta es una de las muchas discusiones que sucederán, tendrás que estar preparado para las demás, tómalas como ejemplo y sigue adelante.
- El primero seguramente será el más difícil, porque no tuviste la oportunidad de prepararte psicológicamente y no sabías lo que te esperaba pero, en realidad, finalmente te diste cuenta de que no era tan complicado.
- Si es difícil para los demás, no significa que sea difícil para ti, todos enfrentan dificultades en su camino.
- Todo es difícil al principio pero, con excelentes herramientas como la respiración para la ansiedad, por ejemplo, puedes calmarte y mejorará una y otra vez.
- Si solo para mí es difícil y para otros no, tengo que entender por qué no es así para ellos, entender cómo toman esta situación, cómo la afrontan e inspirarme en ella para los siguientes tiempos.

Pensar en estas cosas mientras estás en una situación como la del ejemplo anterior, es útil para superarlo así como para ir a terapia. No es fácil, seguro, pero si no lo intentas, como siempre se ha dicho, nunca lo conseguirás. ¡Si lo intento, puedo! Solo después de intentarlo, puede decir con firmeza que lo hizo, después de lo cual se sentirá mucho mejor y mejorará su estilo de vida.

CHAPTER 7:

Deshazte de las situaciones negativas del pasado

A lguna vez te has encontrado pensando con frecuencia en cómo te equivocaste en una reunión que sucedió el día anterior? ¿O tal vez entregó un informe y no fue su mejor trabajo, por lo que hoy está pensando continuamente en lo que sucederá si su jefe no está satisfecho con su trabajo?

Cuando sucede algo negativo en nuestras vidas, nuestras mentes a menudo se atascan con pensamientos sobre ese evento en particular, incluso cuando ha pasado, y ya es hora de seguir adelante. Esto es muy común y también es un mal hábito. Hay muchas razones por las que su mente sigue volviendo a algo que sucedió ayer, y esto hace que los pensamientos estén presentes en su mente y lo lleven a un desorden.

No quiero que simplemente te olvides de todo lo que sucedió en tu pasado. Todos tenemos recuerdos felices. En ese momento conociste a tu pareja. Tu boda. El momento en que sostuvo a su bebé por primera vez. Tu día de graduación. Estos son recuerdos felices que están encerrados en nuestras mentes, y realmente deberíamos recordarlos durante el mayor tiempo posible.

Los recuerdos y pensamientos a los que me refiero aquí son los negativos en los que estás pensando constantemente. Aquellos eventos que sucedieron y que te hacen sentir angustiado, preocupado y que te hacen experimentar una falta de productividad al día siguiente.

En el momento en que te levantas por la mañana, tu mente debe estar fresca y tus pensamientos deben despejarse. No hay necesidad de preocuparse por el ayer. Piense en el presente: lo que está sucediendo hoy, lo que sucederá hoy, cómo abordará sus asignaciones en el presente, no en el pasado. El ayer ya pasó, y no importa cuánto pienses en un evento que sucedió ayer, y no importa cuánto te preocupes por él, realmente no hay nada que puedas hacer para cambiar el pasado.

Por qué es importante dejar ir el ayer

Ya le expliqué cómo pensar constantemente en algo que sucedió ayer simplemente obstruirá su mente y contribuirá aún más al desorden, pero hay otras razones por las que debe dejar de pensar en cosas que ocurrieron en el pasado que le causaron angustia. En particular, estas actividades se han relacionado con una mala salud mental y efectos adversos relacionados con el rendimiento mental.

La Escuela de Medicina de Harvard preparó un artículo donde explicaron cómo uno de sus estudios recientes encontró un vínculo negativo entre la rumia y la salud mental. El estudio se realizó entre un grupo de adultos y adolescentes. En el estudio participaron 1.065 adolescentes y un total de 1.132 adultos.

El estudio siguió un contexto de autoinforme en el que se preguntó a todos los participantes sobre experiencias de vida estresantes pasadas, junto con un cuestionario sobre los síntomas relacionados con la depresión y la ansiedad. También se preguntó a los participantes sobre la rumia.

El estudio sacó dos conclusiones importantes de las que quiero que tomen nota:

1. La exposición a eventos estresantes en la vida aumentó el riesgo de rumia
2. La rumia se relacionó con síntomas de ansiedad entre los adolescentes. Entre los pacientes adultos, aquellos que informaron rumiar sobre eventos de vidas pasadas que fueron negativos tuvieron una prevalencia significativamente mayor de ansiedad, así como síntomas relacionados con la depresión.

Lo que todo esto significa es que pensar constantemente en los eventos negativos que ocurrieron ayer lo pondrá ansioso y aumentará su probabilidad de desarrollar depresión. Ahora bien, si ya experimenta síntomas de depresión y ansiedad, esto solo puede empeorar las cosas.

Hay otro estudio más al que quiero que le echemos un vistazo rápido. El estudio fue realizado por la Unidad de Investigación Psicooncológica del Hospital Universitario de Aarhus en Dinamarca. El estudio analizó cómo la rumia afectaba tanto al sueño como al estado de ánimo entre un grupo de participantes. Hubo 126 participantes en el estudio, todos los cuales eran estudiantes actuales de una universidad en el área local.

El estudio encontró que la rumia, en otras palabras, pensar constantemente en eventos pasados de la vida negativa, estaba relacionada con estados de ánimo enojados en los estudiantes. Esto proporcionó una prueba de las alteraciones del estado de ánimo causadas por pensar constantemente en el pasado. Además, el estudio también proporcionó evidencia de un vínculo entre la rumia y la depresión.

Además, se observó otra cosa interesante. Los estudiantes que informaron haber vivido con frecuencia en el pasado también habían informado de una peor calidad del sueño en comparación con los estudiantes que pudieron dejar atrás el pasado y concentrarse en el presente.

Averigua por qué te aferras al ayer

Para dejar de lado los eventos pasados y comenzar a concentrarse en lo que está sucediendo en el presente, lo que finalmente lo ayudará a despejar su mente, primero debe descubrir por qué piensa con frecuencia en ese evento en particular. También necesitas notar esto. A veces, sus pensamientos pueden estar tan desordenados y desorganizados, que puede resultar difícil saber cuándo se aferra al pasado y cuándo simplemente está confundido acerca del presente.

Hay muchas razones diversas por las que puede encontrarse rumiando sobre lo que sucedió en el pasado, ya sea algo que sucedió en el trabajo o en casa. En muchos casos, es posible que esté constantemente divagando en su mente hacia ese evento en particular porque está tratando de encontrar una solución a un problema que el evento planteó. Si aún no ha encontrado una solución, entonces está pensando constantemente en ese evento de la vida y está tratando de averiguar qué hacer.

A veces, un evento de este tipo puede hacer que tema eventos similares en el futuro. Por lo tanto, rumia constantemente sobre el evento, ya que tiene miedo de que suceda lo mismo cuando se trabaja en un proyecto diferente.

Hay momentos en los que desarrollaste un mal hábito. No hay nada malo contigo, es solo algo que haces y que tendrás que dejar de hacer si deseas seguir adelante, despejar esa mente tuya y ser más productivo al mismo tiempo.

Mirar específicamente a lo que su mente regresa constantemente también puede ayudarlo a darle una señal de por qué está pensando tanto en eso y por qué se entromete en su capacidad para concentrarse en las tareas que necesita hacer hoy.

Cómo dejar de pensar en el ayer

Cuando pueda identificar por qué su mente sigue viajando al pasado para reflexionar sobre algo que ha sucedido, entonces podrá abordar este problema enfocándose en la razón y el evento específico que le está causando tanta angustia. . Desafortunadamente, hay muchos casos en los que seguimos pensando en algo que sucedió en el pasado, pero no estamos seguros de por qué. Intentas concentrarte en tu trabajo, una tarea específica que debes hacer, pero tu mente está en otra parte y mientras tanto tu productividad está sufriendo.

Afortunadamente, hay algunas formas en las que puedes dejar de pensar en el ayer y empezar a centrarte en el presente.

Una de las formas sencillas en las que puede alterar su enfoque y volver a encaminar su mente es permitir un par de minutos para participar en una actividad que le ayudará a cambiar su emoción actual. Cuando piensa con frecuencia en un evento negativo del pasado, puede hacer que sienta pensamientos negativos, se ponga ansioso o incluso enojado. Es posible que se sienta frustrado por el hecho de que no puede lograr que su mente se concentre en algo específico.

Al concentrarse en algo que le "levantará" el estado de ánimo, puede distraerse de pensar en ese evento y comenzar a concentrarse en otra cosa. Cada persona es diferente, por lo que tendrá que determinar qué es útil para usted. Si puede tener un estado de ánimo más positivo, también puede comenzar a ver ese evento negativo de una manera más positiva, comenzar a comprender que es parte de su pasado y que puede hacer ciertas cosas que lo ayudarán. evitar que vuelva a suceder, o corregir el mal que el evento ha causado. De esta forma, podrás dejar de pensar en ello.

Si tu mente se aclara y comienzas a sentirte positivo después de una carrera, haz una carrera rápida. Si te gusta meditar, entonces haz una sesión rápida de meditación. Debes encontrar lo que funcione para ti.

Si encuentra que esta estrategia en particular no le ayuda, saque una hoja de papel y un bolígrafo. Voy a guiarte a través de una actividad rápida que puede parecer un poco extraña e incluso irrelevante, pero seguramente te sentirás mejor después.

Verá, el problema de pensar cosas negativas sobre algo que sucedió en el pasado es que el cerebro a menudo seguirá pensando así porque es difícil experimentar un cambio en la emoción sin ningún reembolso positivo.

Lo que quiero que hagas es contemplar lo que sucedió ayer, o siempre que sucedió, y escribir exactamente el tema en cuestión. Quizás entregó un proyecto en el que no está muy seguro y aún no ha escuchado nada. Anote lo que le molesta.

Ahora, escriba lo que cree que va a suceder. Dado que está pensando constantemente en un evento específico, su cerebro claramente también está pensando en algo negativo que sucedería como consecuencia de sus acciones o del evento.

Una vez que haya escrito los problemas, debe comenzar a escribir POR QUÉ esta "consecuencia" no sucederá. El caso es que, cuando pensamos de manera negativa, rápidamente comenzamos a imaginar el peor de los casos y, a menudo, esto no es lo que va a suceder. Por lo tanto, necesito escribir un par de razones por las que está exagerando demasiado.

Por ejemplo, si entregó un proyecto en el que no tiene mucha confianza, sus razones podrían ser que hizo una cantidad adecuada de investigación para respaldar los datos que presentó y presentó el proyecto en el formato solicitado. También siguió las instrucciones que se le proporcionaron.

Una vez que haya escrito un par de razones por las que no ocurrirá el peor de los casos, quiero que piense en lo que sucede si el peor de los casos se convierte en realidad. Lo más probable es que sigas estando bien incluso si sucediera. Escriba las razones por las que realmente no necesita estar tan preocupado.

Tal vez tu jefe se queje del informe que les entregaste, pero después de eso, simplemente te pedirán algunas modificaciones. Puede agregar fácilmente un intervalo de tiempo para esas modificaciones a su nuevo horario y anclarlo en su lista de tareas pendientes: problema resuelto.

Recuerde que, incluso si las cosas empeoran, las soluciones son posibles y todo seguirá bien. No tienes por qué preocuparte por lo que ha sucedido, ya que no puedes cambiar el pasado. Recuerde que, sin embargo, tiene el poder de cambiar lo que sucede en el futuro, al pensar en lo que está haciendo en el presente.

CHAPTER 8:

Mejore su toma de decisiones

N uestras decisiones de vida son las que determinan la calidad de su vida. Ellos determinan si estás viviendo tu vida según tu potencial o no. Desde pequeño se les enseña a los niños a tener buenas habilidades para la toma de decisiones.

Mi mamá me enviaba a la tienda y si no encontraba lo que ella me envió, tendría que tomar una decisión sobre si comprar las alternativas o no comprar nada en absoluto.

Cuando tuve una situación en la escuela con otros estudiantes o mis maestros, mis padres siempre me hicieron ver cómo mis decisiones afectaban mi resultado. Escuché a mi mamá decir que es bueno tener sabiduría para tomar las decisiones correctas porque las buenas decisiones a menudo conducen a resultados exitosos. Y ahora que he crecido y tengo una familia propia, puedo dar fe de ello.

Ustedes son sus decisiones al igual que su cuerpo es lo que come. La toma de decisiones no siempre fue mi fortaleza. He compartido cómo estaba en relaciones tóxicas con mis amigos que me llevaron a tomar malas decisiones en la vida. Luché por elegir la opción correcta y en algún momento de mi vida estaba convencido de que nunca elegiría el lado correcto de nada.

Se siente como si tuviera algún tipo de mala suerte porque el camino que a menudo elegía al tomar decisiones me hacía sufrir con frecuencia. Algo malo pasaría y terminaría con pérdidas. Y estaba tan celoso de las personas a mi alrededor que tomaban decisiones y les pasaban cosas buenas casi al instante.

Cuando era un muchacho que comenzaba su carrera, no entendía cuando la gente decía, "dame tiempo para pensarlo y te diré mi decisión". En mi cabeza me preguntaría en qué necesitaban pensar. Es solo una respuesta de sí o no. Elija un lado y trabajemos con él ya.

Pero a medida que crecía y sufría en manos de mis malas decisiones, decidí que era hora de un cambio. Necesitaba cambiar las cosas en mi vida y encontrar esta sabiduría que mi mamá siempre hablaba y que me ayudaría a tomar mejores decisiones.

Mientras cambiaba mi vida a una minimalista, leí en uno de los muchos libros minimalistas con los que me comprometí que no importa qué decisión elijas, el proceso de toma de decisiones y tu posición sobre tu decisión es lo que importa.

Habiendo tomado una decisión, ¿eres asertivo? ¿Las personas que te rodean confían en que has tomado esa decisión y no estás cambiando?

Me di cuenta de que la gente nunca me tomaba en serio cuando no tomaba decisiones acertadas. Esto a menudo se refleja en cómo nunca me mantuve firme. Hoy mi stand sería una cosa y al día u hora siguiente habría cambiado y tomado otro camino. Probablemente no estaba seguro de mi decisión y mi constante cambio de postura probablemente destacó esto a mis compañeros.

En su viaje para ordenar su vida, debe tener habilidades impecables para la toma de decisiones. También debes ser asertivo. Tienes que tomar las decisiones con firmeza y asegurarte de que la gente respete tu decisión manteniéndola.

Hay muchas decisiones que debes tomar en un día. Tomar sus decisiones de manera asertiva asegurará que no tenga que volver a algo sobre lo que ya había tomado una decisión.

Esto lo llevará a mayores alturas porque no dedicará mucho tiempo a repensar constantemente sus decisiones y retroceder en ellas. El tiempo que se habría dedicado a esto se utilizará en otros lugares. Su asertividad también hará que las personas que lo rodean sepan que su palabra fue definitiva y que no se retractará de ella.

Cuando me convertí en padre entendí la importancia de la asertividad en la toma de decisiones. Mis decisiones fácilmente vacilantes me hicieron imposible disciplinar a mis hijos. Les diría algo, pero nunca se lo tomaron en serio porque sabían que no me mantenía firme.

Padres, saben de lo que estoy hablando. Los niños saben desde una edad temprana cuando eres el blando. Nunca te toman en serio porque saben que una decisión que hayas tomado se puede cambiar en cualquier momento con un poco de persuasión.

Mis hijos me daban los ojos de cachorro más lindos cuando les daba un tiempo fuera que me hacía sentir lástima por ellos y reconsiderar el castigo. Esos ojos me engancharon y me sentí culpable por castigarlos. Pero al hacerlo, estaba fallando en mi paternidad.

Si no toma decisiones, o no las toma de manera asertiva, tendrá una acumulación de muchas cosas sobre las que debe tomar decisiones. Tendrá un cuadro de desorden de decisiones en su mente de las muchas cosas que requieren su decisión, pero no sabe lo que quiere.

Cuando pospones constantemente una decisión, estás cansando tu mente con todo el desorden. Porque esa es una cosa más que se quedará en tu mente y terminarás pensando en ello, entre otras cosas, de vez en cuando.

He mencionado que no entendía por qué la gente querría tener tiempo para contemplar una decisión antes de tomarla. Porque en ese momento yo era un tomador de decisiones apresurado. Nunca me tomé el tiempo para pensar en algo y las repercusiones que tendría en mi vida. Esto es lo que me ayudó a darme cuenta de cambiar de opinión todo el tiempo. Debido a que unos pocos pasos en el camino que había elegido, me di cuenta de que ese no era el camino que quería seguir.

Para que pueda tomar una decisión inteligente, debe pensar en ello. Piense en los efectos que tendrá el camino que tome y otras cosas relacionadas con la decisión. Esto lo guiará a tomar una decisión informada que se encargará de que todas las partes obtengan lo mejor de ella.

Pero no posponga la decisión. Existe una distinción entre tomarse el tiempo para pensar en algo y posponerlo. Cuando te tomas el tiempo para pensar en ello, en realidad estás pasando por el proceso de toma de decisiones. Y esto le ayudará a tomar sus decisiones de manera asertiva porque está seguro de que el camino que ha elegido es el mejor camino a seguir.

Pero si pospone una decisión, no está pensando en ella. Estás esperando hasta el momento en que sea absolutamente necesario que tomes la decisión. Y luego tomarás una decisión apresurada y equivocada que luego tendrás que cambiar o buscar remedios por la pérdida sufrida.

Cuando pospones constantemente la toma de decisiones, tu cerebro se cansa del desorden. Le está dando mucho en qué pensar y terminará con decisiones mal informadas y equivocadas.

Sea asertivo, no demasiado agresivo

Hay una diferencia entre ser asertivo y ser demasiado agresivo. Esto último significa que confía en una decisión imprudente. Está tomando decisiones para mostrar su superioridad y no para ayudar a las personas involucradas.

Las decisiones asertivas son aquellas que se toman con confianza. No un exceso de confianza para mostrar su decisión suprema como tomador de decisiones. Tenga en cuenta que las decisiones que tome tendrán algún impacto en la vida de otras personas. Debes estar atento para asegurarte de que no les estás causando daño.

Se toma una decisión asertiva con firmeza pero con respeto. Está reconociendo los intereses de todas las personas que se verán afectadas y presentando una decisión integral que atenderá a todos sus intereses.

Las personas asertivas son:

- Seguro de sí mismo
- Seguro
- Personas con claridad de mente
- Personas que son persistentes con sus metas y trabajan para lograrlas.

Habilidades para la toma de decisiones

Necesita practicar sus habilidades para tomar decisiones. Estas habilidades deben ser impecables para que tengas suficiente confianza en las decisiones que tomas. Solo alcanzará la asertividad cuando tenga confianza en su decisión.

Imagínese la vergüenza de tomar una decisión y causar mucho daño. Las personas son despedidas de sus puestos de trabajo porque tomaron la decisión equivocada en algo que se les había confiado y causaron pérdidas a la empresa.

Incluso en su propia vida, se enfrentará a tantas situaciones que requerirán que tome decisiones.

Siempre hay tres tipos de decisiones, la elección incorrecta, la elección correcta y la mejor opción. Apunte siempre a descubrir cuál es su mejor opción.

Y esto necesitará que seas innovador. La mayoría de las veces puede parecer que la vida sólo le ha repartido dos cartas. La elección incorrecta y la elección correcta. Pero lo mejor es que puede ser innovador y creativo en la toma de decisiones. Puede adaptar ambas situaciones y aprovechar lo bueno de cada una para tomar la mejor decisión.

Tus decisiones determinarán tu crecimiento. Cuando finalmente mejoré mis habilidades para tomar decisiones, me ascendieron. Compartí que me ascendieron después de alejarme de mis relaciones tóxicas. En ese momento había comenzado a tomar decisiones que mejorarían mi vida y me traerían crecimiento.

Había elaborado planes de pago para mis deudas y tomé la decisión de no vivir más mi vida más allá de mis posibilidades. Mis buenas decisiones me hicieron elegible para la promoción. Nadie quiere que un pobre tomador de decisiones maneje muchas responsabilidades en su empresa.

Tus emociones

No tome una decisión cuando esté emocionado. Esto niega la asertividad. Con asertividad debes tener confianza en tus decisiones. Pero cuando toma decisiones basadas en una emoción, no estará seguro de que está eligiendo el camino correcto. En ese momento se sentirá como lo correcto, pero cuando esté tranquilo y no bajo la influencia de sus sentimientos verá el error que ha cometido.

Sé cómo tomar decisiones cuando estás extremadamente feliz te enreda en situaciones que no quieres. Pero cuando estabas feliz, sentías que era la mejor decisión que podía tomar. Esto también sucede cuando estás triste y enojado.

Cuando estoy enojado, me enfrento a la tentación de tomar una decisión que dañará a las personas que me han enojado. La tentación es impulsada por mi enojo y se siente bien en ese momento para vengarse de las personas que me lastimaron. La venganza parece ser el mejor camino a seguir. Pero cada vez que decidía tomar este camino terminaba lastimándome más.

Porque no podía imaginarme que yo era la persona que causaba que otras personas sufrieran de esa manera. Fue una sensación incómoda que me dejó en un peor estado emocional que cuando estaba enojado. Termino cuestionándome por qué decidí tomar ese camino porque no gané nada al ver a otros heridos.

Espere hasta estar sobrio y no bajo la influencia de nada, incluidas sus emociones, al tomar la decisión. Tendrás más control de la situación y las repercusiones de cualquier elección que hagas serán más claras para ti. Esto le dará confianza en la decisión que tome y será más asertivo al hacerlo.

CHAPTER 9:

Identifique sus valores fundamentales

¿Qué son los valores fundamentales?

Los valores más importantes son pensamientos, rutinas, rituales y modales que le enseñaron a seguir. Son ideales y costumbres observados por familiares, amigos y líderes que le enseñaron a medida que crecía. Son creencias también llamadas valores personales que generalmente comparte con las personas de su círculo social.

Los valores fundamentales ayudan a guiar a las personas en la forma en que viven sus vidas, interactúan con los demás y guían nuestra toma de decisiones. Los valores fundamentales no son estrategias ni prácticas operativas. No forman parte de competencias o normas culturales. No cambian con los cambios de mercado, administrativos o políticos, y no se usan individualmente. Los valores fundamentales nos guían en las relaciones personales, la enseñanza a los demás, la realización de negocios y la toma de decisiones. Aclaran quiénes somos y lo que defendemos. Pueden ayudar a explicar por qué llevamos a cabo negocios de la forma en que lo hacemos y son una plataforma para nuestros negocios.

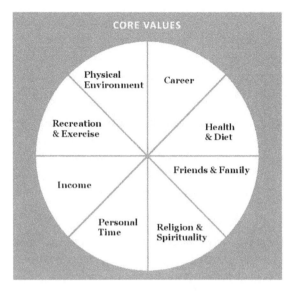

Estos a menudo difieren de una cultura a otra, de una familia a otra y de una persona a otra. Se le proporcionará una guía, pero se le anima a mejorar y cambiar el ejemplo para incluir sus valores fundamentales.

Muchas empresas y departamentos gubernamentales elaboran declaraciones de valores fundamentales y declaraciones de misión para guiar a los empleados. Están destinados a inculcar un fuerte sentido de propósito y estándares que se esfuerzan por lograr. Para determinar dónde pueden estar sus preocupaciones, intentemos otro ejercicio. Desea estar en un estado mental tranquilo y claro para este ejercicio. Teléfono apagado, familia en la cama, perro paseado. Respire profundamente varias veces y aclare su mente.

Coge tu libreta y bolígrafo y crea un gráfico circular con tantos sectores como necesites. He seleccionado ocho áreas con valores familiares para el estadounidense promedio. Es posible que deba agregar o modificar algunos de los títulos para adaptarlos a su estilo de vida.

Es posible que deba subdividir algunas de estas partes porque le voy a pedir que califique su satisfacción en una escala del 1 al 10, donde 1 está totalmente descontento y 10 totalmente satisfecho. Es posible que esté satisfecho con un aspecto de su carrera, pero desee mejorar en otras áreas.

Ahora veamos algunas subcategorías de estos sectores.

- Entorno físico en el trabajo. Piense en el entorno en el que trabaja, ¿la atmósfera es edificante? ¿Su entorno es ruidoso o silencioso, caótico o controlado, insípido o brillante, agotador de energía o edificante? ¿Se siente seguro o expuesto, hay algo viviendo a su alrededor (pecera, plantas, terrarios)?

No hay mucho que puedas controlar sobre el trabajo, los cubículos y la pintura beige son lo que son. Pero, ¿está su propia área despejada y ordenada con algunos elementos que (si están permitidos) ayudan a crear un estado de ánimo positivo para aprovechar al máximo su día de trabajo?

Ahora, me doy cuenta de que si eres un maestro de K-3, hay algo de caos, ruidos fuertes y energía agotadora que viene con el trabajo. Sin embargo, ¿es un caos controlado y un canto feliz a todo pulmón?

¿Qué tan satisfecho está con su entorno de trabajo en una escala del 1 al 10?

- Entorno físico en casa. Es posible que se le controle lo que puede hacer si está alquilando, tiene compañeros de cuarto o una familia cuyo gusto es diferente al suyo. Pero piense en sus espacios de trabajo y juego en el hogar, por dentro y por fuera. ¿Te gustan? Si no es así, ¿qué le gustaría modificar? Piense en su entorno de vida ideal.

¿Qué tan satisfecho está con el entorno de su hogar en una escala del 1 al 10?

- Carrera profesional. ¿Su carrera avanza al ritmo que esperaba o deseaba? ¿Está satisfecho con sus proyectos, clientes, compañeros de trabajo y la reputación de su empresa?

¿Qué tan satisfecho está con su carrera en una escala del 1 al 10?

- Salud y Dieta. ¿Goza de buena salud? ¿Tiene exceso de peso o estrés? ¿Cómo están su presión arterial y azúcar en sangre? ¿Fumas? ¿Tu bebes?

¿Qué tan satisfecho está con su salud y dieta en una escala del 1 al 10?

- Amigos de la familia. ¿Hay algo que le gustaría cambiar sobre su relación con su familia? ¿Demasiado tiempo programado y poco tiempo de calidad? ¿Síndrome del nido vacío? ¿Estresado por la situación de otra persona? ¿Falta de participación en las reuniones familiares? ¿Pesadillas de vacaciones?

¿Qué tan satisfecho está con las relaciones de su familia y amigos en una escala del 1 al 10?

- Religión y espiritualidad. ¿Pasas suficiente tiempo alimentando tu espíritu interior? Esto podría ser servicios, trabajo voluntario o más tiempo en la naturaleza.

¿Qué tan satisfecho está con su experiencia religiosa y espiritual en una escala del 1 al 10?

- Tiempo personal. ¿Puedes tomar una siesta de vez en cuando? ¿Pasar tiempo con amigos, quizás sin cónyuge o familia? Debe haber tiempo durante la semana que no sea dictado por el trabajo ni por otros.

¿Qué tan satisfecho está con su cantidad de tiempo personal en una escala del 1 al 10?

- Ingreso. ¿Está satisfecho con la cantidad de ingresos que tiene disponible? ¿Puede ahorrar un porcentaje determinado de su salario? Puede que no esté donde quiere estar financieramente, pero ¿está bien encaminado con un plan para lograr sus metas financieras?

¿Qué tan satisfecho está con sus metas financieras y sus ahorros en una escala del 1 al 10?

- Recreación y ejercicio. Para la mayoría de las personas, no hay una cantidad significativa de tiempo disponible para recreación o ejercicio, por lo que lo omitimos. Esta no es una rebanada para dejar en un segundo plano. El viejo dicho: "Cuanto más haces, más quieres hacer" es muy cierto.

¿Qué tan satisfecho está con su tiempo de ejercicio y recreación en una escala del 1 al 10?

Veamos cómo se verían algunas respuestas. Para este ejemplo, estoy usando una madre de dos hijos de 37 años, divorciada durante ocho meses. Tiene una carrera y comparte la custodia de los niños con su exmarido:

- Entorno físico: trabajo: no podemos cambiar mucho, pero es un entorno de trabajo silencioso, con equipos de trabajo y software actualizado.
- Entorno físico - Hogar - Parece que no puedo seguir el ritmo de todo. Estoy bien para lavar y doblar la ropa y limpiar la cena. Las habitaciones principales se aspiran con regularidad, pero las otras habitaciones solo una o dos veces al mes. Y nunca tengo tiempo para trabajar en el jardín, desde el divorcio. Ni siquiera puedo pensar en pintar o reemplazar nada en este momento mientras los niños todavía están en la escuela primaria.
- Carrera: tengo la suerte de poder trabajar en el campo de mi elección y es una buena compañía para las madres trabajadoras.
- Salud y dieta: el doctor dice que peso 40 libras. exceso de peso. Creo que como bien, simplemente demasiado.
- Amigos y familia - Amigos - Tengo varios círculos de amigos: padres de la escuela / eventos de los niños, algunos de la universidad y algunos del trabajo. Aunque, de nuevo, desde el divorcio, mi tiempo ha sido limitado y no los veo muy a menudo. Quizás solía ser un ocho.
- Amigos y familia - Familia - Una gran parte de nuestra familia todavía se encuentra en esta área, y cuando comencé a salir en serio y me gradué de la universidad, tuve que establecer algunos límites para mi propio tiempo libre. Quizás ese número debería ser mayor; De hecho, estoy viendo más de ambos lados desde el divorcio.
- Religión y espiritualidad: para ambos. Mantengo a los niños cerca de la naturaleza y su padre y su familia comparten su religión.
- Tiempo personal: el único tiempo que tengo para mí es prepararme para ir a la cama, dormir y levantarme por la mañana.
- Ingresos: es más ajustado ahora que tenemos dos hogares, pero estamos bien.
- Recreación y ejercicio: una vez más, el tiempo es escaso con todos los eventos para niños. No tengo mucho tiempo para hacer ejercicio; esos son algunos de los amigos que me he

perdido. Ni siquiera he pensado en vacaciones, dados todos los cambios.

Cuando tenga tiempo, cambie la tabla para adaptarla a su vida y piense en sus respuestas. Complete este ejercicio y guarde este cuadro en su carpeta de trabajo.

¿Cómo te preocupas?

Como ya hemos señalado, todo el mundo se preocupa. Pero es posible que haya notado que algunas personas manejan las preocupaciones mejor que otras. Todos hemos visto a la persona que siempre parece estar preocupada por los problemas de todos los que conoce. Luego hay algunas personas que parecen no estar nunca preocupadas, nunca muestran esa emoción. Hay diferentes tipos de preocupaciones.

- Catástrofe sensible al tiempo: si un evento no ocurre en el tiempo especificado, él o ella comienza a preocuparse. Cuanto mayor sea la demora, más tiempo y energía dedicará esta persona a preocuparse. Sus preocupaciones son exageradas y se centran en el peor de los casos. Para este preocupado, la vida puede parecer imposible de manejar.

Mi abuela fue una de ellas. Si se suponía que su avión aterrizaría a las 5:30 y se esperaba que regresara a las 6:30, si no estaba en la casa a las 6:31, ella comenzó a preocuparse. A las 7:00 ella quería que llamáramos al hospital para verificar si había víctimas de accidentes, era agotador para todos.

- Víctima: Todo está fuera del control de esta persona. No tienen poder y nadie los entiende. No confían en la gente, se sienten aprovechados y engañados o abusados.
- Evitante: con baja autoestima, esta persona que se preocupa agrada a las personas y se preocupa por no ser lo suficientemente bueno. Hay problemas de confianza y esta persona busca tranquilidad en los demás.
- Compulsivo: Esta persona se preocupa por su trabajo y productividad manteniendo horarios ajustados. Están demasiado dedicados al trabajo y establecen estándares muy altos para ellos mismos y para los demás.

- Obsesivo: esta persona se desencadena por cualquier cosa que salga mal o no de acuerdo con el plan, para cualquier persona que esté cerca. Este tipo de preocupado gasta demasiado tiempo y energía en cosas que no puede controlar. Es una ocupación de tiempo completo para esta persona. Ponen cada situación bajo un microscopio y repiten todos los resultados en su cabeza. Conoces a esta persona, si algo sucede en las noticias, en la oficina o incluso con una celebridad, se preocupa durante todo el día. Afecta su trabajo y sus compañeros de trabajo.

- Controlado: Sí, puede que haya sucedido algo malo, pero no hay nada que puedan hacer al respecto. Continúan con su día incluso con la preocupación. Afortunadamente, todos también conocemos a algunas de estas personas y debemos seguir su ejemplo. No dejan que las preocupaciones los consuman hasta el punto de que no pueden pensar en nada más.

- Histriónico: La abeja reina, la gente se siente atraída por el carisma y la imaginación de esta persona. Atraer drama constantemente para mantener a la gente interesada en su tarjeta de presentación. No quieren estar fuera del foco de atención.

- Dependiente: este preocupado está preocupado por el abandono y muestra devoción y lealtad hasta el punto de ser pegajoso y necesitado en las relaciones. Él o ella hará todo lo posible para mantenerse conectado con un amigo o amante.

- Narcisista: esta persona cree que merece una atención especial. Anhelan admiración y se preocupan por mantener la apariencia de perfección. El estado y la posición lo son todo y se preocupan constantemente de que otros encuentren grietas en su armadura.

CHAPTER 10:

Aclare las prioridades en su vida

E s probable que tengas varias cosas esenciales en tu vida que quieras hacer. Entonces, haga una lista de todos sus objetivos y luego seleccione los tres objetivos más importantes. Estos tres objetivos se conocen como sus objetivos de primer nivel: aquellos que pueden alterar su vida. No son necesariamente las metas que te ayudarán a hacer dinero sin esfuerzo o ganar tu fama, pero son las metas que darán sentido a tu vida. Estos objetivos pueden ser grandes o pequeños y podrían ser algo como cambiar su profesión, completar su educación o pagar sus deudas estudiantiles. La única condición es que los objetivos mencionados en el nivel uno sean de alguna importancia para usted.

El siguiente paso es establecer prioridades una vez que haya elaborado una lista de los objetivos que desea lograr. Algunas de las cosas de su lista son más importantes que otras. Priorizar le ayuda a clasificarlos por orden de importancia. Una forma habitual de hacer esto es clasificar sus objetivos en tres categorías, primer nivel, segundo nivel y tercer nivel.

Los objetivos del primer nivel se asignan a la máxima prioridad. Imagine estos objetivos como "deben alcanzarse" para el éxito en su cabeza. Las metas en el segundo nivel son esenciales, pero no cruciales para la visión final que se ha fijado. En otras palabras, debe querer lograr este objetivo, ya que solo ayudará a aumentar su sentido de autoestima. Por último, aquellos en el tercer nivel pueden no ser tan esenciales y podría salirse con la suya sin lograrlos. Esta es la parte "seguro, por qué no" de las metas. Dejame darte un ejemplo. Un bailarín decide sentarse y escribir objetivos priorizados para mejorar su éxito. Este bailarín en particular se encuentra en un punto de su carrera en el que siente la necesidad de ampliar su repertorio de estilos de baile. Un objetivo de primer nivel puede ser asistir a una cantidad específica de conferencias de baile en todo el país en el lapso de seis meses. Este objetivo es fundamental para mejorar su éxito porque ofrece la oportunidad de aprender más estilos de baile. Una ventaja es la oportunidad de establecer contactos para conocer a otros bailarines que se especializan en sus respectivos estilos.

Un objetivo de segundo nivel sería comer alimentos saludables o ir al gimnasio cuatro veces por semana durante el camino. ¿Ves cómo este tipo de objetivo sirve como un papel de apoyo para el primer nivel? La comida sana proporciona nutrición. La nutrición ofrece estabilidad y longevidad en la carrera de un atleta (o en la carrera de cualquier otra persona). Ir al gimnasio favorece la resistencia muscular y la fuerza de las articulaciones, que son las claves principales para que el cuerpo se mantenga activo al máximo rendimiento. Por último, un objetivo de tercer nivel sería aprender marketing en redes sociales para crear seguidores. Es un gran objetivo de conseguir. Sin embargo, no está directamente relacionado con el arte de la danza o el deseo ardiente de esta persona de mejorar como bailarina en general.

En resumen, las metas no solo actúan como guías en la vida, sino que también te ayudan a darte cuenta de lo que es esencial en tu vida. Ayudan a darle un enfoque nítido como un láser que lo hará impermeable a las distracciones y contratiempos que inevitablemente vendrán en el camino.

Evite innecesariamente

Lo siguiente que debe hacer es deshacerse de las cosas que están "a la altura de lo que hablamos", que son las que le están causando ansiedad y estrés y le están quitando demasiado tiempo. Tienes que deshacerte de estas cosas porque te quitarán la energía y la vida. Los elementos que no están en la lista no negociable se pueden considerar de manera integral y se les puede dar prioridad cuando sea necesario.

CHAPTER 11:

Concéntrese en establecer la meta consciente

¿Cómo establecer metas?

Desde el principio, su enfoque debe ser disminuir y controlar el estrés.

Debes tener cinco objetivos principales en mente:

1. Trabajar en los factores estresantes
2. Emplear técnicas de manejo del estrés
3. Desarrollar hábitos para aliviar el estrés
4. Desarrollar la resiliencia emocional
5. Trate de encontrar vías de felicidad

Los objetivos se han secuenciado según la prioridad, pero puede trabajar en todos ellos juntos si puede. Simplemente recuerde que mientras trabaja en el quinto, no puede ignorar el primero. No se producirá ningún cambio importante hasta que cumpla los tres primeros objetivos.

Trabajar en los factores estresantes

Identificar y eliminar los principales factores estresantes

Al escribir este libro, es imposible para mí adivinar las cosas que pueden estresarte más. Pero, sean lo que sean, deben identificarse y eliminarse. Ésta es una tarea de máxima prioridad. Si está pensando en seguir adelante sin lograr esta tarea, es probable que no lo logre.

Aquí, es importante entender que estamos hablando de factores estresantes cambiantes. Si los plazos te estresan más, ¿significa que dejarías de trabajar por completo y dejarías tu trabajo? Esa es una solución poco práctica.

Si los plazos le causan la mayor cantidad de estrés, empiece a trabajar menos. No deje que la presión se acumule cada vez que se asigne una tarea para comenzar a trabajar desde el mismo instante. No espere a que comience el día siguiente. Debe ser su objetivo terminar la tarea mucho antes de la tarea.

Cualquiera que sea el factor estresante, tendrá que asegurarse de identificarlo claramente y deshacerse de él. El manejo del estrés no se trata de trabajar con el estrés. Es imposible trabajar con el estrés. Simplemente necesita solucionarlo.

Practique la meditación con regularidad para enfrentar los factores estresantes con calma

La meditación es una de las formas más confiables de contrarrestar todo tipo de factores estresantes. La meditación te ayuda a ampliar tu perspectiva. Le da una perspectiva positiva y, por lo tanto, puede permanecer neutral incluso en situaciones negativas. Esta no es una pelea para obtener la victoria sobre los factores de estrés. Simplemente estamos tratando de esquivar o permanecer invictos.

Su intento más sincero debe ser evitar los factores estresantes en la medida de lo posible, pero la vida tal como la conocemos siempre funciona de manera impredecible. Esto significa que puede haber ocasiones en las que se encuentre cara a cara con los factores estresantes. En esas circunstancias, no debes perder la calma y el compositor, y esto es en lo que te ayuda la meditación.

- Te da una perspectiva más amplia
- Reduce tu reactividad al estrés
- Te hace muy tranquilo y resistente.

Adopte una actitud optimista

Los factores estresantes nos afectan más porque, en la primera instancia de estrés, nuestra percepción de amenaza comienza a perder. Es una actitud negativa que tenemos hacia la vida. Una forma de lidiar con esta actitud es desarrollar una actitud positiva.

Vuélvete optimista en la vida. El optimismo es un enfoque y se necesita tiempo para convertirlo en parte de tu vida. Simplemente no puede optar por ser optimista frente al problema. Por tanto, este es el mejor momento para empezar.

El optimismo le da una gran confianza que será útil de varias maneras para combatir el estrés en la vida.

Ejercitarte diariamente

El ejercicio físico también lo prepara mejor para lidiar con el estrés mental y emocional. Cualquier tipo de estrés finalmente afectará a su cuerpo. Si escucha una mala noticia, su corazón comenzará a latir rápidamente; su presión arterial aumentaría, se produciría la liberación de hormonas del estrés. Todas estas son reacciones físicas y, por lo tanto, no se puede decir que el estrés sea puramente mental o emocional.

Ahora, suponga que está en buena forma física y ha estado haciendo ejercicio con regularidad. El impacto del estrés en su cuerpo sería menor. Esto también significa que su reacción puede no ser extrema. Recuerde que el estrés es simplemente la reacción de su cuerpo. Cuanto mayor sea el efecto, más fuerte será la reacción. Es una simple tercera ley del movimiento. Si su cuerpo está absorbiendo mejor el impacto, no reaccionará de manera tan agresiva.

Haga del ejercicio una parte de su rutina diaria.

Emplear técnicas de alivio del estrés

Existen numerosas técnicas que pueden emplearse para reducir el estrés en la vida diaria. Aquí, simplemente nos ceñiremos a la explicación y el uso básicos.

Respiración profunda

La respiración profunda es una técnica muy poderosa para reducir el estrés. Puede emplear esta técnica en cualquier lugar. Le ayudaría a combatir el estrés actual de manera muy efectiva.

Meditación

La meditación es una excelente manera de reducir el estrés en la vida cotidiana. Debes hacer meditación al menos una vez al día y, si es posible, dos veces.

Meditación de escaneo corporal

Este también es un procedimiento de meditación que puede ayudarlo a relajar su cuerpo y mente. Esta técnica de meditación utiliza la respiración consciente para relajar los músculos individuales del cuerpo, y el efecto es asombroso. Puede ayudar a reducir significativamente el estrés físico y mental.

Meditación de la bondad amorosa

Esta meditación es muy útil para desarrollar una actitud de perdón y agradecimiento hacia los demás. Si practicas esta meditación todas las mañanas al levantarte, experimentarás un tremendo cambio en tu actitud. Te sentirás menos enojado y menos ansioso.

Terapia de la risa

Este es nuevamente un proceso de simplemente reírse en voz alta tan a menudo como sea posible y especialmente cuando se siente estresado y frustrado. La risa sería forzada y el impacto sería genuino.

Visualización

La visualización es una técnica de meditación que ayuda a calmar la mente y reducir el estrés al imaginar varios escenarios. Esta meditación también tiene un impacto muy positivo en la reducción del estrés.

Consciencia

La atención plena es la práctica de tomar conciencia de todo lo que haces. Una persona consciente comienza a tomar decisiones conscientes sobre todos los aspectos de la vida y toma cada acción conscientemente. Vivir en el presente es la calidad de este estilo de vida.

Desarrollar hábitos para aliviar el estrés

Pide un abrazo a tus seres queridos

El amor tiene el poder de cancelar el estrés. Cuando sienta estrés, pida a sus seres queridos que le den un abrazo fuerte. El toque personal tiene una cualidad muy curativa. Si alguien que te ama te da un abrazo, tu cuerpo libera una hormona llamada oxitocina; esto tiene un efecto muy útil en su estado de ánimo.

Aromaterapia

Se ha descubierto que ciertos aromas pueden desencadenar áreas positivas en el cerebro. Tomar aromaterapia con regularidad puede mantener estas áreas activadas y, por lo tanto, podrá contrarrestar el estrés de una manera mucho mejor.

Pasatiempos creativos

Los pasatiempos creativos le dan a tu mente un compromiso positivo. Esto también significa que su mente tiene menos tiempo para reflexionar sobre cosas inútiles y, por lo tanto, podrá manejar mejor el estrés.

Come una dieta balanceada

Llevar una dieta equilibrada también puede tener un impacto muy positivo en sus niveles de estrés. Una dieta positiva mantiene bajo su nivel de estrés y, por lo tanto, puede mantenerse feliz fácilmente.

Todos los días saque tiempo para actividades de ocio

Debe tomarse un tiempo para realizar algún tipo de actividad física alegre todos los días. Desde la jardinería hasta la natación, puede elegir lo que le apetezca, pero debe haber algo que lo mantenga agradablemente ocupado durante algún tiempo todos los días. Debería ser una actividad a la que admires. Esto inculcará positividad, y habrá cosas que esperarías ansiosamente. No solo esto, en caso de estrés en el día, obtendría una vía para eliminar positivamente todo el estrés.

Habla contigo mismo de forma positiva

Las afirmaciones positivas son geniales ya que te mantienen inspirado, pero el diálogo interno positivo es aún mejor. La mayoría de nosotros podemos hacer autocrítica. Viene naturalmente. Sin embargo, el diálogo interno positivo es algo que debes cultivar. Pero tiene un gran impacto en tu personalidad. Una vez que comenzamos a reconocer nuestras propias habilidades y cualidades, nuestra confianza aumenta varias veces.

Exprese gratitud con más frecuencia

El hecho de que no reconozcamos los esfuerzos de los demás también es motivo de gran preocupación. Simplemente seguimos tratando de encontrar fallas en los demás y realmente no apreciamos sus esfuerzos. Esto crea otro problema y es el descontento. Nos volvemos difíciles de complacer y, aunque es un problema para los demás, también lo es para nosotros. Sin saberlo, desarrollamos una actitud de mal humor, lo que nos lleva al estrés.

Seguimos sintiendo resentimiento contra los demás incluso por cosas obsoletas, y todo sigue sumando. Expresar gratitud más a menudo en público puede sacarnos de esta trampa. También puede llenarnos de más positividad, ya que nos sentiríamos felices por los demás y no tendríamos motivos para estar enojados.

Mantenga la lista de tareas pendientes religiosamente

Mantener una lista de tareas pendientes es muy importante. Si desea reducir su estrés, debe hacer una lista de tareas a diario y seguir actualizándola. Esto le impedirá perderse cosas importantes y el estrés resultante.

CHAPTER 12:

Aumenta tu motivación

S i no se da suficiente crédito a sí mismo y cree lo suficiente en sí mismo, nunca encontrará el impulso adicional y el impulso que necesita para romper el ciclo de la procrastinación. A veces, una mentalidad negativa puede hacer que empiece a creer que no es lo suficientemente bueno o que no se lo merece lo suficiente y, por lo tanto, sería mejor simplemente no hacerlo en lugar de intentar arriesgarse al fracaso.

Por qué la motivación no funciona

¿Por qué la motivación no funciona para superar la dilación? Sencillo. La motivación se basa en las emociones humanas y las emociones humanas, como las personas mismas, son muy cambiantes y susceptibles a una plétora de fuerzas externas. La motivación no es un fundamento confiable sobre el que construir su casa. Es más como arena en la playa, cambiando con cada marea.

Esta es la misma razón por la que el gimnasio está tan lleno en enero, pero vuelve a la normalidad a mediados de febrero. La gente se deja llevar por la emoción de una resolución de Año Nuevo. Se dicen a sí mismos: 'Este es un año nuevo y voy a ser un nuevo yo'. Se sienten orgullosos de su determinación y sus logros a corto plazo los estimulan durante un mes más o menos. Entonces sucede la vida. El "colmo" del Año Nuevo desaparece y con él, las emociones positivas que los arrastraban. Cuando la marea emocional disminuye, también lo hace su capacidad para resistir en el gimnasio.

La pereza: una motivación Rut

Así como la motivación nos empuja hacia arriba, la falta de motivación (desmotivación) nos lleva a una espiral descendente. O, para decirlo más claramente, nos hace descender a la pereza.

Si eres alguien que cree la mentira de que debes sentirte motivado para actuar, eres especialmente susceptible a este peligro. Esto se debe a que la pereza es simplemente una falta de motivación que se ha vuelto habitual. Para comprender este fenómeno, volvamos al ejemplo de la dieta y la espiral descendente de la desmotivación. La espiral de desmotivación ocurre cuando una crisis emocional nos roba nuestro sentimiento de motivación. Su jefe le grita e interrumpe el subidón emocional del éxito de su dieta. A medida que la motivación se desvanece, comes para consolarme. Entonces te sientes culpable por hacer trampa y tu motivación se agota por completo.

Empiezas a pensar, "si fallo en mi dieta una vez, eso no es gran cosa". Pero lo que suele sucederle a alguien que depende de la motivación es que después de algunas de estas inevitables espirales descendentes, una persona puede volverse fatalista en su pensamiento. "¿Por qué debería intentar hacer dieta?" pueden pensar: "Nunca funciona. Siempre fallo. " Su autoestima está dañada. La desmotivación se ha convertido en una rutina para este individuo.

En otras palabras, si esperamos la motivación, nos volvemos inertes y perezosos. Esto conduce al aburrimiento, la depresión y la baja autoestima. En tal estado, la motivación, con sus vínculos con nuestras emociones, nunca aparece. Esto forma un ciclo en el que esperamos la motivación, no aparece la motivación y, por lo tanto, no actuamos. La inacción nos hace sentir mal por nuestra propia pereza y estos malos sentimientos hacen que sea aún menos probable que podamos convocar a la motivación. Ahora nos encontramos en un estado habitual de inacción y pereza.

La motivación sigue a la acción

Hágase estas preguntas:

¿Me siento motivado para escribir un artículo de 30 páginas cuando estoy mirando una pantalla de computadora en blanco?

¿Tengo ganas de dominar un nuevo idioma cuando apenas puedo tartamudear "oui" y "no"?

¿Tengo ganas de correr 100 millas para calentar mis músculos fríos en los primeros 100 metros?

Lo más probable es que haya respondido "no" a las preguntas anteriores. Para el ejemplo del artículo, después de investigar y escribir algunos párrafos, el escritor se siente más cómodo y confiado. Es entonces cuando comienza a sentirse motivado en un proyecto.

El estudiante de idiomas se siente motivado a medida que aprende algunas palabras más y combina con éxito algunas frases.

El corredor siente que la motivación aumenta con cada kilómetro que pasa.

Otro capricho de la motivación es que a menudo se sigue. Cuando se toman medidas, las pequeñas victorias despiertan la motivación, como que el aprendiz de idiomas diga algunas frases o que el corredor lo deje atrás. A medida que la escritora adquiere conocimientos sobre el tema, gana confianza y la motivación la sigue. Este es el proceso de tres vías correcto:

Acción => estado emocional positivo => motivación

El lugar que le corresponde a la motivación

Entonces, ¿la motivación es algo malo? Por supuesto no. La motivación puede llevarlo en la dirección correcta o aparecer una vez que ya haya comenzado a actuar. Incluso puede ayudarlo a lograr metas más pequeñas a corto plazo. Cuando entendemos cómo funciona la motivación, podemos usarla en nuestro beneficio.

Para dominar la motivación, debemos recordar que se basa en nuestras emociones. Podemos aprovechar estados emocionales positivos o factores motivacionales externos para comenzar con proyectos pequeños. Las emociones positivas que acompañan a establecer una resolución de Año Nuevo podrían ser suficientes para comenzar en el gimnasio si buscamos otras estrategias para mantenernos en el camino correcto. La idea de una próxima visita de tus suegros puede ser una motivación suficiente para que limpies el armario de los zapatos.

También podemos recordar que la motivación suele llegar tarde a la fiesta. Podemos recordarnos a nosotros mismos que incluso si no nos sentimos motivados ahora, podemos obtener el impulso necesario de motivación una vez que nos pongamos en marcha.

Sin embargo, en el mejor de los casos, la motivación es una amiga poco confiable. En el peor de los casos, es una mentira que puede atraparnos en un patrón de pereza e inacción. Para el largo plazo, necesitamos algo más confiable, algo que esté presente cuando la motivación no se encuentra en ninguna parte.

Una vez que las personas comienzan a darse cuenta de lo que sucede cuando la motivación falla porque no está bajo su control, dirigen su atención a algo que saben que pueden controlar: la fuerza de voluntad. El diccionario Merriam Webster define la fuerza de voluntad como determinación enérgica. La fuerza de voluntad es lo que nos ayuda a levantarnos de la cama por la mañana e ir a trabajar, aunque ese no es un lugar donde la mayoría de nosotros queremos estar. Nadie quiere pasar 8 horas de su día encerrado en un cubículo haciendo un trabajo que no le apasiona, pero lo hacen de todos modos porque saben que tienen que hacer.

Will Power: una mirada más cercana

Científicamente, hay una parte específica de nuestro cerebro llamada corteza prefrontal que controla nuestra toma de decisiones, nuestra capacidad para planificar el futuro y tomar decisiones que nos beneficien a largo plazo. Esta porción del cerebro se encuentra enfrente del cráneo detrás de los ojos. Los estudios han mapeado los cerebros de las personas con fuerza de voluntad débil y fuerte y han visto diferencias reales en la actividad de esta área del cerebro. Esta pequeña sección del cerebro podría pensarse en el "músculo de la fuerza de voluntad". Y se activa de la misma manera que lo hacen tus otros músculos: si no lo usas, ¡lo pierdes! La buena noticia es que, al igual que el músculo, se puede reconstruir, reentrenar y fortalecer.

Entrenamiento del músculo de la fuerza de voluntad: comience pequeño y desarrolle

Si la fuerza de voluntad es esencialmente un músculo, la única forma de obtener más de ella es entrenar con el tiempo. A medida que damos pequeños pasos para ir en contra de nuestras inclinaciones naturales, podemos desarrollar lentamente nuestra fuerza de voluntad. Si tiene dificultades para escribir artículos académicos, puede comenzar con algo pequeño. Practique escribiendo una página a la vez, a pesar de sus sentimientos. Luego dos páginas, luego tres.

Si está luchando por elegir alimentos saludables, podría, por pura fuerza de voluntad, comer una comida saludable al día y llegar hasta dos, luego tres. Entiendes la idea. A medida que entrene su fuerza de voluntad en estas tareas más pequeñas, se volverá lo suficientemente fuerte como para enfrentar desafíos más grandes y complejos.

Si no está seguro de dónde desarrollar su fuerza de voluntad, o si se da cuenta de que tiene una fuerza de voluntad naturalmente débil, un buen lugar para comenzar es practicando un deporte o yendo al gimnasio. La conexión mente / cuerpo es influyente y entrenarlos juntos puede tener un efecto sinérgico. Si comienza en el gimnasio caminando media milla, luego una milla, luego trotando un poco, luego corriendo 5 km, verá un progreso en su fuerza física, así como en la fuerza de su fuerza de voluntad.

Recuerde el dicho: "Un viaje de mil millas comienza con un solo paso". Piense en las tareas con las que tiene dificultades con regularidad y divídalas en partes más pequeñas. Practica flexionar los músculos de tu fuerza de voluntad logrando una pequeña parte de una tarea. Como se mencionó, la motivación a menudo seguirá estos pequeños pasos hacia la acción y lo ayudará a seguir adelante.

Fuerza de voluntad: ¿es realmente la solución?

La fuerza de voluntad comienza a parecer la solución definitiva a nuestro problema de procrastinación. Es algo que puedes entrenar, a diferencia de tus emociones, puedes controlarlo, por lo que no hay inconvenientes, ¿verdad? Piense en este escenario:

Cuando suene el despertador. Tu cerebro dice "Solo 5 minutos más de sueño". Ejerciendo su fuerza de voluntad, contrarresta con: "DEBO levantarme e ir a trabajar. Lo haré." De mala gana te levantas de la cama y vas a desayunar, donde te enfrentas a una elección. ¿Pastelería o avena? Una vez más, usted mismo deberá tomar una decisión saludable. "NECESITO comer mejor. Me prometí a mí mismo que lo haría. ¡Ni se te ocurra esa rosquilla de chocolate! " Te comes la avena, resentido con cada bocado. En los primeros diez minutos de su día ya se ha involucrado en dos batallas de voluntad. Va a ser un día muy largo.

Solo visualizar este escenario es suficiente para cansarnos. Hay una razón por la cual. Se necesita mucha energía para ir en contra de nuestras inclinaciones naturales y ejercitar el poder de nuestra voluntad. En la última década, los científicos comenzaron a estudiar la fuerza de voluntad y la idea de que la fuerza de voluntad es un recurso limitado. Los científicos que exploran esta idea se refieren a ella como agotamiento de la fuerza de voluntad. Uno de estos estudios realizado por el psicólogo Roy Baumeister en 1996 probó el concepto de fuerza de voluntad a través de lo que se llamó la Experiencia del Chocolate y el Rábano. En este experimento, Baumeister atrajo a un grupo de sujetos de prueba con el aroma de galletas recién horneadas. Luego los llevaron a una habitación con un plato de galletas y un plato de rábanos. A algunos sujetos de prueba se les pidió que comieran los rábanos, mientras que a otros se les permitió comer galletas. Después, A ambos grupos se les asignó entonces un complejo problema de geometría para resolver. El grupo que comió rábanos abandonó el problema de matemáticas dos veces más rápido que el grupo que comió galletas. Los científicos detrás de este experimento concluyeron que los sujetos que comieron rábanos agotaron sus reservas de fuerza de voluntad para resistir el aroma de las galletas. Cuando intentaron el problema de matemáticas, simplemente les quedaba menos fuerza de voluntad que el grupo que llegó a comer galletas. El gran problema de querer usar la fuerza de voluntad para ganar la batalla de la procrastinación es que si vas a pasar tu vida luchando contra tus tendencias de procrastinación, como en una batalla real, es solo cuestión de tiempo antes de que te canses y te fatigues. . Debido a esto, muy pocas personas logran superar con éxito la procrastinación solo a través de la fuerza de voluntad. El grupo que comió rábanos abandonó el problema de matemáticas dos veces más rápido que el grupo que comió galletas. Los científicos detrás de este experimento concluyeron que los sujetos que comieron rábanos agotaron sus reservas de fuerza de voluntad para resistir el aroma de las galletas. Cuando intentaron el problema de matemáticas, simplemente les quedaba menos fuerza de voluntad que el grupo que llegó a comer galletas. El gran problema de querer usar la fuerza de voluntad para ganar la batalla de la procrastinación es que si vas a pasar tu vida luchando contra tus tendencias de procrastinación, como en una batalla real, es solo cuestión de tiempo antes de que te canses y te fatigues. . Debido a esto, muy pocas personas logran superar con éxito la procrastinación solo a través de la fuerza de voluntad. El grupo que comió rábanos abandonó el problema de matemáticas dos veces más rápido que el grupo que comió galletas. Los científicos detrás de este experimento concluyeron que los sujetos que comieron rábanos agotaron sus reservas de fuerza de voluntad para resistir el aroma de las galletas. Cuando intentaron el problema de matemáticas, simplemente les quedaba menos fuerza de voluntad que el grupo que llegó a comer galletas. El gran problema de querer usar la fuerza de voluntad para ganar la batalla de la procrastinación es que si vas a pasar tu vida luchando contra tus tendencias de procrastinación, como en una batalla real, es solo cuestión de tiempo antes de que te canses y te fatigues. . Debido a esto, muy pocas personas logran superar con éxito la procrastinación solo a través de la fuerza de voluntad. Los científicos detrás de este experimento concluyeron que los sujetos que comieron rábanos agotaron sus reservas de fuerza de voluntad para resistir el aroma de las galletas. Cuando intentaron el problema de matemáticas, simplemente les quedaba menos fuerza de voluntad que el grupo que llegó a comer galletas. El gran problema de querer usar la fuerza de voluntad para ganar la batalla de la procrastinación es que si vas a pasar tu vida luchando contra tus tendencias de procrastinación, como en una batalla real, es solo cuestión de tiempo antes de que te canses y te fatigues. . Debido a esto, muy pocas personas logran superar con éxito la procrastinación solo a través de la fuerza de voluntad. Los científicos detrás de este experimento concluyeron que los sujetos que comieron rábanos agotaron sus reservas de fuerza de voluntad para resistir el aroma de las galletas. Cuando intentaron el problema de matemáticas, simplemente les quedaba menos fuerza de voluntad que el grupo que llegó a comer galletas. El gran problema de querer usar la fuerza de voluntad para ganar la batalla de la procrastinación es que si vas a pasar tu vida luchando contra tus tendencias de procrastinación, como en una batalla real, es solo cuestión de tiempo antes de que te canses y te fatigues. . Debido a esto, muy pocas personas logran superar con éxito la procrastinación solo a través de la fuerza de voluntad. El gran problema de querer usar la fuerza de voluntad para ganar la batalla de la procrastinación es que si vas a pasar tu vida luchando contra tus tendencias de procrastinación, como en una batalla real, es solo cuestión de tiempo antes de que te canses y te fatigues. . Debido a esto, muy pocas personas logran superar con éxito la procrastinación solo a través de la fuerza de voluntad. El gran problema de querer usar la fuerza de voluntad para ganar la batalla de la procrastinación es que si vas a pasar tu vida luchando contra tus tendencias de procrastinación, como en una batalla real, es solo cuestión de tiempo antes de que te canses y te fatigues. . Debido a esto, muy pocas personas logran superar con éxito la procrastinación solo a través de la fuerza de voluntad.

CHAPTER 13:

Simplifica tu vida

La mayoría de las personas piensan que pueden acumular muchas posesiones y aún así poder vivir los sueños que tienen. Pero el problema es que esto no es cierto. Las cosas solo se interponen en la forma de poder vivir una vida en la que puedas hacer lo que quieras y ser libre de hacer lo que quieras. Debe comprender que si va a vivir una vida de libertad, tendrá que tomarse el tiempo para ver cómo las cosas que posee lo están reteniendo. Una vez que llegue a este entendimiento, podrá deshacerse de las cosas que están haciendo precisamente eso. Entonces podrás dedicar más tiempo a las cosas que te importan.

Lo primero que debe hacer es mirar todo lo que posee cuidadosamente y examinar lo que se requiere y lo que no. Necesita ver qué elementos se utilizan con regularidad y cuáles rara vez se utilizan. Una vez que haya logrado esto, debe tirar, donar o vender todos los artículos que no usa y conservar todas las cosas que usa regularmente. Este es el paso principal y más crucial para lograr la vida que desea.

El siguiente paso es asegurarse de no traer más desorden a su hogar. Esto significa que debes mantenerte alejado de los lugares donde normalmente compras cosas por el simple hecho de hacerlo, como un centro comercial. Solo compre un artículo si ve que lo va a usar de manera regular. Sin embargo, llegará a ver que la mayoría de las cosas que cree que eran necesidades eran solo compras impulsivas que habrían resultado en más basura en su hogar. Eso es todo lo que hay para llevar una vida minimalista más simple.

Concéntrate

Antes de embarcarse en un nuevo viaje, es importante concentrarse y tener claro lo que está haciendo. Quiere saber con precisión por qué emprende una nueva aventura o camino, y qué significará este estilo de vida para usted. Concentrarse le brinda la oportunidad de comprender completamente cuáles son sus motivos e intenciones y por qué debe mantenerse comprometido cuando las cosas se ponen difíciles, lo que siempre sucede en un momento u otro.

Con el minimalismo, debes entender que el estilo de vida es más que vivir una vida libre de desorden físico. También se trata de vivir una vida libre de desorden mental, emocional y no físico. Necesitas aprender a mantenerte enfocado en lo que quieres y dejar de pensar en cosas que no te sirven y que no tienen ningún propósito en tu vida. Puede hacerlo concentrándose y siendo claro cuáles son sus objetivos.

Inicialmente, concentrarse puede ser extremadamente simple. Con frecuencia, hay dos razones por las que alguien quiere convertirse en minimalista: o no puede seguir mirando el desorden o no puede mantener todas las restricciones de su tiempo. Debido a que ambos implican estrés e incomodidad, las personas se ven impulsadas a hacer un cambio en su vida. Sin embargo, puede ser fácil dejar de hacer cambios una vez que llegue a un lugar cómodo. O es posible que no desee comenzar porque se da cuenta de que cualquier diferencia será menos cómoda de lo que ya está haciendo. Después de todo, tendemos a mantenernos en estilos de vida que nos resultan más cómodos.

Es fundamental que aprenda que mantenerse concentrado y decidido requiere un esfuerzo constante. El enfoque es un acto de equilibrio en el que debes trabajar con regularidad. Cuanto más trabajes para lograrlo, más éxito tendrás con él. Las siguientes instrucciones le ayudarán tanto a concentrarse y despejarse en su camino, como a aprender a volver a centrar su enfoque en el camino. Se le dirigirá a través de un par de ejercicios de diario que le brindarán una excelente oportunidad para aclararse y proporcionar algo a lo que referirse cuando se ponga difícil. Estas actividades son esenciales para su éxito, por lo que es una buena idea invertir el tiempo en completarlas.

Métodos de ordenación

Ordenar es esencial para comenzar un estilo de vida minimalista. Puede parecer una lástima deshacerse de artículos en perfecto estado, pero hay varias formas de justificar el ordenamiento para que no se sienta culpable. No debe tener reparos en tirar las cosas que están gastadas, manchadas o que ya no son útiles para nadie. Algunas de tus cosas de calidad se pueden transmitir a personas que conoces. Si un amigo ha comentado a menudo que ama una figura en particular, algo que no es tan importante para ti, dáselo para que pueda disfrutarlo.

También puede donar artículos. Goodwill, Salvation Army y otras organizaciones sin fines de lucro reciben donaciones y aceptan casi cualquier cosa. A Habitat for Humanity ReStore le complacerá recibir los enseres domésticos desechados.

Siempre puede realizar una venta de garaje y ganar un poco de dinero mientras se deshace de las cosas que no necesita; puede llegar a conocer a los vecinos en el proceso. Siempre puedes donar o tirar lo que sobra. Te sorprenderá lo que la gente tomará cuando sea gratis. Algunas organizaciones sin fines de lucro incluso recogerán sus artículos no vendidos en sus tiendas de segunda mano.

Hay varios métodos disponibles para ayudarlo a ordenar. Te sugiero que pruebes varios y elijas lo que funcione mejor para ti. Ordenar lleva tiempo. No asuma que lo hará todo en un día, pero establezca metas que lo guíen a través del proceso. Le sugiero que use un calendario para marcar cada etapa de su ordenación y asignarles fechas de finalización específicas.

Es más fácil abordar el proceso de una habitación a la vez. Tenga en cuenta que limpiar un armario suele llevar la mayor parte de un día o incluso dos días; ¡Es un gran trabajo! Limpiar la cocina también es un trabajo de uno a dos días.

Algunos expertos dicen que debe ordenar un poco a la vez, regalar un artículo por día o llenar una bolsa de basura en una semana. Otros dicen que es todo o nada. Piensan que debes revisar todos los armarios y cajones con ropa al mismo tiempo, para no olvidar lo que tienes.

Recuerde, usted establece las reglas. Si quieres tomarlo con calma, tómatelo con calma. ¡Solo tenga en cuenta que un artículo al día significa que puede llevarle la vida completar el proceso de limpieza! Sin embargo, si te entusiasma convertirte en un minimalista, hazlo todo en una o dos semanas y comienza a disfrutar de tu estilo de vida sin desorden.

Los siguientes son algunos métodos populares para decidir qué descartar, con técnicas para mantenerse organizado durante el proceso:

El método 12-12-12

Doce es un buen número redondo. No lleva mucho tiempo reunir 36 artículos y decidir qué hacer con ellos. Para trabajar con el método 12-12-12, recolecta cosas en su casa, encuentra 12 cosas para guardar, 12 cosas para donar y 12 cosas para tirar. Con frecuencia puede hacerlo en una semana. Tu decides.

El método de las cuatro cajas o cestas

Adquiera cuatro cajas grandes que sean casi del mismo tamaño o salga y compre cuatro canastas de ropa del mismo tipo. Uno será para la basura que tirarás, otro para las cosas que desees regalar, otro para las cosas que quieres almacenar y el cuarto para las cosas que quieres conservar. Toma una habitación y comienza a llenar las cajas o cestas. Una vez que los llene, deshágase de las cosas en la caja de basura, empaquete las cosas que desea regalar, luego empaque y guarde lo que necesita ser almacenado. Saque todo del cuarto plato y pregúntese: "¿Necesito esto? ¿Me trae alegría? Si la respuesta es sí, colóquela en el lugar que le corresponde; de lo contrario, colóquelo en una de las otras cajas.

El método de mapeo y calificación

En este método, haces un mapa de todas las habitaciones de tu casa. Marque dónde están ubicadas las puertas y ventanas y dibuje en los armarios. Dibuja donde se colocan los muebles. Califica cada lugar en función de lo abarrotado que está, marcando uno como despejado, dos como algo abarrotado, tres como muy abarrotado y cuatro como el último espacio abarrotado. Comience primero con la habitación más desordenada y llévese ese mapa.

Marque con una "X" el área más desordenada y comience a limpiar allí. Puede usar su técnica 12-12-12 o el método de cuatro cajas junto con este plan.

Adquirir libertad financiera.

Sé que mucha gente sostiene que el dinero no lo es todo o que el dinero es la raíz de todos los males … etc … Pero bueno, esto no es cierto. Según varios estudios y trabajos de investigación sobre personas adineradas de todo el mundo, ahora se ha demostrado que si usted es económicamente libre, entonces es más feliz que las personas de su edad / grupo de ingresos que no son económicamente libres.

Por supuesto, el dinero no puede comprar la felicidad. Pero aún así, hasta cierto nivel de alegría, la seguridad financiera es esencial. La mayoría de la gente tiene miedo de estar en quiebra o incluso en bancarrota después de su jubilación o incluso antes de eso debido a la deuda sustancial.

En China, la mayoría de las personas se preocupan por sus deudas mientras duermen por la noche en lugar de las enfermedades cardíacas y la diabetes. Este es el escenario de personas de todas partes del mundo. Pero las personas que son financieramente libres no están preocupadas por este tipo de incertidumbres financieras, y es por eso que son más felices que otras personas de la misma edad / grupo de ingresos.

Ser financieramente libre no significa que deba ser millonario o multimillonario. Dice que su ingreso pasivo mensual de sus diversas inversiones, como acciones, bonos, oro, bienes raíces y negocios o incluso salario, es mucho más que sus gastos mensuales. Por lo tanto, también suponga que si deja de trabajar hoy, puede vivir el resto de su vida de los ingresos que genera de sus inversiones.

Para obtener la libertad financiera, debe dominar sus pensamientos internos y sus palabras habladas. Tus pensamientos más íntimos son el comienzo de todo lo que creas. Que tu atención se expanda. Los sentimientos basados en el miedo se manifestarán en realidad si les permite crecer en su mente. Debes concentrarte en las cosas que deseas para que se expanda y se demuestre en tu vida. Sus palabras también son cruciales, ya que palabras negativas como "No puedo pagarlo" o "Nunca seré rico" enviarán el mensaje equivocado. El universo solo responde a pensamientos y palabras de abundancia. Otras cosas, como crear un plan de gastos, establecer metas financieras, aprender a invertir o incluso simplificar su vida, se derivan de esta simple idea de dominar sus pensamientos internos.

CHAPTER 14:

Simplifique su hogar

Desordenar su hogar es solo una de las mejores cosas que puede hacer para ordenar su vida, es decir, debe ordenar la casa para tener una vida ordenada. El hogar refleja la vida, ya que lo que tenemos en la casa refleja en gran medida lo que tenemos en el hogar. un poco de desorden aquí y allá en nuestros hogares refleja el desorden que tenemos en nuestra vida así como tiene una forma de afectar la gestión de nuestras vidas en lo que respecta a vivir una vida desordenada. Ordenar el hogar debe ser, por tanto, un ejercicio que se lleve a cabo periódicamente para que nuestros hogares se mantengan en perfectas condiciones impecables en todo momento.

El efecto psicológico del desorden en la casa no se puede desear ya que haberlo desordenado en casa da la impresión de que nuestras vidas no están organizadas y eso en sí mismo causa mucho estrés. La carga psicológica de saber que su hogar no está en orden le da excusas para no invitar a una persona a su hogar por temor a que descubran quién es usted simplemente mirando a su alrededor. La elección que conlleva ordenar los espacios de su hogar brinda libertad y tranquilidad, promoviendo el bienestar saludable de la persona en el hogar.

Los desorden no solo se forman en el hogar; de hecho, a menudo es difícil entender cómo se acumula el desorden y solo se vuelve obvio cuando se ve desde una perspectiva externa. Poco a poco, el acopio de tiempos toma espacios y solo se hace evidente cuando parece que quedan pocos o ningún espacio para ordenar nuestras cosas o para comprar otros artículos.

Por lo tanto, es fundamental que de vez en cuando, echemos un vistazo rápido a nuestros hogares y eliminemos las cosas o elementos que constituyen el desorden a nuestro alrededor. La mayoría de estas cosas nos parecen valiosas y resulta muy difícil deshacernos de ellas, lo que fomenta el desorden.

Ordenar el hogar enfatiza los valores de mantener el hogar limpio siempre. Es muy difícil mantener una casa limpia cuando tenemos desorden por toda la casa; cocina, dormitorio, sala de estar, tienda, etc. Tener desorden a nuestro alrededor hace que sea difícil observar una higiene simple en nuestro hogar, ya que ocupan espacios que deberían haberse dejado para que podamos organizar y administrar nuestro entorno de manera efectiva hacia una vida mejor y saludable. condición. También es importante que hagamos esto periódicamente para que el desorden no se acumule y se convierta en una carga para la casa.

Con el desorden por ahí, las cosas se vuelven muy difíciles de manejar. Se convierten en destructores de energía ya que contribuyen a perder una cantidad excesiva de tiempo buscando cosas que deberíamos encontrar fácilmente. Por ejemplo, tener que dedicar una gran cantidad de tiempo a buscar el mando a distancia de su televisor o de su teléfono móvil puede resultar muy frustrante. El efecto mental y psicológico indirecto del desorden en algunos casos, habla de la condición física de los habitantes del hogar, ya que pueden surgir varios problemas de salud, como la depresión e incluso la obesidad. En el peor de los casos, la incapacidad de administrar nuestras casas como resultado de los desorden dentro y alrededor podría provocar incendios, desastres y otros peligros también.

Se le puede garantizar que con una casa bien ordenada, disfrutará de una paz relativa. También se le garantiza una existencia libre de estrés porque alivia el estrés al proporcionar una sensación de control y logro. Más aún, con una casa bien ordenada, te das cuenta de que hay espacios que podrían usarse para otras cosas o que podrían usarse para almacenar cosas adicionales. Esto revela la ilusión que dan las casas abarrotadas de una casa abarrotada. Te das cuenta de que después de una limpieza eficaz, se eliminan muchos elementos no deseados, lo que hace que las habitaciones y el hogar en general sean más livianos y espaciosos. Excepto que eres minimalista, te das cuenta de que aún podrías tener algunos elementos esenciales más valiosos en la casa que el entorno desordenado te ha impedido tener.

Una consideración esencial puesta en foco es la razón por la cual la casa está desordenada. Para que se lleve a cabo una ordenación eficaz, debemos buscar la causa subyacente del desorden en la casa. Conocer y comprender las causas podría ayudarnos a comprender la mejor manera de ordenar y despejar perfectamente la casa. A veces, el desorden de la casa ocurre de forma inesperada o inconsciente, esto puede deberse en gran parte a nuestra actitud despreocupada hacia las pequeñas cosas de la casa, como dónde ponemos las cosas o cómo recogemos la basura. La mayoría de las veces no consideramos que estas cosas puedan constituir desorden a largo plazo. Sin embargo, así como una pequeña gota de agua crea un océano poderoso, la poca actitud despreocupada o la supervisión hacen que nuestros hogares se llenen de desorden.

Por lo tanto, para lograr un ordenamiento eficaz en nuestros hogares, debemos comprender por qué están presentes los desorden y medir las formas de evitar que vuelvan a ocurrir. Esto asegurará que nuestros hogares estén bien coordinados.

Parte de las razones podría ser tener una vida abrumada debido a un horario de trabajo agitado. Cuando tenemos una vida abrumadora, a menudo no nos importa dónde están las cosas o dónde las colocamos, nos cansamos demasiado para arreglar las cosas ya que tenemos muchas cosas en nuestras manos que arreglar nuestras casas no es una de nuestras consideraciones inmediatas. .

A veces también, consciente o inconscientemente, acumulamos cosas, nos preocupamos demasiado de que podamos necesitar cosas en el futuro, de modo que incluso si no son necesarias de inmediato, nos encontramos comprándolas y guardándolas en la casa. Aquí es donde el presupuesto y la disciplina financiera juegan un papel importante para ayudar a despejar el desorden. A veces también nos encontramos duplicando estas cosas que hemos comprado sin supervisión.

Cualesquiera que sean las causas de este desorden, debemos entender que necesitamos conocerlas y encontrar formas de abordarlas para que después de pasar tanto tiempo ordenando, no terminemos abarrotando nuestras casas nuevamente, lo que de hecho puede ser muy agotador.

Poner un horario de limpieza

Para llevar a cabo la limpieza, es necesario que establezcamos un programa de limpieza. Todo necesita y lleva tiempo, y ordenar no es una excepción. Ordenar requiere paciencia y, por lo general, lleva mucho tiempo, por lo que debe dedicar tiempo a limpiar y ordenar. Ese tiempo dedicado debe ser uno que sea cómodo para el hogar. Probablemente un fin de semana ofrece la mejor oportunidad ya que se experimenta menos estrés durante la semana. Sin embargo, ese tiempo debe ser acordado por todos los miembros de la familia. También se debe fijar un marco de tiempo; una hora o dos, con todas las manos a la obra, podrían ser suficientes para despejar el desorden. Dependiendo de la dimensión de la casa y el número de ocupantes, se debe establecer un marco de tiempo para lograr el desorden, ya que tiene otras cosas urgentes que atender.

Aparte del marco de tiempo establecido, también se deben abordar los intervalos. Este ejercicio no tiene que ser una vez al año. Puede ser mensual o trimestral, o incluso según lo requiera la demanda. Lo importante es que se cree un horario en varios intervalos para abordar la necesidad de ordenar el hogar.

Una habitación a la vez

Hacer una cosa a la vez promovió de manera efectiva, y desea ser efectivo en ordenar su espacio de manera que no vuelva a rehacer lo que pensó que había hecho. Por lo tanto, es conveniente que se tome la tarea de ordenar una habitación a la vez. Por ejemplo, es posible que desee dirigirse primero a la sala de estar antes que a los demás, o al dormitorio. Cualquiera que sea la elección, es correcto que se ciña al plan de utilizar una habitación a la vez para obtener la máxima eficacia.

Consejos para ordenar una sala de estar

La sala de estar es la habitación más visible y la habitación más utilizada de la casa. Existe la posibilidad de que este sea incluso el espacio más desordenado de la casa debido a la cantidad de veces que se usa la habitación en comparación con las otras habitaciones. La sala de estar es también la sala más visible para los visitantes. Por lo tanto, es importante que mantengamos esta sala tan importante siempre limpia y ordenada, para nuestra comodidad y la comodidad de los visitantes. La sala de estar tiene mucho que decirnos sobre el estado de nuestras otras habitaciones y un visitante puede ver fácilmente lo abarrotadas que están nuestras vidas si la sala de estar está abarrotada. Por lo tanto, la sala de estar requiere un cuidado y un esfuerzo adicionales en el acto de ordenar y asegurarse de que todo esté bien arreglado y en orden.

Su sala de estar debe ser un lugar de comodidad y relajación donde pueda disfrutar de un tiempo privado y de unión con los miembros de la familia. Es el lugar donde pasamos la mayor parte de nuestro tiempo libre y esto lo convierte, como se mencionó anteriormente, en un lugar fácil para atraer el desorden a sabiendas o sin saberlo, especialmente cuando tienes niños pequeños en casa. Cuando la sala de estar comienza a convertirse en un desorden, la casa se vuelve muy incómoda para vivir. Por lo tanto, la sala de estar debe ocupar un lugar de honor en el esquema de las cosas en lo que se refiere a la ordenación.

¿Cuál es la mejor manera de abordar el desafío de ordenar la sala de estar?

No guarde sillas adicionales en la sala de estar. Esté siempre atento a la tentación de tener muchas sillas en el salón más de las necesarias. Reemplazar el material de los muebles puede ser un placer, ya que intentamos que nuestra sala de estar se vea actualizada con tapicería y muebles modernos. Sin embargo, debemos tener la precaución de hacer que la sala de estar parezca un museo de muebles nuevos y viejos. Mantener la habitación simple debe convertirse en la primera preocupación que tengamos en cuenta al ordenar. Tener muchas sillas y cojines sobre y alrededor del piso hace que el espacio parezca demasiado cargado, y no importa cuán sofisticados queramos parecer, termina haciendo un gran daño a la estética de la habitación y también a la consideración de la salud. Una sala de estar repleta deja poco espacio para una aireación adecuada. La simplicidad es la palabra clave aquí.

Por lo tanto, para ordenar su sala de estar de manera efectiva, asegúrese de quitar todos los muebles innecesarios o adicionales. Es posible que se sorprenda de que estas sillas puedan albergar mucha suciedad y desorden, lo que ha hecho que la habitación parezca descuidada y cargada, lo que perjudica la buena salud de los ocupantes de la casa. Asegúrate de eliminar, quizás del almacenamiento, esos muebles extra que no se necesitan en la sala de estar, o mejor aún, dáselos a la caridad.

Deshazte de todo el papeleo

¡El papeleo debe estar empaquetado! Existe la tendencia y, de hecho, es la realidad: la sala de estar se convierte en el lugar para las asignaciones y el trabajo de oficina. Esto requiere mucho papeleo. En particular, es posible que se hayan acumulado muchos archivos solicitando nuestras acciones a lo largo del tiempo. Esto hace que el espacio no esté disponible para la relajación y hace que la habitación esté más llena de lo esperado.

Si tiene mucho que hacer que requiere mucho papeleo, en lugar de apilarlos en la sala de estar para desordenar la habitación, podría crear una habitación, como una oficina dentro de la casa para atender dicha tarea en lugar de tener ellos en la sala de estar.

CHAPTER 15:

Simplifique su trabajo

Puede ser más difícil desordenar su trabajo si tiene 2 o 3 trabajos, o si su trabajo requiere que dedique muchas horas.

Pero primero, debes sentarte y pensar en lo que quieres para tu carrera. ¿Estás en la carrera que elegiste? ¿Cómo puede manejarlo de tal manera que obtenga la máxima productividad en el menor tiempo posible y obtenga el máximo salario por un trabajo bien hecho?

Concéntrese en las tareas que lo promoverán y le brindarán una mejor oportunidad en su lugar de trabajo. Priorice las tareas que son importantes para su empresa. Además, reduzca la cantidad de tiempo que pasa charlando y usando las redes sociales mientras está en el trabajo para ahorrar tiempo. Lo más importante es que no diseñe su vida en torno a lo que gana porque su vida vale más que un cheque de pago. En cambio, deje que su trabajo se adapte a su estilo de vida. Hay muchas cosas que puede dar por sentado ahora que no necesita, y si reduce sus gastos, realmente no necesita castigarse por no hacer horas extras y tener más tiempo para usted y su familia.

Es posible que no pueda adaptar su trabajo a su estilo de vida en este momento. Es posible que aún viva de cheque en cheque y piense: "No puedo permitirme dejar mi trabajo. Tu consejo no funciona para mí ".

Sostener. No digo que debas irte todavía.

Sus actividades pueden complicarse cuando intenta equilibrar las múltiples facetas de su vida. No solo tienes que contemplar tu cuerpo y tu salud. También hay que planificar el trabajo, los compromisos, las acciones e interacciones diarias y la vida digital. Trabajar hacia estas actividades ocupa espacio mental. Antes de que te des cuenta, saturan tus acciones y causan limitaciones mentales.

Involucrarse en demasiadas actividades genera desorden. Las acciones desordenadas son como cucarachas. Al principio, ves una o dos cucarachas escondidas detrás del armario de tu cocina. Si no fumiga la casa, se reproducen rápidamente y se multiplican. Pronto, tendrá que lidiar con una plaga de cucarachas.

Ordenar tus acciones fumiga tu vida y desinfecta tu mente.

Trabaje duro en su trabajo y obtenga todos los elogios que necesita. Pero recuerde que si no ama su trabajo, tendrá estrés mental. Su mejor opción es comenzar a trabajar para conseguir un trabajo que le guste y que le pague lo suficiente y se adapte a su estilo de vida. Cuando trabajas duro y ganas mucho dinero con algo que amas, cumplirás tu pasión. También lo ve como una tarea menos pesada, por lo que le quita mucha tensión mental a la vida. Caroline dejó su trabajo en una elegante oficina de abogados porque la estaba estresando y consiguió un trabajo que pagaba menos pero que disfrutaba más. Redujo sus niveles de estrés a la mitad y pudo ajustar su vida, de modo que no necesitaba tanto dinero para vivir. En el proceso, la convirtió en una persona más feliz y realizada.

CHAPTER 16:

Simplifique su vida digital

Cómo nos afecta la interacción digital

Internet ofrece innumerables distracciones para todas las personas que lo utilizan, ya que quizás existen cientos de millones de sitios web. El problema es que siempre estamos navegando por Internet usando nuestra PC, portátiles o teléfonos inteligentes. El cerebro humano anhela información e Internet es la mejor fuente de información. Revisamos nuestros correos electrónicos con demasiada frecuencia, ya tenemos demasiados sitios web que visitamos con frecuencia, vemos nuestras series de televisión o películas favoritas en Netflix o Amazon Prime, o simplemente escuchamos música de YouTube o Spotify la mayoría de las veces.

Así es como "alimentamos" nuestro cerebro con información o lo mantenemos entretenido, pero el problema es que estas actividades están tomando demasiado tiempo. ¿De verdad quieres pasar tanto tiempo en Internet? Probablemente no quieras esto, pero sientes que no puedes evitarlo. Su teléfono inteligente está lleno de todo tipo de aplicaciones, la mayoría de ellas inútiles, pero suficientes para causarle muchas distracciones. Las aplicaciones que utiliza principalmente son las aplicaciones de correo electrónico (por ejemplo, Gmail, Yahoo), las aplicaciones de redes sociales (Facebook, Instagram) o las aplicaciones de mensajería instantánea (WhatsApp, Viber, Facebook Messenger). Sus aplicaciones bancarias no se usan con tanta frecuencia, pero si tiene otros vicios (como juegos de azar o incluso juegos, por ejemplo), definitivamente tiene instaladas otras aplicaciones (que usa para apostar dinero en apuestas deportivas, casinos en línea o simplemente desperdiciar un una gran cantidad de tiempo jugando juegos en su teléfono).

El teléfono inteligente nos permite realizar muchas actividades, si está conectado a Internet, desde guiarlo a territorios desconocidos (mapas, aplicaciones de navegación por satélite) hasta contar el número que camina, la distancia recorrida (corriendo o caminando), o las calorías que quemaste. Tal vez, use una aplicación en su teléfono para pagar su boleto de autobús o estacionamiento. Estos son solo algunos ejemplos de aplicaciones muy útiles que puede usar en su teléfono, que solo tiene que usar una vez al día, para que no dedique demasiado tiempo a estas aplicaciones.

Sin embargo, estas aplicaciones no son el problema, las de vicios, o las de notificaciones son las que nos están dando quebraderos de cabeza. Obviamente, hay aplicaciones de redes sociales, las de correo electrónico o las de mensajería instantánea, en las que pasas demasiado tiempo en línea.

Minimizar las interrupciones desde su computadora de escritorio o teléfono inteligente

Cuando sus tareas o quehaceres diarios se ven afectados por el uso de Internet, es hora de hacer algo para escapar de esta locura. Si no tiene idea de qué hacer para evitar que estos dispositivos lo interrumpan constantemente, tal vez deba consultar los siguientes consejos para distraerse menos con estas aplicaciones:

1. Desactiva las notificaciones

Nada te interrumpe como las notificaciones de tu teléfono inteligente o computadora de escritorio. ¿Cuántas veces detuvo inmediatamente lo que estaba haciendo para verificar la notificación? ¡Probablemente demasiadas veces! La tecnología fue diseñada para ayudarnos, pero parece que ha tomado el control de nuestras vidas. Las notificaciones nos hacen interrumpir nuestras actividades para verificar la información que acaba de aparecer en su teléfono inteligente o computadora de escritorio. ¿Por qué dejamos que las notificaciones dicten nuestras vidas? ¿Crees que es realmente urgente comprobar la información de la notificación? De alguna manera, estamos listos para ser los primeros en descubrir algo, es por eso que siempre nos apresuramos a verificarlos.

Fácil de decir, difícil de aplicar, ¿verdad? Bueno, tendrá que superar su obsesión con las notificaciones y profundizar en la configuración de su computadora de escritorio o teléfono inteligente. Simplemente apague las notificaciones, ya que la información que brindan también estará disponible más adelante para que la verifique. Piense en cuántas tareas completará si simplemente no aparece nada en la pantalla de su teléfono inteligente o PC de escritorio.

2. Programe su tiempo diario de verificación de correo electrónico

No debe revisar sus correos electrónicos cada 15-30 minutos, esto no es muy productivo para usted, a menos que esté revisando su correo electrónico de trabajo y este tipo de información a la que necesita acceder con urgencia. Personalmente, antes de comenzar con sus tareas diarias en el trabajo o cuando está tomando su café matutino son los dos mejores momentos para revisar sus correos electrónicos personales. Puede consultar sus correos electrónicos en sus descansos, pero además de estos períodos, olvídese por completo de que incluso tiene una dirección de correo electrónico personal. La situación ideal es no usar nunca la computadora de escritorio del trabajo para revisar sus correos electrónicos, solo puede usar su teléfono inteligente para ello, pero desactive las notificaciones, ya que no desea escucharlas con demasiada frecuencia e interrumpir lo que está haciendo .

3. Hacer que el contenido se pueda buscar

Si desea buscar contenido en Internet o en la memoria de su computadora de escritorio o teléfono inteligente, definitivamente debe encontrarlo fácilmente. No querrá perder demasiado tiempo buscando documentos o archivos cuando tenga algo mejor que hacer. Es por eso que necesita ser muy organizado al almacenar archivos y documentos en su teléfono inteligente o computadora de escritorio, y estamos navegando en Internet para encontrar algo, asegúrese de usar las palabras clave adecuadas.

4. Modo no molestar

¿Cuántas veces se ha despertado al escuchar una notificación en su teléfono inteligente? ¿Está sucediendo esto con demasiada frecuencia? Si la respuesta es sí, ¿adivinen qué? No es necesario que esté conectado a Internet cuando duerme. O, si desea consultar a primera hora de la mañana los últimos mensajes o noticias, puede simplemente silenciar su teléfono inteligente / computadora de escritorio. ¡No te preocupes! Seguirá escuchando la alarma, aunque haya silenciado su teléfono. Si no desea estar conectado a nada mientras duerme, simplemente ponga el teléfono o la computadora portátil en modo avión. Establezca su propio período en el que no desea que lo molesten, puede ser entre las 12 p. M. Y las 8 a. M.

5. Disminuya significativamente el uso de sus aplicaciones de "vicio"

Si eres demasiado apasionado por los juegos de azar o los juegos, entonces necesitas dedicar mucho menos tiempo a ellos. ¿Eres un jugador incondicional? Entonces, quizás lo que necesite sea terapia y mantenerse alejado de los casinos en línea o las plataformas de apuestas deportivas. No desea perder una cantidad sustancial de dinero en estas plataformas. Lo sé, los casinos en línea te están atrayendo con bonificaciones increíbles, parece que solo están regalando dinero. Pero, ¿de dónde viene ese dinero? Es dinero perdido por otros jugadores, así que ¿cuánto tiempo pasará cuando su racha ganadora se convierta en una perdedora? ¿Cuántos jugadores pueden decir honestamente que ganaron más dinero del que gastaron en estas plataformas? Créame, no muchos de ellos, ¡a menos que sean súper profesionales!

¿Recuerdas la histeria provocada por un juego muy adictivo llamado Pokemon Go? Hay muchas personas que son jugadores incondicionales y juegan excesivamente a los videojuegos en computadoras de escritorio, portátiles, consolas, tabletas e incluso teléfonos inteligentes. Estos juegos les están causando adicción y están tan enganchados a estos juegos, que realmente no pueden evitarlo. Obviamente, necesitan orientación y ayuda para reducir el tiempo dedicado a estos videojuegos, y posiblemente incluso eliminar toda la distracción. Esto también se aplica a los adictos al juego.

¿Cómo será la vida sin el uso completo de su teléfono inteligente?

Para reducir su dependencia de su teléfono inteligente, deberá experimentar cómo sería la vida sin él. ¿Alguna vez ha pensado en ir a algún retiro de montaña aislado, donde tiene la comodidad básica de la vida humana, pero no hay wi-fi y los datos móviles son demasiado débiles para ser utilizados? Si no ha pensado en esto, tal vez necesite reservar unas vacaciones. ¿Por qué no tener una experiencia al aire libre a gran escala, sin tener que usar su teléfono inteligente, solo si realmente tiene que pedir ayuda?

¿Sabes dónde está North sin usar tu teléfono móvil? Hay algunas acciones que puedes usar para guiarte sin tener que usar tu teléfono móvil, pero no las vamos a explicar, ya que no te animamos a vivir como salvajes, a usar solo lo que la naturaleza te brinda, a cazar. para comer y beber agua del arroyo directamente. Sin embargo, lo que debe tener en cuenta es que cuando se desconecta, comienza la aventura y puede comenzar a vivir y a participar en experiencias increíbles en el mundo real. Esto debería animarlo a tomarse las cosas con calma con su teléfono inteligente, ya que no debería tener una relación muy estrecha con él.

¿Alguna vez has estado de vacaciones cuando empezaste a filmar desde el primer segundo o a tomar fotos? Es como visitar un lugar pero no estar realmente allí, ya que estás detrás de la cámara. No puede experimentar adecuadamente todo lo que ese lugar tiene para ofrecer si está filmando y tomando fotografías constantemente. Cuando está haciendo esto, está demasiado ocupado para experimentar lo que ese lugar tiene para ofrecer. No tienes tiempo para tocar o sentir tu entorno. El mundo se ve mucho mejor a través de tus propios ojos, luego a través del lente de tu cámara, ¡créeme!

A todos nos gusta alardear de dónde estamos, qué comemos o bebemos, pero no tratemos de exagerar demasiado. La cuestión es que, cuando compartes el momento en las redes sociales, no estás viviendo el momento, por lo que toda la parte de compartir te está bloqueando para vivir la experiencia a gran escala.

Utilice la tecnología de forma inteligente para simplificar su vida

La tecnología debe usarse para simplificar nuestras vidas, no para complicarlas. No se equivoquen, el abuso de la tecnología está complicando nuestras vidas, entonces, ¿por qué usar la tecnología en exceso? A continuación, le mostramos cómo puede utilizar una de las mejores características de la tecnología, la programación automática. Puedes usarlo para:

1. Sus correos electrónicos
2. Tus citas regulares
3. Actualización de aplicaciones
4. Compilar itinerarios de viaje

CHAPTER 17:

Simplifique sus distracciones

M antener una buena concentración mental y trabajar con una mente despejada requiere deshacerse de las distracciones. Estos asesinos de la producción vienen en todas las formas y formas, y cada uno de nosotros individualmente es la causa de nuestra disminución de la productividad.

Primero, necesitamos tener la mente correcta. Sin eso, el resto de las sugerencias de este capítulo son inútiles. Antes de comenzar cualquier tarea, debe despejar su mente de todos los demás pensamientos, de modo que pueda concentrarse solo en la tarea en cuestión. A menudo nos distraemos pensando en cosas de nuestro pasado y de nuestro futuro, que distraen en gran medida lo que es importante: el presente. Si bien la multitarea parece ventajosa para la mayoría, la realidad es que si no se está concentrando en la tarea que tiene entre manos, no la está haciendo lo mejor que puede.

Piensa en un proceso mental antes de sentarte a hacer cualquier cosa. Esto también puede incluir algunas cosas físicas. Por ejemplo, puede decidir que las tareas que implican un poco de concentración deben realizarse después de haber revisado el correo electrónico, el correo de voz y cualquier otra cosa que pueda estar intrigando su mente. Saber que nadie necesita que nada te presione ayuda a aliviar la mente.

Dependiendo de la tarea en cuestión, asegúrese de haber reunido todas las herramientas, el papeleo o la información que pueda necesitar antes de comenzar. Tener que detenerse y encontrar lo que está buscando interrumpe su flujo y confunde la mente. Por ejemplo, si vas a fregar el baño, asegúrate de tener los limpiadores y las esponjas listos para usar antes de siquiera poner un pie allí. Si presenta la declaración de impuestos, reúna todos los documentos y una calculadora. Trate de anticipar lo que necesita para que la tarea no se vuelva tan estresante.

A continuación, tómese solo un minuto para crear un plan de juego para abordar dicho proyecto antes de comenzar. Comenzar cualquier cosa sin un plan es una receta para ir por la tangente, tanto en tu mente como en el curso del proyecto. Piense en cuál le gustaría que fuera el resultado y los pasos básicos para lograrlo. Por ejemplo, si va a publicar un anuncio en el periódico local, piense en algunas cosas que debería transmitir, con qué combinación de colores debe trabajar y qué tan grande será el anuncio. Una vez que esté abajo, tendrá una gran plantilla con la que trabajar.

Si escribir es más tu estilo, hacer un bosquejo rápido para ordenar tus pensamientos es lo mismo. Cualquier gran proyecto puede parecer abrumador hasta que cree el esquema y lo aborde una sección a la vez. Por ejemplo, esboce cada uno de sus capítulos, describiendo brevemente su dirección.

Este intenso momento de concentración requiere toda su atención, por lo que una vez que se realiza esta pequeña acción, su cerebro ya está preparado para actuar. Corre con ese enfoque y trata de no detenerte hasta que hayas terminado o sin ideas. Deje que el flujo siga su curso. Si se detiene para tomar un descanso, mirar el correo electrónico o cualquier otra cosa, deberá volver a encarrilarse.

Las distracciones vienen en todos los lugares, no solo en el entorno laboral. A menudo nos distraemos con cosas que nos impiden desarrollar relaciones, disfrutar de nuestro tiempo y vivir nuestras vidas. Es triste pensar que pasamos la mayor parte de nuestro tiempo en el trabajo, y cuando no lo estamos, encontramos formas de distraernos de tener una vida.

Las redes sociales y la televisión son dos de las distracciones más perjudiciales que existen. Unos pocos minutos se convierten rápidamente en horas de inactividad, en las que su cerebro se ha apagado en gran medida. Si bien es bueno dejar que su cerebro descanse, la naturaleza adictiva de estas cosas dificulta cualquier progreso en su trabajo, vida personal y social. El hecho de que conocer gente y tener citas ahora depende en gran medida de la tecnología demuestra hasta dónde ha llegado esto.

Estos vicios no solo distraen, sino que también son la causa de la sobrecarga de información. Nuestras mentes no están destinadas a recibir tanta información a la vez. Está más acostumbrado a contemplar el paisaje de nuestro entorno y lo que sucede directamente a nuestro alrededor. En cambio, recibimos noticias de todo el mundo, lo que hace que nuestras mentes estén en demasiados lugares a la vez. Todo este ruido solo está agregando detrimento a su bienestar mental.

¿Cuánto tiempo pasas navegando por las redes sociales o viendo televisión? ¿Realmente obtiene alguna alegría o placer de alguna de estas actividades o es más para pasar el tiempo? El tiempo que está pasando es su vida, que está viendo a otras personas en vivo en las redes sociales y la televisión. ¿Por qué no dejar el teléfono, salir y hacer algo en la vida real? En lugar de mirar las redes sociales, asegúrate de hacer algo todos los días que consideres digno de elogio de compartir en las redes sociales.

Limite su tiempo para hacer estas actividades y reemplácelas con otras cosas que sean más valiosas, cosas que mejoren su vida, su salud y su educación. Lea un libro, salga a caminar y tome un café con un amigo. Cambiar sus actividades de tiempo libre conduce a una vida más satisfactoria y enriquecida, y eso es excelente para mantener su mente sana y activa. Además, aliviar el estrés con actividades físicas reduce el desorden mental y mejora todos los aspectos de su vida.

Todos tendrán un conjunto diverso de distracciones. Tómese su tiempo para identificar algunas de las cosas importantes que disminuyen su productividad, ponen a prueba su cerebro y lo cansan, y haga algo al respecto. Es probable que exista una solución para cualquier distracción que exista, así que piense en algunas formas de hacer que las cosas funcionen mejor, si se toma el tiempo para abordar estos problemas ahora, ahorrará tiempo y energía en el futuro.

CHAPTER 18:

Ordenando su relación

E l desorden no está exento de desafíos, y si pensaba que reducir el tamaño de sus pertenencias y limpiar su espacio de trabajo era difícil, espere hasta que intente ordenar sus relaciones. La parte más difícil probablemente será ese período en el que te estás adaptando a no tener más esa relación en tu vida. Tal vez tengas que cortar los lazos con alguien que conoces desde hace años porque te has dado cuenta de que su comportamiento es tóxico y se suma al estrés existente que ya sientes. Todavía no va a ser una decisión fácil de tomar. Te has acostumbrado a tener su presencia cerca y seguramente habrá un vacío que se sentirá una vez que ya no estén cerca. Es lo mismo con todas las relaciones que tienes. Cuando estás tan acostumbrado a estar siempre cerca o a ver regularmente a esa persona, su ausencia no pasará desapercibida.

El costo de las relaciones tóxicas

Una relación tóxica le puede pasar a cualquiera, incluso a las personas más inteligentes y seguras de sí mismas que pensaba que serían demasiado inteligentes para tomar decisiones tan malas. No se sabe cuándo y cómo podría encontrarse en una relación destructiva porque a menudo no comienza de esa manera al principio. Las relaciones tóxicas te mentirán, te lastimarán, te manipularán, de ahí la necesidad de un ordenamiento social. Ordenar las relaciones y el minimalismo social no es algo en lo que pensamos mucho, ya que el enfoque generalmente tiende a centrarse en el aspecto físico, las cosas que podemos ver frente a nosotros. Somos criaturas visuales, y es solo cuando podemos ver algo que comienza a sentirse "real". Desorden mental, emocional,

Buda dijo una vez: "Aferrarse a una relación tóxica es como beber veneno, pero esperar que la otra persona muera". Cuando te pierdes en una relación tóxica, tu juicio se nubla y es más difícil ver qué es lo mejor para ti. Olvidas quién eres y qué quieres, y tu felicidad ya no se convierte en una prioridad. Empiezas a relajarte y a inventar excusas para estar en esa relación tóxica porque se siente más saludable que tener que lidiar con el dolor de dejar ir a la persona que amas (o crees que amas). El ordenamiento social es un tema muy complicado. Es fácil dejarse consumir en una relación tóxica porque tienden a ser dominantes. Las relaciones tóxicas te hacen perder el contacto con tus propias metas, pasiones, deseos, ambiciones y propósitos. Te hacen sentir desesperanzado e impotente inseguro de qué hacer a continuación. Aumentan su estrés, alimentan sus preocupaciones y desencadenan su ansiedad. Sus problemas comienzan a afectarlo y comienzan a convertirse en sus problemas. Con el tiempo, se vuelve resentido después de un período prolongado de atender las necesidades de todos los demás, excepto las suyas. En resumen, el costo de las relaciones tóxicas simplemente no vale la pena.

Cómo ordenar tus relaciones

Tener personas negativas en tu vida o personas que te estén causando dolor no tiene sentido. Eso no agrega valor a su vida y ciertamente no genera ninguna alegría mantenerlos cerca. Las personas negativas y tóxicas solo lo arrastrarán hacia abajo y lo atraparán a su nivel, por lo que se volverá tan infeliz y miserable como ellos. No es necesario que se desconecte por completo o se disuelva por completo de ellos (aunque en algunos casos eso podría ser mejor), ya que no siempre es una posibilidad. Las relaciones tóxicas podrían estar dentro de su familia o las personas con las que trabaja, lo que dificulta evitarlas por completo. No es necesario que los ignore por completo, sino que intente pasar menos tiempo con ellos y, en cambio, dirija la energía y se concentre en personas valiosas.

Mantener las relaciones porque las conoces desde siempre o porque compartieron algunos recuerdos increíbles juntos no es una razón respetable para aferrarse a ellas si te pesan más de lo que te elevan. Las personas cambian, crecen y se desarrollan de diferentes maneras. Las relaciones que tienes con la gente cambian porque tú cambias, y ordenar tu vida social puede significar que tienes que aprender a dejar ir y estar bien con eso. Te va a doler, pero aguantar porque te sientes mal es perjudicarte a ti mismo.

- Revisar todas sus cuentas de redes sociales: este será probablemente el paso más fácil en todo el proceso de ordenación. Comience con sus canales de redes sociales y comience a eliminar a las personas con las que no conoce muy bien o con las que ya no interactúa, y las personas que siente que ya no agregan valor a su vida. Al principio se sentirá difícil, pero a medida que empiece a eliminar a estos "amigos" uno a la vez, empezará a ser más fácil. No se preocupe por lo que van a pensar. Si esos "amigos" apenas se esforzaron (o ninguno en absoluto) para interactuar contigo en estas plataformas de redes sociales antes, es muy probable que no les importe si todavía estás conectado en el espacio digital. Optimice sus notificaciones automáticas desactivando las innecesarias y solo manteniendo activadas las notificaciones importantes. No necesitas notificaciones de tus aplicaciones de redes sociales, solo te distraen. Las notificaciones solo deben provenir de mensajes de texto y sus recordatorios importantes.

- Go Cold Turkey: este será un poco desafiante, pero es la forma más efectiva de identificar quiénes son las personas en tu vida que realmente valoran tu presencia y tu amistad. Vaya de golpe y deje de interactuar con todo el mundo. Ahora, "todos" en este contexto serán subjetivos a la cantidad de personas que conoces, por lo que no hay un número fijo ni una cuota específica de personas con las que debes comunicarte. Evite enviar mensajes de texto primero, evite comunicarse primero y evite ser el primero en llamar o hacer planes. Vaya de golpe, deténgase, siéntese, observe y espere. Observa quiénes son los que notan tu "silencio repentino" y extiéndete para preguntar si todo está bien. ¿Quiénes son los que valoran su amistad lo suficiente como para mantener la interacción? Compartir o dar me gusta a su último estado de Facebook o publicación de Instagram no cuenta. Las amistades de valor son las que te vigilan al azar sin ninguna razón solo para ver cómo te va. O las personas que están ahí para ti durante tus momentos más bajos y oscuros de la vida. Con los que realmente puede contar en caso de emergencia. Es posible que se sorprenda al descubrir que los que lo valoran lo suficiente son mucho menos de lo que pensaba. Pero al menos de esta manera, está ordenando las relaciones innecesarias y conservando las que agregan verdadero valor y felicidad a su vida.

- Conocer los valores de su relación: ¿Qué tipo de relaciones valora? ¿Qué tipo de relación crees que agrega valor a tu vida? ¿En eso vale la pena invertir? Más importante aún, ¿qué te hace feliz? Esos son los indicadores clave en los que debe pensar al reducir el tamaño de sus conexiones sociales. Siempre regrese a un punto de referencia simple. ¿Esta relación te hace feliz? ¿O está agregando estrés?

Ordenando sus relaciones románticas

Relaciones que duran toda la vida. Algo que todos queremos, pero no todos tienen la suerte de aferrarse. Las tasas de divorcio en el mundo de hoy son más altas que nunca, por lo que mantener una relación que sea lo suficientemente fuerte como para que te dure a lo largo de los años se ha convertido en un bien escaso. Eso es porque el amor por sí solo no es suficiente para mantener estas relaciones. Debe haber seguridad, una conexión profunda a nivel emocional, mental, físico y espiritual. El amor requiere trabajo y si vas a hacer tu trabajo más fácil, debes eliminar el desorden de tu relación. Elimine el desorden físico, elimine el desorden mental, emocional y espiritual. Cualquier elemento que sea negativo y que cause tensión en su relación debe ser evaluado.

Cuando nos sentimos separados de nuestras parejas, no nos damos cuenta de que el desorden (físico y no físico) podría ser la razón. No sabemos cómo asimilar estas emociones de desconexión y, como mecanismo de supervivencia, algunas personas recurren a cerrarse o aislarse de sus parejas en lugar de trabajar juntas para encontrar una solución. Los patrones negativos y los mecanismos de afrontamiento siguen siendo frecuentes, y hasta que comencemos a ordenar activamente nuestras relaciones, las cosas empeorarán, no mejorarán. Ordene los patrones negativos en su relación haciendo lo siguiente:

- Reconocer los patrones: este es un primer paso obvio y requiere un ejercicio de autoconciencia. Observe la forma en que maneja las cosas en su relación en este momento. ¿Se apaga cuando se siente abrumado por las emociones? ¿O atacar? ¿Trabajan juntos o trabajan uno contra el otro? Realice una evaluación cuidadosa de la forma en que usted y su pareja manejan actualmente situaciones estresantes o emocionales y tome nota de los patrones de comportamiento negativos y poco saludables que deben cambiarse. O ordenado, en este caso.

- Uníos contra la negatividad: nada une a las personas más que unirse contra un enemigo común. En este caso, el enemigo común en su relación es cualquier cosa que les impida funcionar bien juntos como pareja. Como comportamiento negativo, por ejemplo. Piense en ordenar el desorden como un proyecto de vinculación en el que puede trabajar con su pareja. Si ha pasado un tiempo desde que trabajaron juntos como equipo, este podría ser un ejercicio que comience a acercarlos nuevamente. En lugar de trabajar uno contra el otro, haga de este su objetivo para trabajar juntos.

- Deja ir el resentimiento: una fuente importante de desorden en cualquier relación es la ira, el resentimiento, los celos y el ego. Todos tienen algún nivel de ego y orgullo dentro de ellos. La claridad con la que se muestran estos rasgos depende de qué tan bien podamos controlarlos. El ego que no se controla a menudo puede causar enormes estragos, especialmente en las relaciones más cercanas a ellos. El ego es una emoción negativa que provoca sentimientos de resentimiento, ira, miedo y celos. Sacar a relucir argumentos pasados, delitos menores y errores solo desordena la relación que tienes con nada más que toxicidad. Entonces, déjalo ir y deja que el pasado permanezca en el pasado.

- Aprender a preguntar: un hábito poco saludable que causa mucho desorden en las relaciones es cuando las parejas no piden lo que quieren o necesitan. Si no satisface sus necesidades, debe preguntar. Tu pareja no es un psíquico y asumir que puede captar las pequeñas pistas, leer tu mente o anticipar tus pensamientos, es como tienden a suceder las peleas, la infelicidad y las discusiones. Las suposiciones son donde tiende a ocurrir una gran cantidad de rupturas en la comunicación, y le estará haciendo un favor a su relación si aprende a comunicarse y a pedir lo que quiere.

- Las expectativas son desorden: las expectativas son otra forma de desorden que no agrega valor a su relación. Imagínese si comenzara cada conversación con su pareja con la expectativa de que esto va a ir mal. Probablemente sabotearás la conversación y la empeorarás sin siquiera darte cuenta porque el desorden está subconscientemente pesando en tu mente. ¿Por qué? Porque esperabas que saliera mal. Aprender a comunicarse con una mente abierta requiere práctica, pero primero, elimine las expectativas y déjelas ir.

CHAPTER 19:

Mejore su autoestima en Momentos negativos

L o que sientes por tu bienestar es muy importante para tu felicidad en la vida. Tener una buena opinión de ti mismo, de lo que haces, de quién eres y de amarte a ti mismo es algo importante de lo que la gente tiene poco en la sociedad actual.

Algunos de los beneficios de desarrollar una alta autoestima incluyen:

- La vida se vuelve más liviana y sencilla.
- Más estabilidad interior.
- Menos autosabotaje.
- Serás una persona más admirable para tus familiares y colegas en el trabajo.
- Estarás más feliz.

Esos son los beneficios de desarrollar una buena autoestima, pero ¿cómo se desarrolla este hábito? Así es cómo;

1. Dile "Alto" a tu crítico interior

Un lugar definitivo para comenzar si desea elevar su autoestima es aprender a cambiar la voz de su crítico interno.

Todos tenemos un crítico interno que a menudo nos impulsa a hacer cosas para ganarnos la aceptación de los demás en tu vida y en las redes sociales. Esta necesidad de ganar aceptación reduce tu autoestima, ya que comenzarás a juzgarte a ti mismo por cómo te juzgan los demás.

El crítico interno es esa voz dentro de nuestra cabeza que dice pensamientos destructivos en tu mente. Por ejemplo, dice palabras como;

- No eres digno de esta posición; está por encima de sus habilidades técnicas.

- No eres digno de esa chica; ella te dejará por otro.
- Eres una mala madre.

No tienes que aceptar las cosas que te dice el crítico interior; hay formas de minimizarlos y reemplazar este pensamiento con un pensamiento más positivo. Puedes cambiar lo que piensas de ti mismo.

Una forma de superar al crítico interno es detener lo que sea que el crítico interno elabore en su mente es crear una palabra de parada o una frase de parada para él.

Una vez que el crítico interno le traiga un pensamiento, grite "Alto" en su mente. O invente una palabra o frase que pueda detener el hilo de sus pensamientos. Luego, vuelva a enfocar sus pensamientos en cosas más positivas.

2. Utilice hábitos de motivación más saludables

Para reducir la intensidad del crítico interno, motívese a elevar su autoestima y tome acciones positivas.

3. Tómate un descanso para la autoestima

La autoestima es muy divertida y sencilla, y notará una diferencia notable si dedica solo dos minutos a ella todos los días del mes. He aquí cómo hacerlo;

Respire hondo suavemente y hágase esta pregunta: "¿Cuáles son las tres cosas que me gustan de mi vida?" Algunos ejemplos de respuestas que puede darse a sí mismo son;

- Lo que escribo impacta a mucha gente.
- Soy un buen jefe en el trabajo.
- Soy muy cariñoso y considerado cuando se trata de perros.

Estas charlas no solo le ayudarán a desarrollar su autoestima; también convertirán los estados de ánimo negativos en buenos.

4. Haz lo correcto.

Aumentarás y fortalecerás tu autoestima cuando hagas lo que crees que es correcto. Puede ser algo tan pequeño como ir al gimnasio por la mañana o ayudar a su hijo con sus estudios.

Para hacerlo más efectivo, sea constante en lo correcto que ha decidido hacer. Asegúrese de actuar todos los días.

5. Manejar los errores y fallas de manera positiva

Es normal tropezar y caer si sale de su zona de confort. Es necesario si quieres hacer cosas importantes en la vida. Todos los que han llegado a grandes alturas en la vida lo hicieron; apenas se les oye hablar de ello. Entonces, recuerde eso, y cuando vacile trate de hacer estas cosas;

- Sé tu mejor amigo: en lugar de castigarte y enfadarte por ello, hazte esta pregunta. ¿Quién me apoyará en esta situación? ¿Cómo me ayudará la persona? Luego comience a imaginarse a la persona que lo está asesorando.
- Descubra las ventajas: otra forma de ser más constructivo es centrarse más en las oportunidades y el optimismo. Hágase estas preguntas: ¿Qué puedo aprender de esto? ¿Qué beneficio puedo sacar de esta situación? Estos le ayudarán a cambiar su punto de vista sobre el fracaso.

Cómo desarrollar tu nuevo yo

Muchos de nosotros construimos imágenes en nuestra cabeza sobre quiénes somos "Soy aburrido, estoy sufriendo de depresión", etc. Nos reiteramos este punto y convencemos a nuestra mente de que así somos. No importa cuánto tiempo se haya estado repitiendo estas ideas, en realidad, siempre está cambiando.

No tengo ninguna duda en mi mente de que cualquiera puede cambiar lo que quiera de su vida, ya sea una imagen mental, apariencia física o un mal hábito. Si está listo para desarrollar lo nuevo, lea los quince pasos siguientes:

- Comprenda que no hay nada que no se pueda cambiar en su vida, aunque parezca permanente. Piense en los cambios que ocurrieron en su vida desde una edad más temprana hasta ahora.
- Aprenda que una creencia no es la verdad, sino un pensamiento que sigue pensando.
- Entender que nuestras creencias no son la verdad; son solo cosas que decidimos aceptar. Por ejemplo, mi color favorito es el azul, soy tímido, etc.

- Date cuenta de que, a menos que tengas el deseo de cambiar, el cambio nunca sucederá.
- Decide cambiar. Si su decisión de cambiar no está profundamente arraigada, el cambio real se le escapará.
- Pasos graduales hacia el cambio que deseas. Puedes correr hacia la cima de una colina en un instante. Tienes que dar pequeños pasos que importan todos los días. Una vez que adquiera el hábito de seguir esos pasos en las primeras semanas, el patrón se mantendrá y será más fácil a partir de ahí. Si lo que desea cambiar es una adicción, reduzca gradualmente el ansia. Por ejemplo, si va a dejar de fumar, reduzca gradualmente la cantidad de cigarrillos que fuma todos los días.
- Experimente con cosas que le resulten fáciles de cambiar al principio; esto es para crear la creencia en ti mismo de que si puedes dejar de hacer esto, puedes dejar de hacer aquello.
- Elija algo que siempre haya tenido en mente cambiar, de modo que pueda apreciar la efectividad de su nueva mentalidad.
- Para que el cambio sea real, dígaselo a algunas personas cercanas a usted y dése algo de responsabilidad.
- Ignora al crítico interno que te sigue diciendo que "no puedes hacer esto".
- Cuando te equivoques, no te rindas. Es normal equivocarse a veces.
- Cuando vuelva a caer en patrones antiguos, haga un esfuerzo considerable para salir de él. No se regañe a sí mismo; fíjese en ello, ríase de ello y vuelva a intentarlo.
- No dejes que las opiniones y sugerencias de los demás te agobien; les llevará algún tiempo darse cuenta del cambio.
- Mírate a ti mismo como el nuevo tú. Siéntete libre de decirles a los demás que las cosas ya no son las mismas. Dígales: "Ahora hago ejercicio todos los días", "No volveré a fumar", etc.
- Ve la parte vieja de ti como una parte de ti que se ha ido. Si tu mente o un amigo te sugiere que debes volver a tu antiguo yo, di: "Ese era el viejo yo". Si los pensamientos siguen regresando, distráigase de ellos. Si un amigo sigue sugiriendo que vuelva a su antiguo estilo de vida, corte todos los medios de comunicación con él.

CHAPTER 20:

Prácticas diarias sencillas para Superar la dilación

Cuando se habla de procrastinación, todos pueden identificarse con ella porque no hay nadie que pueda negarlo. Siempre que no cumple con los plazos, el nivel de ansiedad se eleva por encima de su cabeza y se ve obligado a completar el proyecto lo antes posible. Pero en el fondo, sabes que es imposible de completar porque hay mucho por hacer. Sin embargo, ¡intenta! La procrastinación hará que su vida sea miserable, así que trate de no convertirla en un hábito.

Algunas personas quieren dejar de procrastinar, pero no pueden porque no saben cómo hacerlo. O a veces, es posible que les falte la motivación que necesitan. Y puede ser frustrante, lo sé. Debe comprender el hecho de que los factores que procrastinan difieren de un individuo a otro:

Un escritor pospondrá las cosas en el proyecto que se le asignó. Y luego, debe trabajar día y noche para completar el proyecto.

Un estudiante retrasará el trabajo escolar y luego lo completará en el último momento.

Un atleta retrasará los medicamentos porque está muy preocupado por el juego actual.

Si evalúa cada ejemplo anterior, comprenderá que a través de la procrastinación, todas las menciones individuales en el ejemplo se verán afectadas. Por ejemplo, el atleta tendrá que lidiar con muchos problemas graves si no trata la lesión de inmediato. Del mismo modo, también habrá muchos inconvenientes emocionales.

Compartiré algunas de las prácticas diarias prácticas que puede seguir para superar la dilación. Estas prácticas te ayudarán a vencer la procrastinación incluso si te sientes perezoso o desmotivado. Antes de comenzar a leer las prácticas a continuación, debe tener en cuenta que puede seleccionar cualquiera de las siguientes prácticas. Esto significa que no está obligado a practicar todos los hábitos a continuación. ¡Empecemos!

1.   Encuentre soluciones a posibles emergencias

La dilación no es un simple mal hábito; más bien es peligroso. Tendrá un gran impacto en su salud. A veces, incluso puede perder los grandes lazos que compartía con los miembros de su familia. Incluso podrían llegar a un punto en el que asuman que ya no te importa. Habrá situaciones en la vida en las que tendrá que lidiar con prioridades inesperadas como la muerte, la enfermedad y mucho más. Tales situaciones no pueden esperar porque tendrá que abordarlas de inmediato. En este caso, tendría que descartar todas las tareas programadas. En otras ocasiones, los grandes eventos familiares pueden convertirse en situaciones espantosas, y no puede evitarlos y volver a su trabajo. Las emergencias no vienen con una advertencia, por lo que debe soportar los obstáculos que crea. ¿Cómo se pueden evitar las emergencias? ¿Vas a detener todo y abordar el problema? O si ya has retrasado el trabajo y luego surge algo urgente, ¿cómo planeas manejarlo? ¿Qué podría pasar si ignora las emergencias?

Para manejar las emergencias, debe tener una idea clara del tipo de emergencias que está enfrentando. Puede pensar en las secuelas de evitar la emergencia. O piensa en las personas que están relacionadas con la emergencia, ¿cómo se sentirán si la ignoras? ¿Cuáles son las actividades que puede realizar para resolver este problema de emergencia y poder volver al trabajo? ¿O puede posponer el tema de la emergencia porque no pone en peligro la vida?

Antes de profundizar más, déjame decirte. Si trabaja tan duro que ni siquiera tiene tiempo para su familia, significa que está perdiendo muchas cosas buenas en la vida. En realidad, no está viviendo su vida, aquí es donde entra en escena el concepto de trabajo inteligente. Puedes ponerte ocupado fácilmente y olvidarte de las personas que te rodean. O puede posponer fácilmente las emergencias que creía que no eran importantes, y esas emergencias en realidad podrían resultar graves. Por supuesto, es posible que esté tan ocupado que ni siquiera tenga tiempo para cosas importantes, pero todo se trata de sus prioridades.

Ningún proyecto, cita o reunión vale la pena ignorar por las emergencias que podrían afectar la vida de un ser querido. Sugeriría detener otras cosas cuando surja algo urgente porque la dilación no se trata solo del trabajo sino también de la vida. Si aborda las emergencias de inmediato, no tendrá que lidiar con los peores casos en el futuro.

La mayoría de las veces, pensamos que la procrastinación tiene que ver con el trabajo y cómo retrasamos el trabajo. Pero aquí señalé algo que debes considerar.

Básicamente, si organiza actividades relacionadas con el trabajo y las completa antes de la fecha límite, o si ya ha completado la mitad del trabajo, es posible que las prioridades inesperadas no generen un gran impacto en su vida laboral. Lo importante es organizarse y saber priorizar su vida.

2. Hacer revisión diaria

Otra mejor manera de evitar la procrastinación es a través de revisiones diarias. Si asigna diez minutos de su día, puede hacer la revisión. Cuando esté haciendo la revisión, podrá encontrar las prioridades de su día. Luego, puede analizar las tareas que tendrán un gran impacto en sus objetivos a corto plazo. Para simplificar esta sesión de revisión, considere la posibilidad de realizar un formato de preguntas y respuestas. ¿Cuáles son las reuniones programadas a las que debe asistir? ¿Hay algún correo electrónico al que deba responder hoy? ¿Hay artículos oficiales que deban editarse hoy? ¿Hay alguna cita que lleve más tiempo del asignado? ¿Cuáles son las tareas que requieren más atención?

Asimismo, debes hacer una sesión de preguntas y respuestas para conocer el diseño del día. Pero no tiene por qué ceñirse a las preguntas que he mencionado. En su lugar, puede preparar sus propias preguntas y respuestas y seguirlas. Si realiza esta revisión diaria, podrá comprender el diseño del día. Cuando tenga un diseño, podrá mantenerse en el camino. Tendrás un conocimiento adecuado de las tareas que requieren más tiempo o una respuesta rápida. Por lo tanto, no pospondrá las cosas porque sabe que afectará negativamente a sus objetivos.

Si quieres estudiar uno de los mejores conceptos que superan la procrastinación, será el Principio de Pareto. Se trata de la regla 80/20. Trate de aprender más sobre este concepto antes de aplicarlo a sus actividades diarias.

3. MIT o las tareas más importantes

Es difícil vencer la procrastinación si comienza el día con una lista de tareas pendientes llena de tareas. Debe tener una lista simplificada de tareas pendientes si desea hacer las cosas a tiempo y correctamente. ¿Cómo puede simplificar su lista de tareas pendientes? Es bastante simple si te enfocas en las tareas más importantes del MIT. Tienes que conformarte con las tareas que tendrán un impacto considerable en tus objetivos a largo plazo. Esto lo recomiendan muchos expertos que se centran en la productividad.

Mis consejos son seleccionar las tres principales tareas importantes que deben manejarse al final del día. Es mejor elegir dos tareas importantes que tienen plazos ajustados y otra que afectará su objetivo profesional a largo plazo. Si mantiene un ojo en el concepto del MIT, podrá frenar la procrastinación. Una vez que complete las dos actividades más importantes de su día, estará interesado en realizar las otras actividades al final del día. Y esa motivación es muy necesaria si quieres tener éxito en vencer la procrastinación.

4. La matriz de Eisenhower

Por supuesto, ¿a quién no le gusta la productividad? Le alegraría que las cosas sucedieran como lo planeó. Pero a veces, las cosas no funcionan según lo planeado. Si tu vida también es como la mía, llena de constantes emergencias y cambios, debes tener la capacidad de tomar decisiones rápidas.

Si desea tomar una decisión, necesita el apoyo de Eisenhower Matrix. El fundador de este concepto estaba en el ejército. Fue la razón por la que inventó este concepto. No es posible trabajar de acuerdo con el plan cuando estás en un ejército. Habrá cambios repentinos e importancia. En tal caso, el concepto de matriz de Eisenhower fue la guía.

Si Eisenhower utilizó esto en el ejército, ¿por qué no puedes utilizarlo en tu vida para evitar la postergación? Cuando se trata de este concepto, no debe olvidar los cuatro cuadrantes relacionados con él. Al concentrarse en los cuatro cuadrantes, podrá abordar sus tareas diarias en consecuencia. Permítanme mencionar los cuatro cuadrantes en detalle:

Cuadrante 1: Urgente más importante

Estas son las tareas que deben completarse primero porque son mucho más importantes que cualquier otra tarea y se relacionan directamente con sus objetivos profesionales. Además, debe completar las tareas de inmediato porque son urgentes. Si completa estas tareas, podrá evitar consecuencias negativas. Una vez que haya completado sus tareas del primer trimestre, podrá concentrarse en otras tareas. Por ejemplo, si tiene que enviar un proyecto al final del día, se debe prestar toda su atención a ese proyecto porque es urgente e importante.

Cuadrante 2: importante pero no urgente

Las tareas del segundo trimestre son importantes, pero no urgentes. Aunque puedan tener un gran impacto, no son urgentes. Compare Q2 con Q1, y luego comprenderá claramente la diferencia. Por lo general, las tareas del segundo trimestre incluirán las que tienen un gran impacto en su carrera a largo plazo o en sus objetivos de vida. Sí, necesita dedicar más tiempo y atención a estas tareas. Pero rara vez lo hace porque su mente sabe que las tareas del segundo trimestre pueden esperar. Mientras tanto, se concentrará en las tareas de otros cuadrantes. No cometa este error porque sus objetivos a largo plazo son las razones por las que existen sus objetivos a corto plazo. Por ejemplo, tu salud es uno de los factores importantes, por lo que si no le dedicas suficiente tiempo, te arrepentirás. Sin embargo, cuando está ocupado, es poco probable que dedique tiempo a las tareas del segundo trimestre. Especialmente, no está obligado a responder a nadie sobre las tareas del segundo trimestre.

Cuadrante 3: urgente pero no importante

Las tareas del tercer trimestre son urgentes, pero no necesariamente tiene que dedicar su tiempo a ellas. Puede automatizar o delegar las tareas a alguien que pueda manejarlas. Estas tareas no son tan importantes, por lo que está bien delegarlas. Estas tareas a menudo provienen de un tercero y las tareas del tercer trimestre no tendrán una influencia directa en sus objetivos profesionales. Pero cuando maneja tareas del tercer trimestre, debe anotar las tareas que delega. Por ejemplo, si está realizando un proyecto urgente y si suena el teléfono y si asiste, es posible que se distraiga. O a veces, puede que ni siquiera sea una llamada importante. Para tales actividades, puede asignar a alguien. Incluso si es una llamada urgente, aún puede asignarla a una persona que pueda manejarla. ¡A través de esto, podrá administrar su día!

CHAPTER 21:
Esté preparado sin obsesionarse

La gente se preocupa esperando que suceda algo malo. La preocupación se convierte en una manta de seguridad que se ocupa de la amenaza que probablemente traerá el futuro. No es algo malo, pero cuando su ansiedad crece como resultado de su deseo de controlar eventos futuros; sufres las consecuencias de tu obsesión.

Preocuparse bajo esta luz se vuelve muy agotador porque no importa cuán fuerte seas, no puedes controlar el futuro. Puede planificar varias eventualidades, pero al final de todo, su obsesión solo lo agotará.

Planificar frente a preocuparse

¿Estás planeando o preocupándote? Siempre es bueno planificar con anticipación y prepararse porque esto le ayuda a lidiar con el resultado. El aspecto negativo de la planificación es que cuando te obsesionas demasiado con controlar el resultado, la ansiedad te abruma por completo.

Es esencial planificar porque ayuda a mantener las cosas en orden, pero debe conocer los límites para estar seguro de que su planificación sigue siendo adecuada:

Planificación	Preocupante
Enumerar formas de lograr un resultado determinado de manera positiva	Enumerar lo mal preparado que está para una catástrofe futura
Elaboración de un plan de acción paso a paso	Tratar de conquistar todos los aspectos del problema simultáneamente en un esfuerzo por superarlo.

Reconocer las cosas que puede y no puede controlar	Estás obsesionado con cosas que no puedes controlar, en un esfuerzo por controlarlas.
Hacer planes para el cumplimiento de las cosas que puede controlar.	Te sientes frustrado y temeroso por tu falta de control.
Está preparado para buscar ayuda de otros, si es necesario.	Está seguro de que no necesitará la ayuda de otros y, si alguna vez, retrasará la solicitud de ayuda hasta el último minuto.

Mirando la tabla de arriba, ¿le preocupa o planifica? ¿Estás cruzando el límite de la obsesión por las amenazas y el peligro, hasta el punto de que estás completamente abrumado por tus emociones?

Escribir su diario de preocupaciones

Una buena forma de evaluar si está obsesionado es realizar un seguimiento de su comportamiento con la ayuda de un "diario de preocupaciones". Verá, preocuparse no es algo malo. Pero cuando ya estás obsesionado, puede ser muy perturbador y destructivo.

Un "diario de preocupaciones" es como cualquier diario. Está destinado a mantener un registro con el fin de realizar un seguimiento. ¿Cómo mantiene este "diario de preocupaciones"?

Paso 1: Escriba todas sus preocupaciones. No tenga miedo de dar más detalles sobre lo que siente. Escriba todas sus preocupaciones en un esfuerzo por declararlas y, al hacerlo, las liberará y se desahogará.

Paso 2: aclara tus pensamientos. Después de declarar sus preocupaciones, es hora de que comprenda la profundidad de sus problemas para que pueda decidir cuáles merecen su atención. ¿Son legítimos sus miedos y preocupaciones? ¿Cuál es la probabilidad de que sucedan estas cosas?

Paso 3: desafía tus pensamientos. Después de examinar cada una de sus preocupaciones, enfréntelas de frente desafiándolas. El problema con la mayoría de las personas es que dejan que sus preocupaciones los desestabilicen y, por lo tanto, se quedan atrapados en una posición de impotencia. Examine sus preocupaciones para comprenderlas a fondo y luego podrá lidiar con ellas de manera efectiva. Considere todas las posibles soluciones a su dilema e imagine el peor de los casos.

Paso 4: replantea tus preocupaciones. En este punto, debe tener una mejor comprensión de sus preocupaciones y ansiedades, de modo que pueda reformularlas en un sentido más realista. Tus preocupaciones no tienen por qué ser el punto final de todas las cosas. Hay una manera de que puedas conquistar estratégicamente todas tus preocupaciones para que no te ganen. Al replantear sus preocupaciones, les da una perspectiva diferente, para que ya no se sientan tan amenazadoras.

Estar preparado siempre es una ventaja. Te permite ser más sistemático, pero al mismo tiempo, fomenta la obsesión. Cuando su planificación toma este curso, ya no es saludable. Por lo tanto, es importante que se mantenga en completo contacto con sus emociones para poder manejarlas de manera eficiente y efectiva.

Vivir el presente

La amenaza de cosas espantosas por venir siempre traerá suficientes razones para preocuparse. Los eventos futuros que amenazan con llegar de manera catastrófica tienen la influencia para vencernos. La definición misma de preocuparse es "causar ansiedad por problemas reales o potenciales". Puede que aún no haya sucedido, pero ya te ha desarmado. ¿Eso es saludable?

Algunas personas argumentarán que preocuparse les permite cierto nivel de preparación.

La amenaza de eventos futuros puede ser real, pero no debe dejarse atrapar por ellos. La consecuencia de esto es el descuido del presente.

Amenazas del pasado

El futuro puede ser siniestro, pero el pasado trae veneno. Algunas personas no están necesariamente consumidas por el futuro desconocido, pero son incapaces de dejar su pasado. Se vuelven prisioneros de sus dolores, derrotas y sufrimientos pasados y, en consecuencia, se vuelven reacios a seguir adelante.

¿Tienes miedo de las sombras que se esconden en tu pasado? A veces, el pasado representa errores y errores que trajeron destrucción: hace que alguien sea cauteloso y esté a la defensiva. Nadie quiere repetir sus errores. Preocuparse por el pasado es extremadamente natural porque los eventos pasados tienen una forma de afectar adversamente los eventos presentes y futuros. Pero insistir en el pasado no va a cambiar el resultado de cosas que ya han sucedido, por lo que debes concentrarte en el presente porque en el momento eso es lo que más importa.

Viviendo en el presente

Seguro que hay peligros potenciales que se ciernen sobre ti. Por supuesto, cualquier cosa puede salir mal. Ser ajeno al peligro del futuro es irresponsabilidad y descuido, pero abandonar el presente es más ridículo.

1. Tienes que tomar la decisión de vivir en el presente porque:
1. Te enseñará a perdonar más. Te enseña a estar más agradecido por lo que eres hoy y libera suavemente cualquier arrepentimiento o rencor que puedas tener del pasado. Todo el mundo tiene cicatrices que mostrar, pero no todo el mundo es capaz de olvidar la intensidad del dolor que representa.
2. Te dará una sensación de plenitud. La vida puede arrojar cualquier cosa en tu dirección. Si no lo reconoce, perderá la oportunidad. Hay tanto que la vida tiene que ofrecer, pero lamentablemente, la gente se pierde la mayor parte porque no prestan atención. Si mantiene los ojos abiertos al presente, experimentará la vida en su mejor forma y siempre se sentirá completo, feliz, alegre y realizado.
3. Se ocupará de sus preocupaciones. Vivir en el presente es como llevar una vida activa que se centra en el cumplimiento de las funciones del día a día. Quiere hacer las cosas y se concentra en ellas, por lo que sus preocupaciones se bloquean automáticamente, incluso sin que usted lo sepa.

4. Te hará sentir libre. La gente está demasiado abrumada por las expectativas, los sucesos pasados y las preocupaciones. Estas cosas pueden pesar bastante y pueden afectar en gran medida su vida al confinarlo dentro de los límites. Al dejar ir su pasado y vivir el momento presente, se sentirá mucho mejor. Se sentirá como si su mundo se volviera más grande y menos exigente.

5. Ayudará a evitar decepciones. Cuando vive dentro de límites estrictos y se ve obligado a cumplir con las expectativas, existe una mayor posibilidad de que encuentre fracasos y decepciones. Vivir en el presente te hace sentir libre y también más feliz. Es más fácil enojarse cuando no se cumple una lista de expectativas poco razonables, así que deje de lado todos estos límites.

6. Te abrirá a mejores relaciones. La positividad atrae a la gente y vivir el momento abre tu vida al mundo en una actitud de 'puedo hacer' que muchas personas aprecian y admiran.

7. Te hará más feliz. Las preocupaciones pueden funcionar como obstáculos. Cuando permites que te inunden, pueden vencerte hasta el punto de destruirte. La preocupación y la ansiedad son como un veneno y cuando eliges vivir en la máxima toxicidad, tu vida se sentirá pesada. Pero cuando elijas vivir el momento, te sentirás más ligero y feliz.

8. Te hará más tolerante con lo impredecible. El futuro es extremadamente impredecible. No hay forma de que sepa lo que va a suceder, por lo que tiene la tendencia a obsesionarse con tratar de controlarlo todo. Cuando aprendes a empezar a vivir en el presente, te vuelves más complaciente y tolerante con los acontecimientos, independientemente de lo impredecibles que sean. La imprevisibilidad da miedo, pero sus miedos no tienen por qué abrumarlo.

El pasado y el futuro son importantes, pero su presente necesita toda su atención y enfoque. El problema con la mayoría de las personas es que están atrapadas en su pasado o amenazadas por su futuro. Ambos distantes, pero la obsesión del pasado y el futuro aleja el enfoque del presente que más importa.

Cómo vivir hoy

A estas alturas ya debería comprender mejor la importancia de su presente, por lo que deberá concentrarse. El pasado es fundamental para dar formato a su presente y el futuro es el cumplimiento de sus días pasados y presentes. El futuro es el destino final y es natural obsesionarse con los detalles, pero hay que aprender a priorizar.

Eliges vivir hoy porque tu presente es más importante que la creciente amenaza de tus preocupaciones y ansiedades.

Paso 1: Déjalo ir. Tienes que dejar atrás tu pasado, por doloroso que sea; y tienes que entregar tu futuro. Tienes que aceptar que hay ciertas cosas que no puedes cambiar o controlar, así que déjalas ir. No tiene sentido obsesionarse con estas cosas.

Paso 2: pruébalo. La vida es demasiado hermosa para que la des por sentada. Tu vida presente está ahí para que la disfrutes y la disfrutes, así que permítete experimentarla. ¿Por qué estás tan preocupado por el pasado y el futuro, cuando lo que importa es el momento presente? Experimente cada momento a medida que se desarrolla y esto le permitirá percibir la vida de una manera diferente.

Paso 3: Practica la atención plena. La atención plena representa tu capacidad para despejar tu mente de la negatividad para que puedas concentrarte. Para vivir el momento, debes estar completamente consciente de lo que sucede a tu alrededor. Esto le permitirá obtener respuestas apropiadas para diversas situaciones, y se logra a través de la meditación. La atención plena es fácilmente transformadora.

Paso 4: Actúe. Haz lo que sea necesario hacer hoy. Cuando hablas de vivir el momento, implica actuar. Significa que tienes que dar el paso que realmente mantiene la pelota en marcha. No debería perder más tiempo pensando en el pasado que no puede cambiar; y no debes preocuparte por controlar el futuro porque no importa cuánto te preocupes, lo único que importa es el presente.

Vives hoy porque la verdad es que el tiempo es oro y si te dedicas demasiado al pasado y al futuro, no podrás captar el presente. Si no tiene cuidado, el tiempo se escapará y simplemente lo perderá. Para poder existir en este momento, debes tener el control total y encontrar el enfoque perfecto.

CHAPTER 22:

Por qué es importante dormir bien

Dormir bien es extremadamente importante para su bienestar. En realidad, es tan esencial como una alimentación sana y el ejercicio. Lamentablemente, muchas cosas pueden interferir con los patrones normales de sueño. 10 razones por las que dormir bien es fundamental.

1. El mal sueño tiene que ver con un mayor peso corporal

El mal sueño tiene que ver con un aumento de peso. Quienes duermen poco tiempo tienden a pesar mucho más que quienes duermen lo suficiente. Probablemente, el sueño corto es uno de los factores de riesgo más importantes para la obesidad.

En una investigación exhaustiva, los niños y adultos con un período de sueño limitado tenían un 89% y un 55% más de probabilidades de sufrir obesidad.

Se supone que la influencia del sueño sobre el aumento de peso está mediada por varios factores, incluidas las hormonas y la motivación.

Si está estresado por perder peso, es absolutamente esencial dormir bien.

RESUMEN: el tiempo de sueño corto en niños y adultos se asocia con un mayor riesgo de obesidad y aumento de peso.

2. Las personas que duermen saludables prefieren consumir menos calorías

Las investigaciones han demostrado que las personas que necesitan dormir tienen un mayor apetito y consumen más calorías.

La falta de sueño provoca variaciones normales de la hormona del apetito y se cree que provoca un deterioro del control del apetito.

Esto implica niveles más altos de grelina, la hormona estimulante del apetito y niveles más bajos de leptina, la hormona supresora del apetito.

RESUMEN: La falta de sueño afecta las hormonas reguladoras del apetito. Las personas que duermen bien consumen menos calorías que las que no lo hacen.

3.   Dormir bien aumentará la concentración y la productividad

Para varios aspectos de la función cerebral, el sueño es esencial. Se incluyen cognición, atención, eficiencia y resultados. Ambos se ven afectados negativamente por la falta de sueño. La investigación científica da un buen ejemplo. Los pasantes modernos con horarios de trabajo extendidos de más de 24 horas cometieron errores médicos un 36% más graves que los pasantes con un horario que les permitía dormir más. Otro estudio encontró que el sueño corto puede tener un efecto negativo en ciertos aspectos de la función cerebral en un grado similar al de la intoxicación por alcohol.

Sin embargo, se ha demostrado que dormir bien mejora las habilidades para resolver problemas y mejora el rendimiento de la memoria de niños y adultos.

RESUMEN: dormir bien puede aumentar la resolución de problemas y mejorar la memoria. Se demostró que la falta de sueño afecta la función del cerebro.

4.   El rendimiento atlético se puede maximizar con un buen sueño.

Se ha demostrado que el sueño mejora el rendimiento deportivo. Se demostró que el sueño prolongado mejora significativamente el ritmo, la precisión, los tiempos de reacción y el bienestar mental en un estudio de jugadores de baloncesto. La falta de sueño también se relacionó con resultados deficientes del ejercicio y limitaciones funcionales en las personas mayores. Una investigación realizada en más de 2.800 mujeres ha demostrado que la falta de sueño está relacionada con una marcha más lenta, un agarre más débil y una independencia más desafiante.

RESUMEN: dormir más tiempo ha mejorado muchos aspectos del éxito físico y atlético.

5.	Las personas que duermen mal son más vulnerables a sufrir un ataque cardíaco y un derrame cerebral

La calidad y la duración del sueño pueden tener una gran influencia en muchos factores de riesgo para la salud. Esos son los factores que probablemente contribuyan a las enfermedades crónicas, incluida la enfermedad cardíaca. Una revisión de 15 estudios mostró que las personas que no duermen lo suficiente tienen muchas más probabilidades que las que duermen de 7 a 8 horas por noche de sufrir una enfermedad cardíaca o un derrame cerebral.

RESUMEN: el riesgo de enfermedad cardíaca y accidente cerebrovascular aumenta cuando duerme menos de 7 a 8 horas por noche.

6.	El sueño afecta el metabolismo de la glucosa y el riesgo de diabetes tipo 2

La restricción del sueño aumenta el azúcar en sangre y disminuye la respuesta a la insulina. En un informe de hombres jóvenes sanos, la reducción del sueño de seis noches seguidas a cuatro horas por noche indujo síntomas de prediabetes después de una semana de sueño disminuido. Los malos hábitos de sueño también están relacionados con los efectos adversos de la población en general sobre el azúcar en sangre. Aquellos que duermen menos de seis horas por noche han mostrado constantemente un mayor riesgo de diabetes tipo 2.

RESUMEN: la falta de sueño en adultos sanos puede provocar prediabetes en seis días. La mayoría de los estudios muestran un fuerte vínculo entre el sueño a corto plazo y la diabetes tipo 2.

7.	La falta de sueño está asociada con la depresión

Los problemas de salud mental, como la depresión, están estrechamente asociados con la falta de sueño y los trastornos del sueño. Se estima que el 90% de las personas con depresión se preocupan por la consistencia de su sueño.

El mal sueño también está relacionado con un mayor riesgo de muerte por suicidio. Las personas con problemas para dormir, como insomnio o apnea obstructiva del sueño, pueden tener niveles de depresión sustancialmente más altos que aquellos que no los tienen.

RESUMEN: los malos hábitos de sueño están estrechamente relacionados con la depresión, especialmente en las personas con trastornos del sueño.

8.　　El sueño mejora su función inmunológica

Se ha demostrado que incluso una leve pérdida de sueño debilita su función inmunológica. Un amplio estudio de dos semanas rastreó la producción del resfriado común después de que las personas recibieron gotas nasales del virus del resfriado. Descubrieron que quienes dormían menos de siete horas tenían casi tres veces más probabilidades de contraer un resfriado que quienes dormían ocho horas o más.

Cuando tiene frío a veces, puede ser muy útil asegurarse de dormir al menos ocho horas por noche. También puede ayudar a comer más ajo.

RESUMEN: un mínimo de ocho horas de sueño mejorará la función inmunológica y ayudará a prevenir el resfriado común.

9.　　El mal sueño está asociado con un aumento de la inflamación

El sueño puede tener un impacto importante en la inflamación de su cuerpo. En realidad, se sabe que la falta de sueño provoca un exceso de marcadores inflamatorios y daño celular. En los trastornos denominados enfermedad inflamatoria intestinal, la falta de sueño se ha relacionado estrechamente con la inflamación a largo plazo del tracto digestivo.

Una investigación ha demostrado que las personas con enfermedad de Crohn que no duermen tienen el doble de probabilidades de sufrir una recaída que los pacientes que duermen. Los investigadores también sugieren pruebas del sueño para ayudar a predecir los resultados en personas con problemas inflamatorios a largo plazo.

RESUMEN: el sueño afecta las respuestas inflamatorias de su cuerpo. La falta de sueño se asocia con enfermedades inflamatorias del intestino y puede aumentar el riesgo de enfermedades recurrentes.

10.　　El sueño afecta las conexiones sociales y los sentimientos.

La falta de sueño limita la capacidad de comunicarse socialmente. Esto fue respaldado por múltiples experimentos que utilizaron pruebas de reconocimiento facial emocional.

Un estudio mostró que la capacidad de las personas que no dormían se redujo para identificar signos de rabia y alegría.

Los investigadores creen que dormir mal tiene un efecto en su capacidad para identificar indicadores sociales importantes y procesar información emocional.

RESUMEN: la privación del sueño reducirá sus habilidades sociales y su capacidad para interpretar las expresiones emocionales de las personas.

Al final, dormir bien es uno de los pilares de la salud junto con la nutrición y el ejercicio.

Sin cuidar su sueño, literalmente no puede alcanzar una salud óptima.

CHAPTER 23:

Llevar un diario

Habla con cualquier entrenador de vida o orador motivacional que valga sus palabras y el consejo más importante que te darán para despejar la mente y crear más espacio mental para pensamientos constructivos es llevar un diario.

Se sabe que llevar un diario fomenta el pensamiento positivo al condicionar nuestra mente subconsciente en la dirección correcta. Es una herramienta poderosa para reflexionar y expresar nuestros pensamientos y vigilar de cerca nuestros objetivos y prioridades. La práctica de poder de la escritura le permite a su mente subconsciente internalizar esas ideas y, por lo tanto, conducir a acciones o comportamientos que se suman a la positividad.

Se cree que todo lo que llega al subconsciente es real. Cuando sigues escribiendo algo repetida y constantemente, llevas a la mente a creer que es verdad.

Todo el mundo tiene un estilo diferente de llevar un diario y es muy personal. No hay una forma correcta o incorrecta de hacerlo. Mientras que algunas personas trabajan con un diario de gratitud, otras se apegan a un diario de metas y, aun así, algunas otras se dedican a escribir sus reflexiones.

Si adquiere el hábito de anotar sus pensamientos con regularidad, a veces incluso se quedará aturdido por lo que escribe en un flujo dirigido por el flujo de la conciencia. La cuestión es que los pensamientos almacenados en nuestra mente subconsciente no son inmediatamente accesibles a la mente consciente.

Cuando escribe en un flujo guiado por el flujo del pensamiento de la conciencia, básicamente está accediendo a todo lo que está almacenado en el subconsciente, revelando así pensamientos, sentimientos y mensajes poderosos. Esto refuerza la positividad y crea más en la mente subconsciente. Conduce a un ciclo de positividad que ordena la mente de manera efectiva.

Aquí hay algunos consejos poderosos que le ayudarán a ordenar la mente a través del diario.

Mantener un diario

Mantenga un diario, en el que haga una lista de 10 a 15 cosas que sucedieron a lo largo del día y que esté realmente agradecido. Intente incluir nuevas bendiciones cada día. Puede ser la más pequeña de las cosas, como poder disfrutar de la belleza natural en su camino al trabajo debido a la vista / visión con la que ha sido bendecido o, por ejemplo, encontrarse con una persona que no había visto en mucho tiempo.

Vaya más allá de las cosas normales para mostrar agradecimiento por las cosas más pequeñas. Tu mente subconsciente pronto se dará cuenta de lo afortunado que eres y guiará tus acciones para crear más de estas bendiciones. Practique esto justo antes de irse a la cama para crear una huella más profunda en el subconsciente (que está activo mientras dormimos). Muestre aprecio por las cosas cotidianas que de otro modo daría por sentado. Es poderoso para eliminar gran cantidad de desorden mental y reemplazarlo con pensamientos y emociones positivas.

Personalízalo

Su diario es igual a su mente y sus reflexiones individuales y únicas. Elija un diseño de diario o un estilo de diario que sea personal y se conecte con usted a un nivel más profundo. Algunas personas encuentran una gran satisfacción al acompañar sus anotaciones en el diario con dibujos y bocetos, mientras que otras encuentran que escribir poemas es altamente catártico.

Utilice un montón de citas de motivación, imágenes, pegatinas y tiras cómicas relevantes. Agregue historias cortas que lo inspiren o imágenes de personas que hayan tenido un impacto muy positivo en su vida. Incluye letras de canciones que tengan una relevancia especial en tu vida o te hayan inspirado en algún momento. Incluya cualquier cosa con la que pueda relacionarse estrechamente. Conozco personas que agregan talones de boletos para recordarles sus viajes.

Embellecerlo con imágenes y afirmaciones evocadoras / inspiradoras. Conviértalo en una compilación agradable y divertida de escritos personales con los que pueda identificarse instantáneamente. Las reflexiones personales no siempre tienen que ser intensas, serias o aburridas. Puede mantenerlo divertido y alegre también.

El acto de escribir debe reforzar sus metas u objetivos en la vida e impulsar sus pensamientos y / o acciones. Aunque existen varias aplicaciones y herramientas para escribir revistas de forma virtual, recomiendo encarecidamente escribirlas a mano para que sea incluso personal y construir un vínculo poderoso con el subconsciente.

El proceso de escribir con la mano mantiene las escrituras más espontáneas, naturales y sin filtros. También le brinda más pistas o conocimientos sobre su estado mental emocional. Algunas personas descifran su estado emocional simplemente mirando su letra.

Piense en su diario como una representación tangible de sus pensamientos, sentimientos y metas.

Dedicar un lugar fijo para llevar un diario

Esto no está sentado dentro de un castillo de marfil durante horas mientras escribes tus pensamientos. Se trata de dedicar un único espacio a expresar tus pensamientos más profundos. Tener un lugar habitual para llevar un diario te permite reflexionar sobre tus pensamientos de forma más eficaz.

Hay un mayor margen para la introspección en un lugar con el que puede conectarse estrechamente o en el que se sienta cómodo. Su espacio para escribir un diario puede ser cualquier lugar, desde una sala de meditación hasta su jardín o patio trasero. El espacio debe inducir un sentimiento de introspección o reflexión. Asegúrese de que el lugar que elija esté libre de distracciones y con energía positiva.

Incluya objetos como velas, flores, estatuas e imágenes para crear una experiencia sensorial más agradable, inspiradora y positiva mientras escribe.

Deshazte de la edición

No es necesario que redacte las entradas de su diario con una prosa impecable. No es necesario que esté perfectamente redactado ni que tenga conocimientos profundos. Concéntrese en personalizar e internalizar la experiencia en lugar de arreglar la gramática o la estructura de la oración. No se trata de informes profesionales, sino de escritos personales que transmiten sus pensamientos y emociones más profundos.

Si enfatiza demasiado el estilo de escritura, su flujo de pensamientos se verá interrumpido. En lugar de la escritura mecánica, considérelo un proceso de introspección o reflexión. Concéntrese en poner sus pensamientos en primer plano. Deje que sus pensamientos se guíen por la intuición en lugar de una obsesión por escribir con precisión.

Mantener un diario de sueños

Los sueños son el camino hacia nuestro subconsciente y nuestra intuición. Tienen el potencial de llevarlo a soluciones que su mente consciente tal vez no pueda. Las imágenes y ocurrencias recurrentes pueden apuntar a un patrón que se desarrolla en el subconsciente. Ayuda a desbloquear los sentimientos y pensamientos más profundos almacenados en su subconsciente. Sobre todo, escribir un diario de sueños te ayuda a desarrollar una mayor comprensión de tus pensamientos y una mayor conexión contigo mismo.

Mantenga siempre su diario de sueños cerca de la cama para que pueda despertarse rápidamente y anotar sus sueños antes de que se desvanezcan de la conciencia. Siga leyendo estas entradas periódicamente. ¿Existe un patrón, proceso de pensamiento o tema específico? ¿Puede identificar una emoción predominante como un sentimiento de insuficiencia, inseguridad, miedo, etc.?

Esto le ayuda a descubrir y analizar sus procesos de pensamiento más íntimos y cómo finalmente impactan los pensamientos que entran en su mente consciente para crear un caos mental. Nuestros sueños están estrechamente vinculados a eventos y circunstancias que han sucedido o están sucediendo actualmente en nuestras vidas. Sintonizar con ellos es una excelente manera de despejar el caos y concentrarse en lo que importa.

Identificar e interpretar los sueños puede brindarle información increíble sobre los pensamientos almacenados en reinos alternativos de conciencia. Esto ayuda a provocar un cambio en nuestros procesos y patrones de pensamiento. Cada vez que anotes un sueño tan pronto como lo veas, dale un título o tema relevante y fácil de relacionar. Le facilitará la identificación de un patrón o temas recurrentes.

Aunque es posible que pueda dominar el proceso de interpretación de ellos de inmediato, adquirirá el hábito de grabarlo, que siempre se puede consultar más adelante. Interpretar sus sueños e intuición le ayuda a definir sus pensamientos subyacentes y transformarlos.

CHAPTER 24:

Cómo lidiar con las emociones negativas

Se ha preguntado alguna vez por qué la gente tiene reacciones diferentes todo el tiempo? A veces, los resultados se vuelven tan extraños que otras personas se ven afectadas. En algunas circunstancias, esto puede ser aún peor, mientras que en otras ocasiones, solo se muestra de manera positiva. Si no está consciente, entonces esta es una emoción. Viene en diferentes formas y desde diferentes ángulos. Es decir, puedes experimentar emociones durante toda tu vida.

Por lo tanto, la emoción puede referirse a un estado mental relacionado con su sistema nervioso y siempre causado por cambios químicos. Es decir, el sentimiento es una amalgama de varios sentimientos, pensamientos e incluso respuestas de comportamiento. Además, las emociones pueden incluir cierto grado de disgusto y placer. Por lo tanto, no se puede definir una emoción, ya que comprende muchas cuestiones. En la mayoría de los casos, habla mucho de nuestro estado de ánimo, disposición e incluso personalidad. Nuevamente, las emociones involucran motivación y temperamento.

Muchos científicos, día tras día, están trabajando duro en sus diversos campos para poder encontrar las mejores definiciones de las emociones. Sin embargo, este esfuerzo resulta inútil. Aunque la investigación aumenta a diario, ninguna descripción mejor de la emoción definirá la palabra emoción. Nuestros sentimientos van desde la felicidad a la tristeza, la frustración al miedo, la depresión a la decepción, y todos estos tienen impactos negativos o positivos en nuestra vida. Las emociones siempre son complicadas. Son biológicos y psicológicos, y debido a eso, nuestro cerebro responde a ellos liberando sustancias químicas y hormonas, que luego nos envían a un estado mental de excitación. Sorprendentemente, todas las emociones son el resultado de este proceso. Eso es emociones negativas y positivas.

Hay cinco emociones principales que controlan nuestra vida diaria. Tenemos ira, sorpresa, tristeza, miedo e incluso disgusto. Recuerde, hay otras emociones, que incluyen frustraciones, confianza, crueldad, apatía, aburrimiento y mucho más. Las emociones positivas pueden incrementar nuestras producciones diarias dentro de las distintas empresas que somos. Una vez más, mejoran nuestro bienestar y nos inculcan ese alimento que tanto necesitamos en nuestra vida. Estas emociones positivas incluyen felicidad, alegría, bondad y confianza, entre otras. Siempre nos esforzamos por tener lo mejor pero créanme; nadie experimentará jamás un placer total para siempre en sus vidas. Como resultado, en un momento dado, se sentirán frustrados, molestos y, en algún momento, se verán envueltos en un lodazal de ira. Más aún, durante este tiempo, todo podría paralizarse. Eso es si se tratara de una tarea específica,

Vamos a ver varias formas en las que podemos utilizar para abordar nuestras emociones negativas. Debe comprender que las emociones negativas son parte integral de nuestras vidas, y la mejor manera de sentirse menos afectado es controlarlas. A continuación se muestran varias formas que eventualmente puede utilizar para lidiar con sus emociones negativas para mejorar la autoestima.

Desarrollar la autoconciencia

La autoconciencia se trata de conocerte a ti mismo. No puedes lidiar con tus emociones negativas cuando todavía estás en la oscuridad de ti mismo. Conocer tu personalidad y muchas cosas que te involucran es el primer paso para comprenderte a ti mismo. Al final, te darás cuenta de que abordar cada tipo de lado oscuro de tus emociones se vuelve aún más cómodo. Conocerse a sí mismo incluye varios atributos que reflejan su salud. Esos son tus deseos en la vida. Otros rasgos incluyen fortalezas, debilidades e incluso sus creencias personales.

Cada vez que intente mantenerse en contacto con cada detalle de sus emociones, especialmente las negativas, siempre que sea posible. Al hacer esto, estás creando esa autoconciencia de ti mismo, aumentando así tu toque personal dentro de ti. En la mayoría de los casos, incluso en varias empresas y otras organizaciones, el rasgo más crítico de un líder siempre será la conciencia de sí mismo. Esa es la capacidad de poder monitorear las emociones y reacciones de todos. Dominar las habilidades de la autoconciencia a veces resulta ser tareas problemáticamente sofisticadas o difíciles. Sin embargo, cuando pueda encontrar buenas formas de ayudarlo a aprender, esto será de gran ayuda.

Recuerde, ser un líder eficaz necesita mucha conciencia de sí mismo que cualquier otra cosa. Sin embargo, es bueno tener en cuenta que muchas veces, la mayoría de ustedes evitará la autorreflexión, que puede emularlos al conocer su autoconciencia. Terminarás recibiendo comentarios sobre tu personalidad de varias personas. Sin embargo, en la mayoría de los casos, esto estará lleno de honestidad y halagos, ya que nadie querría decirte la verdad real sobre ti mismo si, en absoluto, incluye algunos elementos dañinos. A lo largo del proceso, no obtendrá una buena perspectiva de su autoconciencia de personas externas. Por lo tanto, debido a esto, es posible que albergue un bajo nivel de autoconciencia sin su conocimiento.

Como resultado de estos, es mejor echar un vistazo a las diversas formas que puede utilizar para aumentar su autoconciencia. Al final, reconocerá que está desarrollando su autoconciencia y esto le ayudará enormemente a lidiar con sus emociones negativas.

Debes conocer tus habilidades, debilidades y fortalezas.

Las habilidades son atributos innatos de algunas personas. Sin embargo, en algunos, los obtienen después de una práctica exhaustiva en varios campos de estudio. La formación y el aprendizaje también aumentan el nivel de habilidades que tiene alguien. Cuando conozca sus habilidades, fortalezas y busque formas de hacer frente a sus debilidades, automáticamente, se dará cuenta de una mejora en su autoconciencia. Todos tenemos fortalezas, habilidades y defectos que definen nuestro ser. Eso es, decir mucho sobre nosotros mismos. Siempre, estos te ayudarán a lograr tus metas en la vida. Puedes tener metas a corto o largo plazo dependiendo de tus habilidades y de los diversos recursos que están a tu disposición. En este caso, su objetivo aquí es desarrollar su autoconciencia, lo que lo ayudará a lidiar con las emociones negativas que amenazan su vida. Por otro lado, tenemos debilidades que siempre te harán retroceder cada vez que te esfuerces por cumplir algunos de tus sueños. En este escenario, tu fuerza estará disponible para ayudarte ya que todo esto es para tu desarrollo.

Desarrollar la autogestión

Todos tenemos emociones negativas que nos están hundiendo. Cuanto más intentamos resolver cada uno de ellos, más situaciones problemáticas nos llegan. Nuestras debilidades juegan un papel importante para asegurarnos de que no tengamos éxito. Las emociones negativas descarrilan nuestro potencial en todos los campos de la industria. Al desarrollar habilidades de autogestión, estará en condiciones de protegerse de una manera que no se verá afectado por las emociones negativas. Sin embargo, en la mayoría de los casos, este nunca será un viaje cómodo. Es decir, algunas personas pierden el autocontrol y terminan causando mucho daño a otras, mientras que otras pueden tener un aislamiento social. Todo esto impacta, a la sociedad oa las personas que te rodean, de forma negativa. Por lo tanto, con habilidades de autogestión, estará en condiciones de mantener emociones negativas como ira, frustraciones, tristeza, deshonestidad, baja autoestima, baja autoconfianza y mucho más a raya. Afortunadamente, existen muchas formas que puede utilizar para desarrollar habilidades de autogestión, que le permitirán lidiar con las emociones negativas de una mejor manera. A continuación se muestran ilustraciones sobre cómo desarrollar sus habilidades de autogestión.

Actividad física

Las actividades físicas implican mantener su cuerpo en buena forma. Al final, esto mejorará su imagen corporal. La imagen corporal mejorada conduce a una alta confianza en sí mismo, autoestima y amor propio. Una persona que tenga una imagen corporal mejorada podrá experimentar emociones positivas siempre. Aunque las emociones negativas no son fáciles de evitar, su efecto puede ser menor o mínimo. Las actividades físicas te hacen tener un sistema nervioso confiable y robusto. Es decir, estará en condiciones de realizar más tareas y, por lo tanto, de hacer frente a sus desafíos. En el desarrollo de las habilidades de autogestión, las actividades físicas juegan un papel importante aquí. Actividades como trotar, diferentes tipos de deportes e incluso el fitness siempre ayudan a fortalecer el cuerpo y a mantener los músculos en buena forma. Todo esto también le permitirá ser productivo bajo su capacidad.

CHAPTER 25:

Aprovecha los estados de ánimo positivos

Puede optar por aprovechar los estados de ánimo positivos para reconfigurar su cerebro. Tener un propósito en la utilización de las oportunidades que brindan los sentimientos positivos puede ser la clave para el proceso de recableado.

La utilización puede conducir a un aumento de la funcionalidad de áreas del cerebro relacionadas con los estados de ánimo. Lo mismo puede resultar en un circuito de retroalimentación positiva.

Siempre que tenga una disposición positiva, piense en qué está causando lo mismo. El acto solidificará psicológicamente la conexión entre la causa y el resultado. Lo mismo le brindará la oportunidad de repetir el efecto. En lo que respecta a la neuroplasticidad, es posible que acabes formando nuevas conexiones a nivel neuronal, por lo tanto, reconfigurar tu cerebro para aprovechar los estados de ánimo positivos. El efecto se conoce como recableado competitivo. Fomenta la negación de redes neuronales adversas. Cabe señalar que lo contrario puede resultar en un fortalecimiento de las conexiones neuronales negativas.

El proceso puede ser útil cuando se enfrenta a la ansiedad o al pensar demasiado, ya que puede cambiar su forma de pensar a un método predeterminado para lograr estados de ánimo positivos. El final puede ser una reducción en sus niveles de preocupación y pensamiento excesivo. La acción mental puede deshacerse de las emociones negativas. Cambiar la forma en que reacciona a las circunstancias puede resultar en un cambio positivo.

Aproveche los estados de ánimo positivos para reconfigurar su cerebro apoyándolos con un estilo de vida saludable. Algunos alimentos como las nueces aumentan la capacidad de neuroplasticidad.

En los adultos, la neuroplasticidad requiere que ocurra un entorno enriquecedor. Los ingredientes de tal escenario incluyen desafío, atención enfocada y novedad. Practicar enfocar su atención en estados de ánimo positivos puede fomentar el tipo correcto de neuroplasticidad.

Puede aprovechar sus estados de ánimo positivos para reconfigurar su cerebro utilizándolos para considerar problemas que antes consideraba evidencia de fracaso. El entorno mental que crean los sentimientos positivos puede ayudar a proporcionar una nueva perspectiva sobre estos asuntos. Las acciones que realice durante esos momentos pueden darle la confianza necesaria para intentar superar los obstáculos. El nuevo punto de vista puede ayudarlo a desarrollar una mayor capacidad para soportar eventos adversos. Lo mismo puede traducirse en el desarrollo de la perseverancia.

Hay recomendaciones para que las personas determinen cuándo es más probable que experimenten estados de ánimo positivos. En el contexto de la vida diaria, tales emociones pueden conectarse a un momento específico del día. Utilizar esos períodos para abordar sus tareas más desafiantes puede ayudarlo a recablear su cerebro de manera efectiva.

Utilice la atmósfera de estados de ánimo positivos para adoptar una mentalidad relajada para la reconfiguración del cerebro. El resultado puede ser una reducción de los sentimientos negativos como la ansiedad y la depresión.

Los estados de ánimo positivos pueden ayudarlo a reconocer personas o situaciones que fomentan la aparición de emociones positivas en usted. Pueden actuar como una señal de identificación que puede usar para elegir con quién debe alinearse para lograr un recableado de su cerebro. Pueden ser un indicador de lo que su mente se considera un refugio.

Los estados de ánimo positivos también pueden ser una señal de que está teniendo éxito en su viaje para volverse más positivo con respecto a su forma de pensar.

Los estados de ánimo positivos pueden ayudarlo a tomar más riesgos sin los inconvenientes de las emociones negativas como el miedo y la ansiedad. El éxito posterior de correr riesgos puede aumentar sus niveles de autoestima y confianza, lo que lleva a un ciclo de retroalimentación positiva que reconfigura su cerebro.

Las emociones positivas pueden incluir entusiasmo, felicidad, esperanza, inspiración y alegría. Tales sentimientos pueden ser el ímpetu que lo mantenga perseverante en su camino hacia un recableado positivo de su cerebro.

Las emociones positivas ayudan a llevar una vida saludable, que es un elemento esencial en la búsqueda de reconfigurar su cerebro. El papel de las emociones positivas en el recableado puede ser significativo.

Las palabras que usa cuando está bajo la influencia de emociones positivas pueden respaldar aún más la reconfiguración de su proceso de pensamiento. Lo logran al crear simultáneamente una imagen positiva en su mente con respecto a cómo se siente. El efecto de dos puntas causa un mayor impacto en las vías neurales en comparación con una sensación que solo tiene un impacto singular.

Puedes aprovechar las emociones positivas como la gratitud para evitar la trampa de exagerar la negatividad de una circunstancia a la que te enfrentas. El resultado será la capacidad de permanecer objetivo, por lo tanto, limitar la creación de redes neuronales negativas a través del proceso de neuroplasticidad. La gratitud puede ayudarlo a desarrollar sus habilidades de escucha activa, ya que está más abierto a escuchar los puntos de vista de otras personas.

El estado de ánimo positivo de la serenidad puede brindarle una perspectiva tranquila que le permite observar situaciones de manera objetiva sin la influencia de las emociones negativas. Promueve un sentimiento de autoaceptación, que puede resultar en un mayor nivel de autoestima y confianza, lo que puede reforzar sus redes neuronales positivas.

Los estados de ánimo positivos pueden reforzar su nivel de interés, haciéndolo curioso, que puede utilizar para descubrir la raíz de su marco de pensamiento. Su comprensión de dicha base puede ayudarlo a crear un camino para mejorar el estado de sus redes neuronales. El interés le permite mejorar su nivel de atención, que es un componente de la escucha activa eficaz, una habilidad que puede utilizar para ganar objetividad. El resultado será una mejora en su proceso de pensamiento, lo que llevará a reconfigurar su cerebro de manera positiva.

El estado de ánimo positivo de la esperanza puede ayudarlo a ser más optimista sobre las posibilidades futuras y, por lo tanto, aumentar su apetito por el riesgo. Lo mismo puede ser un requisito para probar nuevos caminos hacia sus objetivos. El éxito después de tal riesgo puede conducir a la creación de nuevas vías neuronales positivas.

El orgullo en el contexto adecuado es un estado de ánimo positivo. El orgullo puede ayudarte a abrazarte a ti mismo al negar las emociones negativas que causan baja autoestima y confianza. Puede proporcionarle un camino para que disfrute de sus logros sin caer en la trampa del perfeccionismo. El sentimiento puede proporcionarle el impulso para afinar aún más sus habilidades, lo que resultará en la formación de un ciclo de retroalimentación positiva. Puede darle confianza en sus capacidades.

Puede aprovechar el estado de ánimo positivo de la diversión en el contexto de volver a cablear su cerebro para manejar conversaciones difíciles. La emoción puede disminuir el aguijón de la crítica mientras le permite desvincularse de las emociones negativas. El efecto puede ser el logro de una mentalidad objetiva. El sentimiento puede ser fundamental para formar relaciones de apoyo, ya que puede hacerlo más accesible. Las relaciones sociales positivas pueden ayudarlo a reconfigurar su cerebro.

Utilice el estado de ánimo positivo de la inspiración para abordar las tareas que le parezcan apremiantes. La emoción puede disminuir el factor miedo que puede acompañar a tales responsabilidades. Su nivel de compromiso seguramente será más alto, lo que puede conducir a una mejor calidad de trabajo. El resultado puede hacer que se sienta animado y listo para enfrentar los desafíos que se le presenten. El efecto puede ser el recableado positivo de su cerebro cuando se enfrenta a desafíos similares. Es posible que, en el futuro, no califique obligaciones comparables como asignaciones difíciles, por lo tanto, disminuirá las probabilidades de formar vías neuronales adversas. Inspiration le permite aprender de los demás, por lo tanto, le presenta una plataforma para trabajar en sus habilidades de escucha activa. El resultado puede ser una mejora en la calidad de sus interacciones sociales.

Aproveche el estado de ánimo positivo de la emoción de asombro para trabajar en sus habilidades de escucha activa. El sentimiento puede hacerte más abierto a los puntos de vista de otras personas, lo que puede mejorar la calidad de tus interacciones sociales. El efecto puede ser el apoyo de la formación de redes neuronales positivas a través del fenómeno de la neuroplasticidad. El asombro puede hacer que aprecies más los acontecimientos de la vida, lo que puede disminuir el efecto de los pensamientos y emociones negativos.

Aprovecha el estado de ánimo positivo de la emoción de la elevación para extender aún más las admirables cualidades que presencias en los demás. La posibilidad de escalabilidad del impacto puede cambiar su entorno social dando lugar a la formación de redes neuronales positivas. Puede hacer que seas más amable, por lo tanto, desarrollar empatía, lo que puede cambiar tu punto de vista de negativo a positivo. Puede ser más generoso, lo que le permite ser menos crítico con los demás e incluso con usted mismo. El efecto puede ser una disminución del diálogo interno negativo, lo que promueve un recableado cerebral adverso. La elevación puede proporcionarle una nueva visión que puede cambiar su enfoque de la negatividad.

El estado de ánimo positivo del altruismo puede ayudar a alimentar el circuito de retroalimentación positiva a través del hábito de generosidad que fomenta. También puede ayudarlo a desarrollar empatía, que puede ser un requisito previo para enfrentar las circunstancias desde una perspectiva más amplia.

Aprovechar el estado de ánimo positivo que se asocia con la satisfacción puede ayudarte a reconfigurar tu cerebro. Puede darle una sensación de placer que puede encontrar gratificante, lo que puede contribuir a un ciclo de retroalimentación positiva. Puede resultar en una satisfacción que lo protegerá de complacer a los demás a expensas de sus valores fundamentales. Lo mismo genera confianza en uno mismo, lo que puede fortalecer aún más las redes neuronales positivas y, por lo tanto, volver a cablear su cerebro.

Aprovechar un estado de ánimo positivo que surge de la emoción de alivio puede reducir su nivel de escepticismo, que puede funcionar para cambiar su punto de vista del mundo de negativo a positivo. Basar su decisión en tales sentimientos puede hacer que tenga más esperanzas con respecto al futuro. Puede fortalecer su capacidad para confiar en los demás.

El estado de ánimo positivo que se vincula con el afecto puede ayudarlo a identificar la causa raíz de lo que puede usar para construir redes neuronales preferibles. La sensación de placer que acompaña a la emoción puede ayudarlo a desarrollar su capacidad para perseverar.

El estado de ánimo positivo que se asocia con la alegría puede ayudarlo a lograr un punto de vista esperanzador hacia los desafíos que enfrenta, disminuyendo la posibilidad de crear redes neuronales negativas. La emoción puede ayudarlo a superar los obstáculos, lo que puede aumentar su confianza en sí mismo. El resultado puede ser un nuevo cableado de su cerebro para creer en las posibilidades. Puede hacerte sentir optimista, lo que puede tener un efecto positivo en quienes te rodean, haciéndolos ansiosos por apoyar tus objetivos. Tales interacciones sociales pueden ser su camino hacia la angustia, por lo tanto, disminuyen las posibilidades de crear redes neuronales negativas y, en esencia, reconfiguran su cerebro. La emoción puede hacer que usted sea notablemente más feliz, lo que puede hacer que parezca más accesible y, por lo tanto, generar relaciones sociales más sólidas. Puede estar más abierto a asumir riesgos, lo que,

Aprovechar los estados de ánimo positivos que surgen de las sorpresas agradables puede hacer que creas más en los demás. Por lo tanto, puede cambiar su punto de vista del mundo de negativo a positivo. El resultado puede ser un recableado positivo de su cerebro. Puede hacer que tenga esperanzas de posibilidades positivas y que esté más abierto a asumir riesgos. Puede ayudarlo a alejarse de su imaginación y tomar las circunstancias tal como se presentan sin hacer predicciones negativas. El resultado puede ser experimentar menos situaciones de autosabotaje.

Aprovecha los estados de ánimo positivos que surgen de la confianza. La confianza en uno mismo puede ser el catalizador que cambie su punto de vista del mundo de negativo a positivo. El resultado puede ser un aumento en su capacidad para asumir riesgos a medida que aumenta la confianza en sus habilidades. Tales acciones pueden alimentar un sistema de circuito de retroalimentación positiva que resulte en un recableado de su cerebro. La confianza aumentará sus niveles de autoestima, disminuyendo su necesidad de aprobación de los demás.

CHAPTER 26:

Hábitos que puede adoptar para ordenar su mente

Dieta saludable, consumo constante y cocina creativa

Este es un hábito que puede mantenerte en una tierra de ensueño para siempre. Imagínese regresar del trabajo con muy mal humor. Pero entraste por la puerta y el fascinante aroma de una comida delicadamente hecha llega a tu nariz. Créame, llenará sus sentidos y, por un segundo, se verá obligado a borrar de su cerebro el problema de los días. Mirarías a tu alrededor y cualquier plan que hayas hecho antes colgaría. Probablemente estabas planeando ir directamente a darte una ducha, pero ahora, tu boca debe estar duchada con esta deliciosa comida. Si adoptas un hábito como este, te sumergirás tanto en él que los sabores serán lo único que fluya en tu cabeza, sin desorden mental. No solo usted, sus amigos, familiares y compañeros de casa ciertamente compartirían su espíritu.

Controlar sus palabras y modales con todos

Este es otro hábito que debe tener en cuenta. ¿Cómo se siente la gente después de hablar con ellos? ¿Como un viejo thrash o un tipo dócil que podría hacerlo mejor con las sugerencias de su superior? Cómo se sienten las personas, especialmente aquellas que son inferiores a ti después de que acabas de hablar, importa muchísimo. Es un buen hábito que indirectamente puede contribuir a tu descanso mental entre otros. Puede determinar qué tan asentado está su mente para atender otros asuntos y personas. Si solo es para mantener la compostura y poder manejar todos los problemas que tiene, es ideal dejar pasar las cosas y no enojarse con su inferior cada vez. Permíteles el beneficio de la duda, no te desquites con ellos. Las personas naturalmente aprenden más rápido cuando se les corrige con respecto a su personalidad, y créanme, ustedes pueden hacerlo.

Redactar un horario viable

No puedo dejar de recalcar lo esencial que es esto para todos. ¡Ojalá pudiera ser tan organizado! oirías a un hombre condenarse a sí mismo con ira. Pero difícilmente daría algún paso hacia eso. Idealmente, ser organizado comienza con tener un plan. Un cronograma adecuado de cómo cree que las cosas funcionarían. Puede hacer esto haciendo un estudio reflexivo de las cosas que necesita hacer en el próximo día o semana. Fíjelos en un horario y recuerde agregar la duración de cada uno de ellos. Debería considerar estropear el horario tan bien que el tiempo esté bien empleado. De vez en cuando, asigne un tiempo libre para emergencias.

Asignar un tiempo personal en su horario

Entre otros periodos que deben quedar reflejados en su horario, el tiempo personal es imprescindible. Es una excelente idea hacer tiempo para ti. Este período se dedicará a descansar y reflexionar. Podrías acurrucarte en tu cama o en la bañera, poner los nervios de punta y cerrar los ojos. Luego, comience a pensar en sus interacciones con todos.

¿Cuál fue la expresión del rostro de su secretaria? ¿Cuál fue la reacción de tu jefe? ¿Podría haber hecho algo mejor por su hijo esa noche? ¿Debería haber elegido la hipoteca sobre el préstamo para automóvil? Esta es la hora de la reflexión. Piense en ello y critíquese a sí mismo tanto como sea posible, pero asegúrese de recordar que algunas cosas no se pueden cambiar y no tiene sentido hacer un escándalo por ellas. Ya está en el pasado, la única corrección que se les haría es prevenir algo como ellos nuevamente.

Limpieza

La limpieza y el orden son hermanos. No tiene mucho sentido organizar un paquete de arena alrededor de su salón. Conviértase en un deber de limpiarse a sí mismo y a su entorno. Su vestido, dientes, cabello, zapatos, etc. deben mantenerse limpios y ordenados. Lo más importante es tu corazón. No lo llene con pensamientos de daño y odio hacia los demás, ni debe ocuparlo con pensamientos variados de problemas complicados. Del mismo modo, déle a su entorno su mejor oportunidad de limpieza. Tus archivos, tus cajones, las bandejas, las tazas, todos merecen brillar en todo momento.

Decisiones cronometradas

Tomar decisiones oportunas es crucial para el éxito de su organización. No es necesario responder a todos los correos electrónicos de inmediato. No debes contraatacar cada combate de inmediato. A veces, está bien detenerse y esperar los momentos adecuados. Eso también es conciencia del tiempo. Pero debe recordar que es mejor tomar algunas decisiones de inmediato. Solo darían lugar a más complicaciones si se retrasan.

Por ejemplo, tomar una decisión entre quedarse con sus hijos o viajar por negocios por la noche. Si permanece indeciso durante demasiado tiempo, es posible que se dé cuenta de que ha pasado demasiado tiempo pensando en ello y podría haber dedicado ese tiempo a algo productivo. Ahora, sus hijos estarían en la cama cuando regrese y no obtuvo un boleto en el aeropuerto, lo que significa que es muy poco probable que se mude. ¿Por qué no simplemente decidir antes y dar los pasos correctos?

Compartiendo los problemas de los demás

Continuamente lo alentaré a que escuche a otras personas. Tenga oídos para escuchar. Incluso cuando se canse de escuchar con facilidad, busque la manera de hacer que los oradores tomen al toro por el cuerno y comprendan lo básico. Tendrás más éxito como líder si aprendes a escuchar los problemas, ideas y sugerencias de tus seguidores. Por supuesto, no es obligatorio seguirlos todos, pero seguro que sabrás mejor si los escuchas. Estúdialos, tus amigos y familiares quieren que los escuches también. Del mismo modo, las personas siempre están dispuestas a ayudarte, por lo que no hay una razón genuina por la que no puedas compartir tus preocupaciones con los demás ocasionalmente.

Evite la intimidación

La regla de oro de los humanos establece que debes hacer a los demás solo lo que quieres que te hagan a ti. ¿Familiarizado con esa regla? Tienes que usarlo ahora que nunca. Debes recordar que los humanos solo fueron creados para ocupar diferentes posiciones, son iguales. Por supuesto, sigue siendo superior en el trabajo si las tornas no cambian, pero en promedio, podría tratar a todos por igual sin difamar o faltarle el respeto a su imagen.

Paciencia

La paciencia es un buen hábito que puede hacerte ganar medallas y nada menos. Mantener la calma con todos es una forma de mantener los nervios. Si se asegura de ser siempre paciente en todos los casos, difícilmente se preocupará por nada y será lo suficientemente meticuloso como para tomar las decisiones adecuadas únicamente. Ésta es una razón importante por la que debe considerar la paciencia en todo momento.

Controle su emoción

Una advertencia justa, se verá sometido a presión muchas veces. Si trabaja en una unidad de producción o de relaciones con el cliente, ya tiene una buena idea de lo que estoy hablando. Tus clientes pueden ser exigentes hasta el punto de que casi podrías perder la calma con ellos. Algunas solicitudes te irritan y es posible que tengas que seguir disculpándote sin enojarte a su vez. Es difícil mantener la calma en casos como este, y es por eso que debes aprender ese hábito.

En el mundo entero, podemos afirmar metafóricamente que todos trabajamos en las relaciones con los clientes, y todos los que se acercan a nosotros son nuestros clientes. Quieren compartir ideas, información y sus desacuerdos con nosotros. Debemos ser capaces de mantener a raya nuestra ira cuando lidiamos con todos ellos. No importa cuán ofensivos hayan sido sus comentarios. Este es un buen hábito que puede evitar que sufra un trastorno mental y, al mismo tiempo, mantener una relación justa con los oradores.

Tener una mentalidad positiva

Tener una mentalidad positiva es una cura para muchos problemas en el mundo actual. Lamentablemente, la mentalidad positiva es exactamente lo que más de la mitad del mundo no tiene. Es lo que lleva a cualquiera a la frustración, la ira, la impaciencia y finalmente al suicidio. No tener una mentalidad positiva significa que es posible que nunca vea el lado positivo de ninguna acción, decisión u opinión que alguien tenga a su alrededor. Lo único que le preocupan son los aspectos negativos. Pero, ¿de dónde saca eso a alguien? Verá soluciones progresivas en lugar de problemas si comienza a usar una mentalidad positiva.

Establecer una meta y trabajar en ella

Este hábito definitivamente pertenece a algún lugar en la cima. Es uno de los primeros hábitos que alguien debería cultivar. Establecer una meta es crucial para tener una dirección en la vida. Determina tu horario, tus amigos, tus enemigos, tus dietas y tantos otros hábitos. Solo puede tener éxito si tiene una meta por la que está trabajando y adopta otros hábitos a medida que avanza en la búsqueda de sus metas. Establezca sus metas y trabaje duro para lograrlas. Puede hacerlo sin desordenarse mentalmente, especialmente si está absorto en otras actividades.

Relajante

Si eres alguien que siente que está bien sobrecargarse porque así es como te inspira a hacerlo mejor, odio decirte que estás fuera de lugar. No tiene que sobrecargarse para lograrlo, debe aprender a dedicar algo de tiempo al ocio. Sin embargo, si se encuentra en algún punto crítico que requiere que trabaje en exceso, asegúrese de compensarse después. Debería intentar quitarse los trajes y las corbatas por un pijama o bikini. Encuentre una manera de relajar los músculos tensos y el cerebro estresado. Necesitas cualquier cosa que pueda distraerte del trabajo por un tiempo. Puede tomar el sol, hacer turismo o hacer una parada en el cine. Todos tenemos nuestras diversas formas de relajarse, debes darte cuenta y no te desgastes antes de usarlo.

Incrementar sus valores fundamentales

En una nota general, otro hábito que puede esperar crear es el mantenimiento. Ciertamente no eres un alma del todo mala. Hay un par de hábitos que son buenos para ti originalmente, también elegirás muchos aquí y comenzarás a inculcarlos en pedazos, pero inculcarlos no es suficiente, debes encontrar una cierta manera de predicarlos e inculcarlos en tu corriente de vida de forma permanente. .

¡Alli estamos nosotros! Las formas de crear buenos hábitos y los hábitos más importantes que puede crear; todo a tu alcance. ¡Vamos al otro lado!

CHAPTER 27:

Cómo hacer que sus emociones trabajen para usted

¿Cómo averiguas el tipo de emoción que sientes?

Por lo general, queremos comprenderlos por completo, ya que hemos tenido algunas respuestas contundentes. ¿Alguna vez te perdiste sobre qué tipo de sentimiento sentías? Nuestros pensamientos también pueden ser vagos para permitir un intento de explicación. Otra explicación para esto es que muchas formas usan el mismo método lógico. Por ejemplo, sentir miedo de hablar con su clase puede ser diferente al miedo a un león. Una explicación para las emociones confusas es que las diferentes formas de sentimientos suenan igual. Primero, está preocupado por la frustración y el miedo, y rápidamente hace latir su corazón.

Además, cuando experimentas una reacción extrema, generalmente necesitas descubrir cuál es la inclinación. Puede ver, por ejemplo, que su corazón se acelera, hay un león delante de usted y quiere huir. Entonces puede estar de acuerdo en que "pavor" es su mejor decisión cuando considera los diferentes sentimientos que puede estar encontrando. Por así decirlo, es posible que tenga la idea de que "lo más probable es que esté asustado en este momento, ya que imagino que este león puede lastimarme". Incluso con una circunstancia tan alarmante, es posible que no comprenda que está asustado hasta que salga corriendo y tenga un segundo para considerarlo. Los investigadores han descubierto que algunas personas piensan que es más difícil dar sentido a lo que sienten que otros.

Observe sus pensamientos y trate de determinar lo que piensa. Te ayudará a solucionar tus desafíos y te hará lucir mejor si te sientes mal. Es solo una instantánea de lo que ha aprendido de las ocasiones en que ha estado deprimido, asustado o confundido acerca de cómo va a lidiar con esas situaciones en caso de que vuelvan a suceder.

Pasos para permitir que sus grandes emociones trabajen para usted

1. Reconoce lo que estás sintiendo

Eso es más difícil de lo que parece. Generalmente somos malos para saber cómo nos sentimos.

Podemos saber que la frustración aprieta nuestro pecho o se hunde en la boca del estómago. Aún así, no hemos dedicado tiempo a contemplar las sensaciones asociadas con emociones más complejas como el engaño o el placer.

Tenemos esto exacerbado por un léxico cognitivo abismalmente limitado. Aunque un estudio de Berkeley identificó 27 tipos distintos de emociones, la mayoría de nosotros reconoce los 'colores primarios' como tristeza, enojo, miedo, felicidad (todos los personajes de Inside-Out, no por casualidad). Sin embargo, para matices más matizados, no tenemos fácilmente términos como frustrado o humorístico. Esto significa que no tenemos forma de registrar ningún sentimiento de emoción, pero lo sabemos cuando sucede. Cambiarlo es el primer paso.

Tome un segundo, tome una rueda emocional como esta (hay muchas en línea) y elija la expresión que se acerque más a la emoción que está sintiendo en este momento. Tómate un tiempo y revisa el cuerpo. ¿Cómo te ves? ¿Qué lo desencadenó? Donde te sientes Conozca la 'marca de sensación' para recordar la misma experiencia la próxima vez.

2. Expande la sensación al máximo.

Ahora inhale ese sentimiento y hágalo tan grande como pueda. Confíe en ese amor, grite, salte o acurrúquese con el dolor, y luego caiga. Sienta la anticipación en su cuenco, o las mariposas nerviosas en su estómago. Siente la tensión de tu mandíbula o un hormigueo en tus dedos. Concéntrese en lograr que la experiencia sea lo más amplia posible y en ser lo más acogedor posible. Es posible que surjan algunas sensaciones, como que su rodilla izquierda pudiera palpitar y hacer que el ojo se mueva. Veamos qué hay aquí por ti mismo.

3. Solo déjate saber exactamente cómo te sientes.

Los sentimientos son lógicos por naturaleza, solo una señal que intenta decirnos algo. Si asignamos el juicio como pensamientos "buenos o negativos", promovemos el remordimiento, "lo que debería ser", y si descartamos la idea, comenzamos el proceso de enconar, moviéndonos hacia el papel de espectadores curiosos, en lugar de juzgar. Míralo como una imagen que se desarrolla. Interesado, así que ten cuidado.

Puede que haya una advertencia para usted, y tal vez no. Esto es bueno. Permítete si te apetece.

4.   Déjalo ir

Cuando complete este proceso, sus pensamientos y emociones cambiarán y evolucionarán. Naturalmente, pasarán o disminuirán. Note los cambios, relájese y expulse emociones. Si persiste, eso no es un juicio, está bien también. Gracias por el viaje y déjalo ir.

¡Eso es sencillo! Dale una oportunidad a este. Se real. En promedio, según una encuesta de más de 11.000 personas, las personas registraron tener sentimientos el 90 por ciento del tiempo. Cuanto más use este bucle, mejor podrá comprender y regular el suyo.

CHAPTER 28:

Crear una lista de tareas pendientes

L a lista de tareas pendientes es una de las herramientas de gestión de tareas más básicas, aunque fáciles de pasar por alto, a disposición de cualquier persona. Esencialmente, una lista de tareas pendientes contiene información sobre lo que debe hacer, cómo debe hacerse y cuándo debe hacerse.

El principio detrás de una lista de tareas pendientes es bastante simple. También ha existido durante tanto tiempo. Sin embargo, no importa lo simple que sea, el problema con una lista de tareas pendientes es que la gente tiende a olvidarse de ellas con el tiempo.

A algunos les resulta demasiado simple pensar que no es eficaz para cumplir su propósito. Otros reconocen la importancia y los méritos de una lista de tareas pendientes, pero carecen de la disciplina para mantener una a largo plazo.

Para ilustrarle mejor por qué debe crear y mantener una lista de tareas pendientes, la siguiente sección cubre los efectos de no tener una lista de tareas pendientes en su vida diaria.

Cómo sería tu vida sin una lista de cosas por hacer

La vida, por naturaleza, es caótica en sí misma. Esto se complica aún más por las exigencias y complejidades de la forma de vida moderna.

Con la montaña de tareas que debe realizar día a día, las cosas pueden volverse abrumadoras rápidamente. Cuando esto se acumula, la cantidad de estrés en su vida aumentará exponencialmente.

Muchos expertos recomiendan el uso de una lista de tareas pendientes para administrar mejor las actividades y responsabilidades de uno. Sin embargo, a algunas personas les resulta difícil adoptar esto como un hábito.

Los estudios muestran que sin una lista de tareas pendientes, el nivel de productividad de un individuo cae significativamente. También puede experimentar los siguientes escenarios cuando no crea su propia lista de tareas pendientes:

- Saltar de una tarea a otra, disminuyendo así su eficiencia para terminar sus tareas;
- Perderse plazos importantes porque olvidó que tenía que hacerlo en primer lugar;
- Ser vulnerable a posibles distracciones a su alrededor;
- luchar por lograr un equilibrio entre su vida familiar, su vida laboral y su vida social, entre otros;
- No tener ningún sentido de la dirección, especialmente cuando se trata de lo que debería hacer a continuación; y
- Falta la sensación de logro al final del día.

Para resolver estos problemas, debe intentar incorporar la creación de una lista de tareas pendientes en sus hábitos diarios.

Cómo ayuda una lista de tareas pendientes a pensar demasiado

Uno de los efectos negativos más importantes del pensamiento excesivo es la parálisis del análisis. Esto significa que te quedas atascado en tu mente, reflexionando sobre el mismo tema una y otra vez, sin nada que lo demuestre. Esto le deja poco o nada de tiempo y energía para actuar y llevar a cabo sus otras tareas.

Una lista de tareas puede ayudarlo a superar esto al mantenerlo enfocado y encaminado con lo que realmente importa. Además de aumentar su productividad, también puede ser beneficioso para usted en términos psicológicos.

Según los investigadores, una lista de tareas pendientes puede:

- Darle el impulso para hacer las cosas;
- Evita que se distraiga con sus pensamientos irrelevantes y otros elementos innecesarios de su entorno;
- Evita que realice comportamientos repetitivos innecesarios;
- Desglose las tareas complicadas que puedan provocar sentimientos de ansiedad y preocupación por no cumplir con dicha tarea;

- Mejore su ritmo y, por lo tanto, disminuya su nivel de estrés;
- Libérate de la presión de terminar todo de una vez; y
- Libérate de la preocupación de haber olvidado hacer algo importante.

En última instancia, una lista de tareas pendientes también puede hacerte sentir feliz y satisfecho. Una lista con todos los elementos tachados sirve como prueba de que su día ha sido bastante productivo. Podrás resistir cualquier sentimiento de duda, especialmente los de autoestima y confianza en ti mismo. Como tal, su mente no tendrá ninguna razón para caer en una espiral interminable de ansiedad, pensamientos negativos y preocupaciones.

Mantenga una lista de tareas pendientes y cúmplala

Muchas personas que no mantienen una lista de tareas pendientes, y que no pueden, la ven como una carga. Piensan en ello como una lista de tareas que hacer y plazos que cumplir. Con el tiempo, esta percepción les impide hacer un hábito de crear y administrar una lista de tareas pendientes.

Algunas personas son naturales para mantener las cosas organizadas y encaminadas. Sin embargo, para aquellos que no han nacido o no están condicionados para hacerlo, aquí hay algunos consejos efectivos que le permitirán mantener y ceñirse a su lista de tareas pendientes:

- Asocie su lista de tareas pendientes con pensamientos y sentimientos positivos.

Esto es lo primero que debe hacer para incorporar con éxito una lista de tareas pendientes en su vida diaria. Recuerde los beneficios prácticos de tener uno. Trate de recordar lo bien que se siente cada vez que tacha algo de tu lista. Al hacer esto, su cerebro estará condicionado para poner cosas en su lista de tareas pendientes para hacerlas y tacharlas.

- Escribe la lista en beneficio del futuro.

Es posible que no se dé cuenta de inmediato de las ventajas de mantener una buena lista de tareas pendientes, pero su yo futuro agradecería sus esfuerzos. Independientemente de lo bueno que sea para recordar cosas, la vida puede lanzarle una bola curva en cualquier momento.

Esto puede dejarlo luchando por encontrar direcciones e información. Una lista de tareas pendientes que contenga todos los detalles importantes que debe tener en cuenta sería un salvavidas durante esos tiempos difíciles.

- Clasifique los elementos de su lista, según su importancia y su preferencia personal.

Muchas personas se saltan el proceso de categorizar los elementos de la lista de tareas pendientes. Este es un paso vital porque mejora sus posibilidades de hacer las cosas. A través de esto, podrá priorizar mejor sus tareas.

Una forma de categorizar su lista es organizarla de acuerdo con lo que debe hacerse y lo que sería agradable hacer si tuviera tiempo extra. Al hacerlo, no se perderá los plazos demasiado importantes de su vida. También le recordará las cosas que puede hacer con su tiempo, lo que le evitará tener que torcerse la cabeza para hacer algo.

- Acepte el hecho de que las listas de tareas pendientes se pueden cambiar.

Recuerde, una lista de tareas pendientes es solo una herramienta. Su contenido no son reglas o exigencias que debas seguir a toda costa. A veces, debe cambiar los elementos de su lista para adaptarlos a sus necesidades actuales.

Comenzar de nuevo está perfectamente bien. Demuestra que eres lo suficientemente flexible para rodar con los golpes. Si aprende a ajustarse a sí mismo y a su lista de tareas pendientes, podrá lidiar mejor con los factores desencadenantes del estrés y la ansiedad que puedan surgir en su camino.

- Considere su lista de tareas pendientes como un símbolo de sus logros.

Conquistar su lista de tareas pendientes requiere mucho tiempo y esfuerzo. Por lo tanto, es normal sentirse orgulloso de terminar una tarea en su lista de tareas pendientes.

De manera similar a asignar sentimientos positivos a su lista, pensar en ella como un registro de sus victorias del día lo ayudará a mantener este hábito.

Esto también hará maravillas por su salud mental. La ansiedad, los pensamientos negativos y las preocupaciones tendrán poco o ningún lugar en tu cabeza cuando esté llena de tus logros del día.

Ahora que comprende la importancia de tener una lista de tareas pendientes y cómo mantener una puede simplificar drásticamente cualquier sentimiento de ansiedad, pensamientos negativos y preocupaciones que pueda tener, también es importante saber cómo crear una lista de tareas pendientes eficaz.

Creación de una lista de tareas pendientes eficaz

Algunos se apresuran en el proceso de crear una lista, dándoles así un esquema de una palabra que describe vagamente lo que deben hacer. Como resultado, no pueden seguir con las tareas enumeradas, lo que les deja la impresión de que las listas de tareas pendientes simplemente no les funcionan.

Para ayudarlo a redactar una lista de tareas eficaz que funcione para usted, siga estos pasos rápidos y sencillos:

1.   Enumere tres tareas como máximo.

Una lista más corta que contenga las tareas más importantes que debe realizar le permitirá tener una sensación de éxito al final del día.

2.   Haga que cada tarea sea procesable.

Puede hacer esto usando una voz activa en lugar de simplemente indicar el resultado que desea lograr. Por ejemplo, en lugar de anotar "detergente" en su lista, debe escribir "vaya al supermercado y compre detergente".

La primera parte de la declaración sugerida puede parecerle obvia e innecesaria. Sin embargo, tenga en cuenta que cuanto más complicada sea la tarea, más útil será incluir estos pequeños detalles en su lista de tareas pendientes.

3.   Asigne el nivel de prioridad para cada tarea.

Puede preguntarse cuál de estas tareas lo haría sentir más realizado. Su respuesta tendría que ir a la parte superior de su lista de tareas pendientes (lista de prioridades) con una etiqueta "alta", "media" o "baja", según la urgencia relativa que tengan para usted.

4.   Escriba el resto de sus tareas en una hoja o archivo separado (lista adicional).

Deben ir a otra cola para que puedas concentrarte en lo que importa. Dado que las tres tareas principales se consideran elementos importantes, también pueden consumir mucho tiempo. Por lo tanto, mantener las otras tareas en una lista diferente evitaría que se sienta abrumado.

Idealmente, debe guardarlo en un lugar accesible pero lejos de su vista. Esto le permitiría consultar la lista de desbordamiento cuando se haya quedado sin cosas que hacer en su lista de prioridades.

5.   Haga visible su lista de tareas prioritarias.

Puede transferirlos en pequeñas notas adhesivas que puede pegar en un lugar que vea o vaya con frecuencia, como la puerta del refrigerador. Si prefiere agregar más detalles, puede optar por usar tarjetas de índice.

6.   Vea cada tarea de una en una.

Muchas personas se sienten abrumadas cuando ven una lista de cosas que deben hacer. Para evitar que esto se convierta en un sentimiento negativo, puede imponerse límites de visualización.

Existen ciertas aplicaciones de administración de tareas, como "Todoist" y "Omnifocus" que permiten a sus usuarios esta opción de visualización. Sin embargo, si está utilizando notas adhesivas o tarjetas de índice, simplemente puede apilarlas unas sobre otras para que solo pueda ver el elemento más alto de su lista.

7.   Registre el estado de su tarea

Registrar el estado de su tarea, ya sea cumplida o no, lo hace responsable. Te hace tener una reflexión más profunda sobre la posición de tu compromiso de cumplir con tus tareas del día. Le hace reflexionar sobre cómo puede mejorar su nivel de logro y también le da una sensación de reenfoque para garantizar que las tareas no realizadas se ejecuten y eliminen de su lista de tareas pendientes lo más rápido posible.

Conclusiones

Lo que sucede en el mundo exterior está fuera de su control, por lo que debe concentrarse en lo que sucede dentro de usted. Tu mente es la parte más importante de ti para mantenerte saludable. Siempre que nuestro bienestar mental está sufriendo, se interpone en el camino de nuestra capacidad para funcionar en nuestra vida diaria. Influirá en su capacidad para tomar buenas decisiones, cómo responde a las dificultades y su calidad de vida en general.

Puede controlar sus pensamientos. Si trabaja para ello, llegará al punto en el que podrá decir qué pensamientos tienen un lugar en su mente en lugar de dejarse llevar por ellos. Tenga en cuenta lo que está en el centro: el estrés y el agotamiento. Haz las prácticas de las que hablamos a diario. Transforma tu vida en una experiencia más tranquila. Concentre su energía en lo que debe hacerse en este momento, no en su objetivo final, lo que ocurrió antes o lo que podría suceder en el futuro. Si entra un pensamiento que cae en la categoría innecesaria, déjelo ir. Haces que los pensamientos se vayan no reprimiéndolos, sino permitiendo que vayan y vengan sin prestarles atención.

Si siente que se siente abrumado nuevamente, no es horrible. Solo significa que necesita renovar su compromiso de ordenar su cerebro. Todo lo que necesita hacer es mejorar el día de hoy. A veces es tan simple como recordarte a ti mismo que debes respirar y que habrá una solución para lo que sea que te preocupe hoy.

Cambiar su cerebro no es un proceso de la noche a la mañana, pero no es tan difícil como podría pensar al principio. En esencia, solo significa que necesita alcanzar lo que desea, no solo en pensamiento sino en acción.

No se sumerja en esta tarea. Cualquiera sea el caso en el que se encuentre, piense en tomar la mejor decisión al respecto. Cuando se despierta y se prepara el desayuno en lugar de dormir hasta tarde, está eligiendo ayudar a su salud. Cuando estás en una ocasión y le dices hola a alguien en lugar de estar colgado a un lado, ya te estás convirtiendo en un individuo más social de lo que eras en el pasado.

Cualquier persona puede decir: "Ojalá tuviera más compañía / dinero / etc.", pero nadie obtiene nada que no se aferra. Esto incluye cosas malas. Las personas con las que dedicas tu tiempo y las cosas en las que inviertes serán las fuerzas más duras de tu vida. Si quieres cosas decentes, tienes que convertirte en una persona que les interese, esto significa que debes dedicarte y darte a ti mismo. Piense en cómo se ve un lienzo que se completó en cinco minutos en comparación con si el artista tardó cinco horas en terminarlo, prestando atención a los detalles: dónde le falta color, dónde necesita un cambio de tono, etc.

En resumen, el cambio de cerebro comienza cuando te despiertas por la mañana y termina cuando te vas a dormir por la noche. Tienes tanto tiempo para cambiar cómo piensas, sientes y actúas, lo que finalmente decidirá cómo va tu vida.

PARTE II

Introducción

Vivir con pensamientos negativos constantes y miedos intensos puede hacer que alguien desee una forma de aliviar su dolor o desarrollar hábitos poco saludables que podrían empeorar sus síntomas. La ansiedad está relacionada con una serie de otras enfermedades mentales, en particular la depresión. Esta combinación puede hacer que las personas tomen malas decisiones cuando están motivadas para encontrar alivio a sus síntomas. Algunas personas recurrirán a las drogas o al alcohol, lo que puede empeorar los síntomas. Otras personas pueden encontrar formas más peligrosas de lidiar con sus problemas mentales y causarles daño físico.

Estar ansioso también puede hacer que las personas se nieguen a salir de sus hogares o que solo vayan a ciertos lugares que creen que son seguros. Esto puede conducir a una disminución drástica de la interacción social, lo que puede ser contraproducente para su curación. Los seres humanos son seres sociales por naturaleza y cuando las personas eliminan la interacción de sus vidas, pueden experimentar incluso más pensamientos negativos o tener problemas para darse cuenta cuando los pensamientos son irracionales. También puede obstaculizar su capacidad para relacionarse socialmente con los demás cuando no tienen práctica y, por lo tanto, consolida aún más sus temores de que comunicarse con otras personas es una actividad demasiado dolorosa.

Es probable que no toda la ansiedad suponga un daño para la persona que la experimenta. Por lo general, se necesitan altos niveles de ansiedad constante para llevar a una persona a intentar encontrar alivio en sustancias o evitar las cosas que cree que causan su ansiedad por completo. Sin embargo, una vez que una persona comienza a recorrer ese camino, es esencial obtener ayuda lo antes posible. Exponerse a las cosas que temen es a menudo la mejor manera de que una persona entienda que no es una amenaza real. Si las personas no tienen una red de apoyo sólida para superar sus períodos de ansiedad, es posible que tengan más dificultades para volver a un lugar saludable.

Uno de los síntomas característicos de la ansiedad es tener una sensación de fatalidad inminente que no puede deshacerse. Esto puede dificultar la concentración durante el día o encontrar un momento de paz porque siempre puede haber esa voz en el fondo de tu cabeza que te dice que algo anda mal. A veces, esta voz puede volverse tan fuerte o tan implacable que induce un ataque de pánico. La sensación de miedo y estrés que acompañan a los ataques de pánico hace que sea aún más difícil seguir adelante el día después de que hayan pasado los síntomas.

Una sensación de fatalidad no es el único efecto negativo que la ansiedad puede tener en la vida de una persona, la ansiedad y la depresión a menudo están estrechamente relacionadas y no es raro que alguien con una de estas aflicciones también experimente la otra, ya sea de vez en cuando crónico. La combinación de estos dos problemas a menudo puede causar un mayor estrés en las personas, lo que luego puede provocar dolores de cabeza o presión arterial alta. A veces, tener síntomas físicos que coincidan con los emocionales puede ser demasiado para que una persona los maneje y puede llevar a evitarlo.

La incomodidad constante también puede contribuir a que alguien se vuelva irritable o extremadamente callado. Cuando tiene dolor de cabeza, puede ser un desafío concentrarse y tener personas en la escuela o en el trabajo que exigen que las tareas se completen a veces puede hacer que alguien reaccione con enojo porque no puede manejar más estrés o concentrarse en los proyectos. Por otro lado, algunas personas pueden quedarse extremadamente calladas porque prefieren pelear su batalla por su cuenta o pueden pensar que nadie tomaría su lucha en serio si expresaran su dolor.

La ansiedad también puede hacer que las personas crean que tienen problemas respiratorios cuando los síntomas comienzan a aumentar en intensidad. Cuando están angustiados, su respiración puede volverse superficial y rápida, lo que dificulta que el cuerpo obtenga suficiente oxígeno para calmarse. La ansiedad y el estrés constantes también pueden contribuir a problemas estomacales en algunas personas. Se sabe que el estrés causa úlceras de estómago y no es raro que las personas con ansiedad desarrollen úlceras u otros problemas gastrointestinales. Algunas personas experimentan calambres, dolor en el abdomen o desarrollan sensibilidad a los alimentos. Mantener una dieta sana y equilibrada puede ayudar a las personas ansiosas a evitar o aliviar algunos de estos síntomas.

La depresión no solo te afecta a ti, sino que afecta varios aspectos de tu vida, incluidas las personas que amas. Descubrir cómo su vida se ve afectada por la depresión puede ser un paso más para lograr mejoras y empujarlo hacia la ayuda que necesita.

Muchas veces perdemos de vista a quienes nos rodean, el amor que les tenemos y cómo pueden ayudarnos, cuando sufrimos depresión. Recordarse a sí mismo que tiene personas que se preocupan y que están dispuestas a ser "molestadas" por sus problemas le ayudará en su tratamiento.

Es cierto que te meterás en un vórtice de visión limitada cuando estés en medio de la depresión. Este ciclo de pensamiento negativo puede luchar entre saber que las personas te ayudarán si lo pides y no poder hacerlo. Quizás haya tenido pensamientos que no podrán ayudarlo o comprenderlo. Tal vez hayas intentado acercarte, pero sus propias vidas están ocupadas y sientes que estás estorbando.

Puede haber ocasiones en las que hayas pensado: "Siempre soy yo quien se pone en contacto con esa (s) persona (s), así que, obviamente, no se preocupan por mí". A menudo, la otra cara de la historia es que sus amigos y familiares se preocupan, pero usted tiene razón: ellos están viviendo su vida y, a veces, esa vida es tan mala como la suya.

Tus amigos pueden estar luchando contra su propia depresión. Incluso me ha pasado a mí. Sufría mucho de la depresión provocada por la pérdida de un ser querido, aunque ese ser querido no se había ido por completo; su mente se debía a la demencia. Mi amigo dijo que estaría allí, pero nunca llamó. Resultó que una de mis amigas sufría de depresión posparto y otra había estado luchando contra la depresión durante 10 años. Los tres no nos contamos nuestras luchas y batallas con la depresión, pero tratamos de mantenerlo todo adentro. En lugar de apoyarnos en aquellos que podrían ayudar y comprender, todos decidimos guardárnoslo para nosotros y tratar de lidiar con ello a su manera.

Las relaciones podrían haberse fracturado por completo y para siempre. Algunas relaciones fueron entre amigos debido a la depresión y los errores cometidos. Por ejemplo, un amigo perdió a su cónyuge en un divorcio debido a la depresión severa que lo aquejaba.

Relaciones y depresión

Cada lado tiene una vista. Este punto de vista puede estar en línea con el otro lado o puede ser completamente diferente, y en algún lugar intermedio está la verdad de todo. La depresión y las relaciones son así.

Estás en un lugar oscuro. Todo lo que ves a tu alrededor es negativo. Las cosas que deberían traerle felicidad no lo son. También sientes que nadie puede entender. Tiende a retraerse. También existe una alta probabilidad de que te quejes de muchas cosas contigo mismo y con tus amigos. Cada pequeña cosa puede ser una queja, cuando la depresión tiene sus ganchos en ti.

Las relaciones profundas que tienes a menudo son capaces de lidiar con este lado tuyo. Su amor exige que te ayuden a superar los problemas, al menos por un tiempo. Aquellos que te aman quieren lo mejor, quieren poder solucionar tus problemas, pero sus propios problemas pueden comenzar a acumularse. Pueden comenzar a afectar a la persona, por lo que no pueden ayudarlo.

Si llega a ser demasiado o si tampoco está dispuesto a buscar ayuda, entonces el ser querido puede alejarse. Pueden intentar buscar la felicidad en otra parte o simplemente renunciar a ti. La fuerza que exista en su relación determinará si una persona está dispuesta a permanecer a su lado, en los momentos difíciles y brindarle la atención que necesita.

CHAPTER 29:

Estrés

S alir de su zona de confort y desarrollar hábitos que lo empujen hacia sus metas naturalmente conlleva algunos efectos secundarios, uno de los cuales es el estrés. Tratamos de evitar el estrés como la peste, y eso es en parte porque entendemos más sobre el impacto que el estrés crónico puede tener en nuestros cuerpos y salud mental. Sin embargo, no todo el estrés es malo, y parte de adquirir fortaleza mental es aprender si el estrés es útil o dañino.

Sin embargo, antes de entrar en eso, veremos cuál es la respuesta al estrés y por qué puede ser tan perjudicial.

¿Qué es exactamente el estrés?

La definición de estrés cuando se acuñó el término decía que es "la respuesta no específica del cuerpo a cualquier demanda de cambio" (Selye, 1936). Estas respuestas pueden ser mentales, emocionales o físicas. Piense en todas las cosas que hacen su mente y su cuerpo cuando se siente estresado. Su estómago puede retorcerse en nudos, la ansiedad comienza a acumularse y todo lo que puede pensar es en lo que sea que esté causando el estrés. Todos estos (y más síntomas) culminan para formar lo que sabemos que es la respuesta al estrés. Una vez que se pone en marcha, es difícil volver a un estado previo al estrés a menos que el factor estresante en sí haya desaparecido.

Hay tres tipos diferentes de estrés, según la Asociación Estadounidense de Psicología (nd).

Estrés agudo

El tipo de estrés más común y experimentado, el estrés agudo es breve y es el resultado de su respuesta a una situación. Por ejemplo, si uno de sus hijos está enfermo y no hay nadie que se quede en casa para cuidarlo, es posible que se sienta tenso e irritable, ambos síntomas de estrés agudo. Este tipo se disipa con bastante rapidez y desaparece por completo una vez que se ha eliminado o tratado el factor estresante.

Estrés agudo episódico

Este es el siguiente nivel de estrés agudo, y es posible que haya adivinado por el nombre que describe el estrés agudo que ocurre con regularidad. Si con frecuencia tiene plazos de entrega ajustados en el trabajo, es posible que experimente episodios de estrés agudo cada vez que se acerca la fecha límite que luego desaparecerán una vez que haya entregado su proyecto.

Sin embargo, este tipo de estrés también puede surgir, no gracias a tu forma de pensar. Si se preocupa mucho o es un perfeccionista, experimentará un estrés agudo episódico. Esto puede provocar problemas estomacales y angustia emocional.

Estrés crónico

El estrés crónico es la nueva palabra de moda en los círculos de la salud y la psicología. Cuanto más evoluciona nuestro mundo, más factores estresantes estamos expuestos y, en consecuencia, más a menudo nos sentimos estresados. Cualquier situación que no sea fugaz o que no se resuelva fácilmente puede provocar estrés crónico porque el factor estresante nunca desaparece. Esto puede conducir a enfermedades crónicas, además del estrés, que afectan significativamente su calidad de vida y acortan su esperanza de vida.

Consejos y ejercicios para reducir el estrés

Saber la diferencia entre el estrés bueno y el malo no significa nada si continúa permitiendo que este último lo golpee. En lugar de permitirse desmoronarse cada vez que sienta que el estrés se activa, consulte estos consejos para que pueda reconocerlo sin dejar que se haga cargo.

Aceptar una falta de control

Una de las principales razones por las que nos sentimos estresados es que no podemos aceptar que no siempre tenemos el control. Tenemos una obsesión con la microgestión porque creemos que así es como lograremos el éxito. En realidad, esta tendencia a buscar el control en cada situación nos vuelve demasiado rígidos e incapaces de ver caminos alternativos. Luego, cuando nos encontramos con un obstáculo, el estrés se derrumba porque nuestro control percibido se ha visto frustrado.

La clave para reducir el estrés es reconocer que no tienes el control. En lugar de dejar que esa idea te asuste, deja que te alivie de la carga. No tienes el control y está bien. No tienes que gestionar toda tu vida y eso es algo bueno. Una vez que da un paso atrás y deja que la vida suceda por sí sola, puede adaptarse mejor cuando las situaciones cambian y tomar decisiones desde un lugar de lógica en lugar de miedo.

Reduzca los factores estresantes que PUEDE controlar
Si bien la mayoría de los aspectos de la vida no están bajo su control, hay algunas cosas en las que puede influir. Siempre que sea posible, reduzca el estrés eliminando su carga y aprendiendo a administrar mejor las tareas. Si tiene mucho que hacer en el trabajo y le causa ansiedad, aprenda a delegar. Si puede hacer un cambio que reduzca la cantidad de estrés en su vida sin sacrificar sus objetivos, hágalo.

Respirar

Una de nuestras reacciones físicas al estrés es la tensión en la mandíbula, el cuello y el torso, que puede afectar nuestros patrones de respiración. Cuando nuestro cuerpo se ve privado de oxígeno, no está contento y tenderá a avisarnos. Combata las reacciones físicas y mentales recordando respirar y empleando un ejercicio de respiración cuando se sienta abrumado. Contar hacia atrás desde 100 mientras inhala lentamente para un número y exhala para el siguiente reenfoca su cerebro y lo saca de la situación momentáneamente.

Deja espacio para divertirte
Se supone que la vida es agradable. Siempre que sea posible, deje atrás la preocupación, el estrés, la ansiedad, la presión y la seriedad y permítase divertirse. Ve al parque y observa a los niños jugar, da un chapuzón en un lago o pon tu película favorita absoluta y presta atención a cada escena y línea de diálogo. Cuando dejamos que el estrés nos quite la capacidad de divertirnos, estamos al principio del fin. No importa lo mal que se pongan las cosas, todavía estás vivo, así que permítete apreciar eso.

Evite los vicios
Es posible que sienta la tentación de recurrir a los cigarrillos, el alcohol o las drogas cuando se encuentre bajo mucho estrés; no lo haga. No importa lo bien que se sienta después de darse el gusto, el problema subyacente no desaparece. Una vez que haya recuperado la sobriedad, volverá al punto en el que comenzó con un dolor de cabeza masivo y un mayor riesgo de cáncer de pulmón.

Estos vicios también van en contra de los principios de la fortaleza mental. Aprender a ser lo suficientemente fuerte para enfrentar sus problemas de frente le servirá bien en todos los aspectos de la vida, ya sean estresantes o no.

Cuídate

No puedes cuidar de tu vida si no te cuidas a ti mismo primero. Un cuerpo y una mente sanos están mejor equipados para hacer frente a los desafíos de la vida, así que tampoco lo descuides. Si te sientas en el sofá comiendo comida chatarra todo el tiempo, ni tu cuerpo ni tu mente estarán en un estado óptimo. En el momento en que ocurra un factor estresante, serás derribado.

La fuerza física y mental (y la tenacidad) comienzan desde adentro, por lo que una vez que haya construido una base firme de bienestar dentro de usted, el estrés de fuentes externas tendrá más dificultades para abrirse paso y llegar a usted.

Come bien, lo que sea que eso signifique para ti. Las modas de la dieta van y vienen, pero los alimentos verdaderamente saludables nunca cambian, así que apégate a lo básico. Levántese y muévase durante el día, especialmente si siente que se acerca el estrés. Haga lo que sea necesario para priorizar su salud porque no tiene nada sin ella.

Sepa cuándo pedir ayuda

No tienes que pasar toda tu vida haciendo todo por ti mismo. Eso no siempre es un signo de fuerza. Si intenta seguir adelante sin pedir ayuda, incluso cuando realmente la necesita, es más temerario que cualquier otra cosa. Sepa cuándo necesita ayuda y no tema conseguirla. A veces, el estrés en nuestras vidas se puede evitar si solo tomamos las medidas adecuadas para administrar mejor nuestro tiempo y recursos. Esto va de la mano con la reducción de los factores estresantes que puede controlar. No permita que su necesidad de ser una torre de fuerza sea la causa de su colapso.

Más allá de estos consejos, recuerde que el estrés es psicológico. Todo comienza en tu mente. Si puede aprender a controlar su mente a través de la fortaleza mental, podrá abordar la raíz del problema. Cambia tu forma de pensar para que puedas cambiar tu vida.

CHAPTER 30:

Pensamientos negativos

Definición de pensamientos negativos

Los pensamientos negativos, al menos para el propósito de este libro, son más específicos que cualquier pensamiento negativo. Estamos discutiendo específicamente pensamientos que son automáticos y omnipresentes, que colorean sus comportamientos y la comprensión de quienes lo rodean. Tus pensamientos negativos van a ser los pensamientos automáticos que se encargan de guiar tu comportamiento, por lo que no tienes que pensar en ello.

Todos tenemos pensamientos automáticos: estos son pensamientos que evitan que su mente consciente gaste un valioso espacio para decidir qué hacer a continuación. Por ejemplo, es probable que no piense conscientemente en su reacción al reducir la velocidad y detenerse cuando una luz se pone roja cuando está conduciendo, simplemente lo hace. Ha desarrollado el pensamiento automático que le dice que deje de conducir cuando el semáforo se pone rojo. Esto es algo bueno porque si tuviera que pensar en todos y cada uno de los aspectos de la conducción conscientemente, sería increíblemente tedioso, agotador y desafiante. Sufriría si su hijo discutiendo en el asiento trasero con un hermano le hiciera perder la concentración necesaria para conducir con eficacia. Sin embargo, a veces,

Desafía tus pensamientos negativos

Los pensamientos depresivos son tristes, autocríticos, autodestructivos y bastante intimidantes. Las personas que están luchando con este trastorno se encuentran de pie al borde de un acantilado donde la forma más fácil es simplemente dejarse llevar que trabajar para regresar a donde estaban. Esta mentalidad de pesimismo total conduce a un estilo de vida extremadamente negativo. Y si bien parece que darle un giro más positivo a la vida es una tarea imposible, las personas deprimidas sí pueden generar alternativas.

La única forma en que puede comenzar a desafiar sus pensamientos negativos es cambiar su punto de vista y mirar las cosas desde otros ángulos. Incluso si parece muy difícil hacerlo, sepa que es la única forma:

Despierta con el pie derecho. En lugar de volver a la cama, para que puedas saltarte el día, pon una sonrisa, incluso si eso significa fingir una al principio. Hacer de esto un hábito le ayudará a superar la depresión por completo. Todas las mañanas, al despertar, en lugar de sentirse abrumado por la sensación de soledad y vacío, repítase palabras de aliento como: "Este va a ser un buen día", "Hoy estaría mejor que ayer", "Hoy, elige ser feliz ", y otros pensamientos positivos. Hacer esto todos los días te ayudará a comenzar bien el día y también hay una alta tendencia a mantenerte positivo durante el resto del día.

Deja de ser duro contigo mismo. Al ser tan autocríticas, las personas deprimidas piensan lo peor de sí mismas. Cada vez que un pensamiento de inutilidad cruza por su mente, pregúntese si puede compartir lo enseñado con otra persona. Si su pensamiento es tan oscuro que no puede decirlo en voz alta, dígale exactamente lo contrario. Por ejemplo, si piensas 'Soy la persona más fea del mundo', di 'Eres la persona más hermosa del mundo'. Eventualmente, esto aumentará su confianza en sí mismo y contribuirá a superar la depresión.

Permítete ser imperfecto. Se sabe que la mayoría de las personas que sufren de depresión son perfeccionistas y tratan de cumplir con estándares relativamente altos. Cada vez que falles en tu intento de ser perfecto, desafía los pensamientos negativos que ocupan tu mente diciendo que eres solo un ser humano y que nadie es perfecto, y trata de poner el listón más bajo.

Deja de sacar conclusiones precipitadas. ¿Cuántas veces te ha pasado pensar lo peor de ti mismo cuando estás en compañía de otras personas, considerando que ellos también deben pensar lo mismo de ti? ¿Ha reunido alguna vez pruebas de esto? Por ejemplo, estás en una fiesta y una persona te evita y no muestra interés en charlar. ¿Qué es lo primero que se te pasa por la cabeza? ¿Es algo como 'él / ella debe encontrarme patético'? ¿Tiene pruebas de esto? Si no es así, desafíe esa negatividad de inmediato. Quién sabe, tal vez esa persona tenga problemas serios y no tenga ganas de hablar. ¿Por qué no puede ser esta la razón?

Compare antes de decidir. Nunca pienses en las desventajas de las cosas sin compararlas con las ventajas. Digamos que quiere comprar un automóvil, pero no puede decidir porque solo piensa en sus lados negativos. Es hora de sopesar cada ventaja y desventaja. Por ejemplo, en 'Es más caro', responda con 'Es cómodo' y así sucesivamente, hasta que tome su decisión basándose en hechos reales y no en su pesimismo.

Escríbalos. Cada vez que un pensamiento negativo se apodere de ti, escríbelo. Haga esto todos los días y al final de la semana, solo cuando esté de buen humor, revise lo que ha escrito. Pregúntese si tal negatividad era realmente necesaria. ¿O tal vez estabas exagerando?

Deja de etiquetarte a ti mismo. Todos los intentos de superar la depresión fracasarán si continúa dándose nombres como perdedor o idiota, siempre que crea que ha hecho algo mal. Todos cometemos errores.

Ignora las tentaciones. En muchos momentos de sus intentos por superar la depresión, habrá tentaciones que querrán alejarlo de su progreso. Por ejemplo, cuando algo te recuerda ese mal suceso en tu vida, empiezas a pensar demasiado hasta que tus emociones se apoderan de ti una vez más. Esto es peligroso porque es posible que vuelva a cero. Esta vez, le resultará difícil mantener una actitud positiva en la vida. Por lo tanto, cuando surjan las tentaciones, dirija su atención a otras cosas más positivas.

Saltando a conclusiones

Este patrón de pensamiento negativo implica que usted asuma que sabe exactamente lo que sucederá a continuación antes de que realmente suceda, incluso si no tiene una razón real que pueda justificar sus pensamientos. Piensas que fallarás ese examen que te espera porque eres malo en la asignatura, así que no te molestas en estudiar para ello. Por supuesto, saltar a esa conclusión básicamente lo garantiza, entonces, porque fracasas después de negarte a estudiar.

Peor de los casos

Cuando piensas en términos del peor de los casos, asumes que lo peor sucederá, aunque hay muchas otras explicaciones mucho más mundanas y menos desastrosas. Por ejemplo, cuando su hijo pierde su llamada telefónica, asume que fue secuestrado y vendido como tráfico de personas en lugar de pensar que se le acabó la batería o que se olvidó de subir el volumen de su timbre después de la escuela.

Personalización

Cuando se dedica a la personalización, esencialmente está asumiendo que usted es la causa principal de cualquier sufrimiento a su alrededor. Si ve a alguien en la tienda que parece molesto, tiene que ser culpa suya. Si ve a alguien que tiene un mal día en el trabajo, piensa que debe ser causado por su propio comportamiento o por no brindarle la atención necesaria.

Control falacia

Cuando este es tu patrón de pensamiento negativo, esencialmente te das mucho más crédito por influir en los que te rodean de lo que realmente es cierto, en mayor medida de lo que está presente en la personalización. En este caso, es su culpa que anoche hubo un accidente afuera de su casa porque olvidó cambiar su bombilla, por lo que siguió parpadeando afuera, y el parpadeo fue una distracción suficiente para causar un accidente.

Falacia de la equidad

Cuando su pensamiento cae en la trampa de la falacia de la equidad, esencialmente está hiperconcentrado en la equidad. Asume que todo debe ser justo, sea el caso o no. Cuando la vida no es justa, usted cree que ha sido agraviado y, por lo tanto, concéntrese en ese hecho, enfatizando que debería haber obtenido lo mismo que la otra persona. Esto, por supuesto, lo mantiene hiperconcentrado en el pasado y los ideales en lugar de mirar las habilidades, las diferencias de personalidad o el millón de formas diferentes en que alguien más podría merecer algo más que usted.

Culpar

Cuando se dedica a culpar, está culpando hacia afuera o hacia adentro de una manera para explicar el comportamiento. Puede culparse a sí mismo, enfocándose en el hecho de que es su culpa que algo sucedió por razones que tal vez no pueda explicar de manera racional y total, o puede culpar a otra persona para evitar culparse a sí mismo, como decir que la razón por la que reprobó su último examen fue porque estaba enfermo y, por lo tanto, no tenía la mentalidad adecuada.

Debería tener

Cuando te concentras demasiado en lo que debes tener, pierdes la noción del hecho de que muchas cosas en la vida no salen como deberían. Los padres no deberían perder a sus hijos, pero sucede. Centrarse en lo que debería haber sucedido es esencialmente mantener la mente enfocada en el pasado en lugar de permitirse reconocer el hecho de que las cosas no siempre funcionan exactamente como se planeó.

Razonamiento emocional

Piense en las palabras involucradas en el nombramiento de este patrón de pensamiento negativo: emocional y razonamiento. Son exactamente opuestos. Cuando usa el razonamiento emocional, está usando sus emociones para racionalizar sus pensamientos. Esencialmente, decides que tus sentimientos son precisos y les permites colorear tu pensamiento. Por ejemplo, si siente que fracasó, entonces se llamará fracasado.

Cambiar falacia

Cuando usa este tipo de pensamiento negativo, asume que otras personas cambiarán o tendrán que cambiar por usted de alguna manera, y cuando no cambian para usted en absoluto, pierde el enfoque en cuál es la realidad de la situación. Quedas tan atrapado en el hecho de que otras personas necesitan hacer cosas por ti que dejas de intentar hacer algo por ti mismo.

Etiquetado

Etiquetar se refiere a asumir que algo se puede reducir a una o dos palabras. Por ejemplo, usted se etiqueta a sí mismo como un fracaso porque ha cometido un error, o etiqueta un trabajo que tiene como inútil porque siente que no puede llegar a ninguna parte. No ve todo lo demás que sea lo que sea que esté etiquetando y lo reduce a los términos más simples posibles.

Negativa a admitir irregularidades

Cuando te involucras en este tipo de pensamiento, esencialmente rechazas la posibilidad de ser cualquier otra cosa que no sea la correcta. Incluso cuando alguien le proporciona evidencia concreta sobre lo que sucedió o contradecir sus afirmaciones, asume que está completamente equivocado. No hay absolutamente ninguna forma posible de que puedas equivocarte, incluso si tienes que torcer las cosas para tener la posibilidad de tener razón.

Recompensa del cielo

Cuando se enamora del pensamiento de recompensa del cielo, asume que sus buenas obras deben ser recompensadas. Si haces algo bueno por otra persona, sientes que tienes que obtener algún tipo de beneficio por ello, a pesar de que en el mundo real a nadie le importa recompensarte por hacer lo que se espera de ti o lo que te convierte en un buena persona.

CHAPTER 31:

La clave para la relajación

Técnicas de sueño y relajación

Hablamos de aspectos del sueño porque el sueño es un factor esencial que influye y provoca miedo. Esto puede ser un círculo vicioso: se siente ansioso y no puede dormir. Tu falta de sueño, a su vez, provoca más miedo y fragilidad emocional. ¿Hay una salida? Sin duda. Hay muchos.

La mayoría de los métodos de este libro están relacionados con el sueño de diversas formas. La meditación mejora la calidad del sueño y la actividad física, como los deportes y el yoga. Una mejor respiración incluso mejora la calidad del sueño. Crear una rutina para dormir ayuda. Pero, ¿y si todo esto no es suficiente? ¿Cómo puede obtener el descanso que necesita para mantener su mente y su cuerpo sanos y ansiosos? Primero, asegúrese de que su dormitorio esté libre de distracciones.

Su dormitorio debe ser una habitación de la casa que solo se proporcione para el descanso y la relajación. No hay televisión, radio, teléfono inteligente o computadora mirándolo cuando descansa. Si su reloj despertador es una función de su teléfono celular, asegúrese de que esta sea la única razón por la que se use en el dormitorio.

En segundo lugar, establezca una rutina sólida para la hora de acostarse. Espere una hora para prepararse para dormir e ir al trabajo, la ansiedad familiar y otros pensamientos tortuosos durante este tiempo. Tome un baño tibio para aumentar la relajación. Puede encender una vela perfumada, que también tiene un efecto calmante. No hagas ninguna tarea en este momento. ¡¡Relajarse!!

En tercer lugar, cuando se vaya a la cama, lleve un buen libro o tal vez un crucigrama. No grabe una novela interesante que no pueda escribir, tome algo más entretenido. Los libros inspiradores y de autoayuda son excelentes para leer cuando duerme, siempre y cuando no lo despierten y no se preocupen por los problemas que pueda tener. Finalmente, asegúrese de que la habitación esté oscura, silenciosa y pacífica. Si, por alguna razón, se despierta y no puede dormir, escriba un diario o incluso ejercicios de respiración. Si su preocupación lo mantiene despierto, anótelo y déjelo ir. Cuanto mejor duerma, mejor se sentirá al día siguiente y superará sus miedos.

Métodos alternativos para la relajación

Veremos algunos métodos tradicionales que puede utilizar para lidiar con la ansiedad y el estrés. Estos métodos están menos investigados científicamente que las técnicas presentadas hasta ahora, pero son reconocidos por muchas personas que enfrentan la lucha diaria de la ansiedad. Hable sobre cambios importantes en la dieta o tome medicamentos a base de hierbas con su médico antes de continuar, ya que él puede informarle sobre la salud o las interacciones entre medicamentos. Estos métodos, combinados con técnicas previamente introducidas como la meditación, el yoga y la alimentación, pueden mejorar significativamente su estado de ánimo y crear una vida más pacífica y feliz.

La aromaterapia se refiere a la antigua práctica de usar aceites esenciales de sabor para aliviar el estado de ánimo. La aromaterapia, ahora considerada una forma de "medicina alternativa", puede ser útil para tratar la ansiedad al crear una atmósfera relajada de relajación. De hecho, siempre se utiliza la aromaterapia. Cuando lo piensas: usamos perfume, jabón y champú perfumado, ambientador y velas perfumadas sin pensarlo. ¿Por qué usamos este producto? ¡Porque, por supuesto, huele bien! A pesar de la falta de investigación que respalde la aromaterapia como medicina alternativa, es difícil negar las agradables cualidades fragantes para el estado de ánimo y los sentidos.

Puede comprar aceites esenciales en supermercados, tiendas de hierbas o en línea. Sin embargo, no tiene por qué limitarse a los aceites esenciales. Si encuentra una vela perfumada que le guste, ¡úsela! La aromaterapia es perfecta para baños calmantes, sesiones de meditación y sesiones de visualización, ¡siempre que esté bien ventilado, para que no tenga sobrepeso! La siguiente lista contiene aceites esenciales que se sabe que brindan una fragancia relajante y se recomiendan para personas con ansiedad:

1. Ylang Ylang: Ylang Ylang es un aceite esencial extraído de la flor de una planta conocida como "árbol del perfume".

Además de la ansiedad, el ylang-ylang se utiliza como aceite esencial para aliviar la hipertensión y normalizar los problemas de la piel. Este es un ingrediente asombroso de Chanel No. 5, por lo que no se puede decir que los "Eastern Mystics" aprecien el aroma de la flor de Ylang Ylang. Efecto calmante, este aceite ayuda a aliviar el estrés.

2. Bergamota: La bergamota es un aceite esencial del árbol de la bergamota naranja, que crece en el sur de Italia y Francia. La bergamota se usa a menudo en el té Earl Grey, otro ejemplo de "aromaterapia" que se usa en el producto principal. El olor a bergamota es anaranjado y elevado; esto funciona bien para calmar los nervios.

3. El sándalo proviene del sándalo, que se cosecha y corta y se ha utilizado como aceite esencial durante siglos. Se ha utilizado principalmente en los rituales religiosos de muchas religiones chinas, indias y japonesas. Tiene una fragancia almizclada, amaderada y tiene un efecto calmante sobre el sistema nervioso.

4. Manzanilla. ¡No solo para el té! La manzanilla tiene una fragancia dulce y ligeramente afrutada y proviene de las flores de manzanilla romana. Si eso sucede en el jardín, ¡debería considerar cultivar manzanilla porque el aroma realmente ilumina el jardín! Las flores de manzanilla se pueden descomponer en té o destilar en aceites esenciales. El aceite de manzanilla y el té de manzanilla son ideales para calmar la mente y reducir el estrés.

5. Lavanda: La lavanda se ha relacionado con los analgésicos durante años. La lavanda proviene de la familia de la menta y crece en todo el mundo. Se puede utilizar en alimentos, té y aceites esenciales. La lavanda es un aroma de estrés popular que generalmente se encuentra en velas aromáticas, sales de baño y perfumes.

6. El geranio se eleva: esta es otra flor comúnmente utilizada en la industria del perfume, las rosas saludables, se planta principalmente para refinar en Sudáfrica debido a su aceite. Geranium Rose es ideal para crear una atmósfera relajante y también se usa para equilibrar las hormonas.

Estos son solo algunos de los aceites esenciales que se usan comúnmente para tratar la ansiedad y el estrés. Si te gusta la aromaterapia, te recomiendo que investigues más y encuentres más aromas que te den una mejor sensación de calma y relajación.

Hipnoterapia

La hipnoterapia incluye hipnosis, como su nombre indica. El Dr. John Kappas, fundador del Hypnosis Motivation Institute, define el papel de un hipnoterapeuta de la siguiente manera: "Causar que el estado hipnótico del cliente aumente la motivación o cambie el comportamiento: póngase en contacto con el cliente para determinar la naturaleza del problema. Esto prepara que el cliente entre en el estado hipnótico explicando cómo está funcionando la hipnosis y lo que experimentará el cliente. Pruebas para determinar el nivel de sugestión física y emocional. Los métodos y técnicas de hipnosis individuales basados en la interpretación de los resultados de las pruebas y el análisis de los problemas del cliente pueden entrenar a los clientes en sí mismos. -hipnosis.

La hipnoterapia se puede utilizar para superar los miedos básicos y los miedos que provoca. Al mismo tiempo, al igual que la terapia cognitivo-conductual, también se utiliza como enfoque inicial de la terapia de exposición. Hoy en día, la hipnoterapia se usa a menudo para controlar y apoyar la ansiedad, la depresión, las fobias, el insomnio y las adicciones. Para encontrar un hipnoterapeuta certificado, consulte en línea, pida ayuda a un amigo y discuta este método específicamente con su terapeuta. Él puede recomendar un hipnoterapeuta, o al menos discutir los pros y los contras de esta forma de terapia.

Acupuntura

La acupuntura se originó en la antigua China e implicó el uso de pequeñas agujas insertadas en puntos de acupuntura en la piel. La razón de la acupuntura es liberar la energía almacenada en los meridianos del cuerpo, creando así equilibrio. Los estudios científicos actuales muestran que la acupuntura tradicional reduce eficazmente el dolor y las náuseas. Aunque los estudios no muestran categóricamente la eficacia de la acupuntura para aliviar la ansiedad, muchos pacientes han encontrado útil esta práctica.

Si está interesado en probar los beneficios de la acupuntura, asegúrese de realizar una investigación adecuada sobre su médico. Los acupunturistas en los Estados Unidos deben participar en un programa acreditado y tener una licencia por 3-4 años. Los falsos acupunturistas, como los falsos quiroprácticos, pueden hacer más daño que bien. Asegúrese de que su acupunturista esté calificado, tenga un historial de paciente satisfecho y tenga licencia.

Meditación y sus beneficios

La meditación es una práctica convencional; sin embargo, se ha adoptado para ayudar a controlar la ansiedad durante las últimas décadas. Según la investigación, la meditación es un tratamiento eficaz para abordar el estrés y controlar los síntomas de ansiedad, fobias, depresión y trastorno de pánico. La meditación es un antídoto para la disfunción respiratoria y es una forma eficaz de posicionar la mente, el cuerpo y la respiración.

Contamos con diferentes escuelas de Meditación, aunque la práctica más común y aceptada es la Meditación Trascendental. Ofrece una relajación profunda. La Meditación Trascendental fue desarrollada por Maharishi Mahesh Yogi y fue ampliamente aceptada por la cultura occidental en las décadas de 1960 y 1970.

La Meditación Trascendental es una forma de Meditación que utiliza un mantra o sonido con una práctica de 20 minutos, dos veces al día. La Meditación Trascendental no requiere ninguna

Se han realizado más de 600 investigaciones sobre la Meditación Trascendental y se ha demostrado que mejora los efectos emocionales, físicos y cognitivos del estrés y la ansiedad. Al observar estos atributos, puede estar de acuerdo en que es la mejor opción para adoptar. La meditación es rentable, no tiene efectos secundarios y es fácil de ajustar cuando se trata de controlar la ansiedad. Mirando estas cualidades, será recomendable considerar esta opción.

¿Cómo empiezo?

Hay formas de encontrar un centro de meditación e instructores en los Estados Unidos. También puede consultar a través de la YMCA local para obtener información, revisar el bloc de notas, navegar por Internet y solicitar referencias de amigos y familiares. No es necesario que abandone la comodidad de su hogar para iniciar el proceso de meditación. Hay libros, audiolibros, videos y recursos de Internet que pueden guiarlo a través del proceso.

Para comenzar su meditación básica sin un mantra, puede comenzar con el siguiente proceso:

Ø Encuentra el momento y el lugar adecuados

Tómate veinte minutos para esta sesión, busca una distracción tranquila, solitaria y libre. Apague todo lo que pueda distraerlo, como la radio, el teléfono celular y otros dispositivos que puedan distraerlo fácilmente.

Ø Ponte en una posición cómoda

A la gente le gusta imaginarse la posición del loto completo cuando se le viene a la mente la meditación. Si bien se considera que esta es una posición eficaz para meditar, no es necesario. Puede realizar diferentes tipos de meditación mientras está acostado, sentado, de pie y caminando. Para posición acostada. Acuéstate en el piso; recueste su espalda en el piso. Puede utilizar una estera de yoga o una manta, según su elección. Quizás te preguntes por qué suelo y no una cama. Puedes sentir la sensación de tu cuerpo contra el suelo. Con esta posición, puedes sentir tu respiración entrando y saliendo de tu cuerpo. Acuéstese con las palmas hacia arriba y los brazos a los lados. Tus piernas deben estar en el suelo; Si no se siente cómodo, puede colocar una almohada debajo de las rodillas para ayudar a equilibrar su banco.

Ø Cierra los ojos y relájate

Esto parece fácil, ¿verdad? Hay muchos consejos que pueden ayudarlo a relajarse. Concéntrate en tu respiración. Preste atención a su inhalación y exhalación. Es normal sentirse distraído; sin embargo, debes concentrarte en tu respiración y dejar ir los pensamientos. No hay necesidad de culparte o castigarte por pequeñas cosas. Solo concéntrate en tu respiración.

CHAPTER 32:

Terapia de conducta cognitiva

La terapia cognitivo-conductual es un tratamiento de psicoterapia que ayuda a las personas a manejar sus problemas al comprender sus pensamientos y comportamientos y, en última instancia, cambiarlos para mejor. Le permite absorber todas las creencias y prácticas que no le son útiles y reemplazarlas por aquellas que realmente le benefician.

Muchos estudios han demostrado que la terapia cognitivo-conductual puede ser uno de los tratamientos más efectivos para la ansiedad, la depresión y otros trastornos. Se utiliza principalmente para tratar diversas enfermedades, incluidas la adicción, las fobias, la depresión y la ansiedad. Se sabe que esta terapia en particular supera a la mayoría de los otros tratamientos en su efectividad y capacidad para curar a las personas. Sin embargo, es posible que no aprecie el poder de la terapia cognitivo-conductual hasta que la vea en acción. Si lo estudia, verá cuán razonable es este enfoque. Los terapeutas reconocen que la terapia cognitivo-conductual no solo les ayuda a tratar a los pacientes, sino que también los beneficia personalmente a largo plazo.

La terapia cognitivo-conductual se desarrolló inicialmente específicamente para el tratamiento de pacientes con depresión. Sin embargo, su uso ha aumentado a lo largo de los años y la terapia cognitivo-conductual ha ayudado a personas con varios tipos de problemas. Funciona como una intervención psicosocial que se centra en cambiar los pensamientos, creencias y comportamientos negativos aumentando la capacidad de procesamiento emocional y desarrollando mejores estrategias de afrontamiento.

Cuando las personas se vuelven más conscientes de sus pensamientos, les ayuda a realizar cambios significativos en sus vidas. Este cambio puede parecer pequeño al principio, pero el impacto es sustancial. La mayoría de las personas experimentan ansiedad, cambios de humor, estrés, etc. En algún momento de su vida. Si lo piensa bien, la terapia cognitivo-conductual puede ayudarnos a todos. Las herramientas de terapia cognitivo-conductual ayudan a superar muchos problemas y evitar que vuelvan a aparecer en el futuro.

Las personas tendrán diferentes motivos para buscar terapia cognitivo conductual. Muchos de ellos pueden haber probado otros tratamientos, pero no los han encontrado lo suficientemente útiles. Algunos pueden haber notado que aún evitan situaciones incómodas cuando se enfrentan a ellas. Algunas personas quieren alejarse del hábito de la autocrítica con amor propio. Algunas personas pueden no ser plenamente conscientes de sus problemas o pueden ser rechazadas. Sin embargo, muchas personas que quieren iniciar la terapia cognitivo-conductual son conscientes de sus problemas y buscan herramientas o habilidades que les ayuden a afrontarlos de una vez por todas. Saben que la terapia cognitivo-conductual puede ser un tipo de terapia que puede ayudarlos a transformar el conocimiento existente en un cambio real. Recomiendo la terapia cognitivo-conductual a la mayor cantidad de personas posible, siempre porque sé cómo funciona y creo que puede ayudar más.

Algunas personas no buscan terapia o ayuda profesional porque piensan que su problema es demasiado grande para que un terapeuta lo resuelva. Cree que un psicólogo o terapeuta solo puede ayudar a alguien con insomnio a obtener una receta para algunas pastillas para dormir. No confían en nadie para entender o resolver sus problemas que parecen mayores. Sin embargo, mantener estas cosas bloqueadas solo te dañará. Todos pueden beneficiarse de la terapia cognitivo-conductual de una forma u otra. Es posible que esto no resuelva todos sus problemas y desaparezca por completo, pero lo ayudará a manejar su lucha mucho mejor.

Si desea comenzar la terapia cognitivo-conductual con algún apoyo, le recomendamos que busque un buen terapeuta. Mire a su alrededor y pida recomendaciones a las personas. Encuentra a alguien que te haga sentir cómodo, incluso si te desafía a cambiar para mejor. Un buen terapeuta te escuchará y confirmará tu punto de vista. Te desafían suavemente cuando es necesario, pero también te ofrecen un lugar seguro para hablar abiertamente sin ser juzgado. Conocerás a un buen terapeuta cuando conozcas a uno.

Si observa los principios de la terapia cognitivo-conductual, encontrará que se basa en los principios de la psicología cognitiva y la psicología conductual. Sin embargo, la terapia cognitivo-conductual se centra más en el problema y toma medidas para resolverlo. Este es un concepto mucho más nuevo que otros programas de psicoterapia más antiguos. Cayó en la segunda ola de psicoterapia y su popularidad solo creció.

Por ejemplo, al principio, los terapeutas se enfocan en examinar el comportamiento de una persona para encontrar el significado oculto detrás de él, y esto les ayuda a diagnosticar el problema. En la terapia cognitivo-conductual, sin embargo, el terapeuta se enfocará más en tratar los problemas que resultan específicamente de la enfermedad mental del cliente. Las estrategias efectivas ayudan a los pacientes a lograr objetivos específicos. Se sabe que estas estrategias de terapia cognitivo-conductual reducen los síntomas de los trastornos que encuentran y mejoran su estilo de vida. Contiene mecanismos de superación del entrenamiento y algunas habilidades que ayudarán a reducir los efectos de esta enfermedad diagnosticada. La teoría de la terapia cognitivo-conductual muestra que la mayoría de los trastornos mentales están relacionados con distorsiones de los procesos de pensamiento y la conducta incorrecta. Por lo tanto, La terapia se enfoca completamente en cambiar la mentalidad para que no conduzca a un comportamiento inmoral. Entonces, ve que la terapia cognitivo-conductual se enfoca menos en diagnosticar ciertas enfermedades que en encontrar soluciones al dolor del paciente.

Otra ventaja de la terapia cognitivo-conductual es que es beneficiosa incluso cuando no se utiliza psicofármaco. Este tipo de tratamiento se puede utilizar para recuperarse de adicciones leves, estrés, ansiedad y trastornos de la personalidad. La terapia cognitivo-conductual también ayuda a los adultos o niños que pueden mostrar tendencias agresivas y les ayuda a mejorar su comportamiento. Este medicamento se usa en combinación con la terapia cognitivo-conductual si el cliente padece una de las enfermedades más graves. Por ejemplo, lo más probable es que un terapeuta recete medicamentos psiquiátricos si una persona tiene depresión grave, trastorno bipolar u TOC. Todos los residentes de psiquiatría tienen formación obligatoria en terapia cognitivo-conductual y psicoterapia interpersonal durante sus cursos.

Como se mencionó, la terapia cognitivo-conductual es una combinación de terapia conductual y terapia cognitiva. Tratemos de entender lo que contiene cada uno.

Terapia cognitiva

Esta terapia fue desarrollada por primera vez por un psiquiatra estadounidense llamado Aaron T. Beck. Dijo que había una relación entre los pensamientos y sentimientos de una persona y su comportamiento. Por lo tanto, sería ineficaz examinar cada aspecto individualmente y es mucho mejor realizar un estudio conjunto. Según él, esta será una forma más efectiva de comprender al cliente y diagnosticar su condición. Solo se puede ofrecer la atención adecuada si se diagnostica la condición adecuada. Así es como se desarrolla la terapia cognitiva. Se centra en el pensamiento y el comportamiento actuales, junto con la comunicación. Se centra menos en las experiencias pasadas de una persona y, en cambio, les ayuda a aprender a lidiar con los problemas actuales. Se pueden tratar varios problemas con terapia cognitiva. Estos incluyen ansiedad, depresión, trastornos alimentarios, pánico y abuso de sustancias.

Terapia de comportamiento

La terapia conductual implica estudiar patrones de comportamiento para comprender el estado mental de uno. En cambio, este es un término general para varios tipos de terapia de salud mental. Se enfoca en identificar y cambiar el comportamiento poco saludable y posiblemente autodestructivo de alguien. El principio básico es que él cree que cada práctica se aprende y cada comportamiento dañino se puede aprender y cambiar. Con esta terapia se observa el comportamiento individual en respuesta a diferentes estímulos y diversos tipos de situaciones. El terapeuta se centrará en múltiples afecciones que suele experimentar en la vida cotidiana. Esto les ayuda a identificar la causa del problema y luego puede ayudar a los clientes a encontrar formas de resolverlo y resolver el problema.

La combinación de terapia conductual y terapia cognitiva se ha convertido en uno de los mejores métodos de psicoterapia en los últimos años. En lugar de probar un tratamiento, el terapeuta puede combinar dos terapias efectivas para obtener mejores resultados. La terapia cognitivo-conductual enfatiza que la lógica y la razón no pueden ser los únicos factores en el tratamiento de los trastornos mentales. También deben considerarse otras barreras lógicas. En cuanto a la salud mental, tampoco es posible tratar los problemas de tratamiento de forma individual. Es necesario abordar varios factores y se deben probar diferentes tratamientos para alcanzar el objetivo y resolver el problema.

Historia de la terapia cognitivo-conductual

Varios aspectos de la terapia cognitivo-conductual provienen de muchas tradiciones filosóficas diferentes de la antigüedad. Una de las principales fuentes de influencia es el coraje, y de él se adoptan muchos principios de la terapia cognitivo-conductual. El estoicismo enseña que la lógica puede usarse para deshacerse de todas las creencias falsas que conducen a emociones destructivas en una persona. Aquí puede ver similitudes con la identificación y el tratamiento de sesgos cognitivos. Este estoicismo es citado a menudo por Aaron T. Beck, conocido como el padre de la terapia cognitiva. Algunas personas famosas que apoyan la terapia cognitivo-conductual son Albert Ellis y John Stuart Mill. Uno de los primeros terapeutas en recomendar la terapia cognitiva fue Alfred Adler. Su trabajo luego influyó en Albert Ellis, quien más tarde desarrolló terapias para el comportamiento emocional racional. Este tratamiento REBT es la primera psicoterapia basada en el conocimiento. Beck es la persona que dijo que la teoría de Freud no se aplicó caso por caso y que un pensamiento específico puede causar estrés emocional en todos.

La terapia cognitiva se desarrolla a través de esta forma de pensar, y aquí se refiere al pensamiento automático. El estudio de condicionamiento fue realizado por Rayner y Watson alrededor de 1920. Ésta es una parte integral del estudio de la conducta. La terapia cognitiva se estableció alrededor de 1960, pero la terapia conductual existe desde principios del siglo XX. Se han utilizado investigaciones más prolongadas para desarrollar aún más la terapia conductual de Joseph Wolfe.

En los años siguientes, se realizaron muchas investigaciones con personas como Glen Wilson y Arnold Lazarus. Watson, Pavlov y Hull presentaron teorías que inspiraron muchas investigaciones sobre la terapia cognitiva y conductual, que se utilizan de inmediato en varios países del mundo. El trabajo de Joseph Wolfe es importante para sentar las bases de las técnicas de reducción de la ansiedad que se utilizan en la actualidad. Rother y Bandura son otros participantes cuya tarea principal es la teoría del aprendizaje social. Muestran cómo el conocimiento influye en el aprendizaje y el cambio de comportamiento. El énfasis en los factores conductuales contribuye a la primera ola de terapia cognitivo-conductual. El REMT y la terapia cognitiva desencadenan una segunda ola. La tercera ola es el resultado de mezclar aplicaciones técnicas con teorías conductuales y cognitivas.

CHAPTER 33:

El poder de la terapia cognitiva

L a razón por la que la terapia cognitivo-conductual es tan eficaz es que no se parece a otras formas de tratamiento. Toma su problema y lo disecciona hasta la raíz para que pueda resolver la situación, no solo encontrar una solución rápida. Hay formas en que puede sentirse mejor en el momento, pero cuando tiene perspectivas negativas continuas, será difícil encontrar una solución que se adhiera y no solo algo que brinde un alivio temporal.

La terapia cognitivo-conductual utiliza su propia mente para tratar de ayudarlo a cambiar su forma de pensar. Cuando pueda encontrar ese tipo de resolución y no solo una que lo haga sentir mejor en el momento, habrá resultados a largo plazo.

Examina la causa raíz sin solo brindarle una solución rápida. Piense en ello como en cualquier otra enfermedad. Puede tomar Tylenol, ibuprofeno u otro analgésico para sentirse mejor, pero si en realidad no trata lo que lo enferma, solo empeorará las cosas.

Puede poner una curita en un corte, pero si no se trata correctamente, aún podría infectarse y causar más problemas de salud. CBT tiene como objetivo ayudarlo a encontrar una resolución, una solución y algo útil que pueda usar, sin ningún otro efecto secundario negativo. No será fácil para todos, pero es algo que podría ayudar a todos si se esfuerzan por cambiar.

Recuerde que la terapia cognitivo-conductual no es algo que siempre podrá hacer por su cuenta. Puede haber momentos en los que necesite pedir ayuda y nunca tenga miedo de hacerlo. Incluso si tiene un círculo social pequeño, no puede acceder a ayuda profesional o tiene miedo de comunicarse, siempre hay herramientas en línea que puede usar para ayudarlo a superar su depresión y ansiedad.

La parte más importante de la terapia cognitivo-conductual es tener compasión. Tienes que asegurarte de no ser demasiado duro contigo mismo. Si pasa demasiado tiempo tratando de ser perfecto o asegurándose de que se está recuperando de la manera correcta, solo se retrasará más. Es esencial asegurarse de que se está tratando a sí mismo con tanta amabilidad como lo haría con cualquier otra persona que esté pasando por el mismo proceso.

Al elegir este libro (o su dispositivo de lectura) en primer lugar, ya ha demostrado su amor. Ha admitido que hay un problema y que debe solucionarse. Has aceptado que es hora de un cambio y que estás listo para una nueva perspectiva y una nueva oportunidad en la vida.

Odiarte a ti mismo puede ser agotador. Si pasas tanto tiempo siempre rompiéndote, llegas a un punto en el que ya ni siquiera ves tu propio propósito. Cuando nos hagamos sentir que no merecemos nada, comenzaremos a creerlo, y puede causar serios problemas, tanto mental como físicamente, en el futuro.

Asegúrese de darse períodos de tiempo realistas para lograr objetivos específicos. No ejerza demasiada presión para cambiar de inmediato. Después de leer este libro, es posible que ya se sienta iluminado. Es posible que haya llegado a un punto en el que se sienta mejor instantáneamente y ahora tenga las herramientas para avanzar hacia un camino hacia la mejora. Todavía habrá momentos que te desafíen y momentos en los que tengas los mismos pensamientos que te llevaron a tomar el libro en primer lugar. Recuerda siempre que eres más fuerte que tu pensamiento más negativo y continúa hacia un camino de recuperación. Sea paciente consigo mismo para no esperar demasiado y decepcionarse cuando no alcanza metas poco realistas.

Si tiene un momento en el que vuelve a caer en los viejos hábitos, no se castigue por ello. De hecho, espere estos momentos para no sentirse completamente perdido si suceden. Tener expectativas demasiado bajas puede sonar deprimente para algunas personas, pero si las establece demasiado altas, corre el riesgo de fracasar igualmente si no se esfuerza en absoluto en primer lugar.

Míralo como si estuvieras perdiendo peso. Si intenta forzarse a perder veinte libras en una semana, tendrá que pasar por algo gravemente insalubre o no alcanzará esos objetivos y tendrá un sentimiento general de desánimo. Sea realista con sus metas y luego tómese un poco más de tiempo. No hay prisa. La vida es corta, pero puede desperdiciarse fácilmente si pasa demasiado tiempo rumiando y pensando en todos sus arrepentimientos.

Usando su enfermedad mental

"¿Por qué está pasando esto?" O "¿Por qué a mí?" va a ser un pensamiento común entre las personas deprimidas. Es difícil no cuestionar por qué puede estar experimentando algo que otros nunca entenderán. Si no conoce a otras personas que estén deprimidas, puede ser una sensación de mucha soledad. Es posible que a menudo se pregunte por qué no puede simplemente ser normal, como lo haría con cualquier otra dolencia o cualidad que lo distinga de la norma.

Aunque es posible que desee poder retroceder en el tiempo y nunca tener que experimentarlo en primer lugar, encuentre una manera de estar feliz de tenerlo ahora. La depresión y la ansiedad no son divertidas. Nadie está emocionado de tener continuamente pensamientos ansiosos o sentimientos depresivos. Sin embargo, podemos encontrar un significado dentro de ellos y ver estas enfermedades como parte de nuestro carácter. Lo que no nos destruye puede hacernos más fuertes, pero también nos da perspectivas que nadie más tendrá.

Por supuesto, nunca nos emocionaremos por estar deprimidos o ansiosos. Pero mirar algo solo de manera negativa puede hacerte sentir muy desesperado. Hasta que encontremos una manera de viajar en el tiempo, no hay vuelta atrás. No puedes revertir el tiempo y arreglar las cosas de las que te arrepientes. En cambio, podemos mirar las experiencias que hemos tenido y relacionarlas con las formas en que hemos crecido.

Si vives en un lugar cálido toda tu vida, es posible que nunca aprecies por completo la luz del sol si no sabes lo que significa estar atrapado en una tormenta de nieve. Agradezca tener una nueva perspectiva de la vida.

A veces, las personas con ansiedad tendrán mejores procesos de pensamiento. Es posible que tenga ansiedad todo el tiempo, pero también ha adquirido la capacidad de estar preparado para situaciones específicas. También le han enseñado ahora cómo manejar algunos de sus sentimientos. Al verse obligado a expresarse a través de un diario, incluso ha tenido la oportunidad de comprender cómo discutir adecuadamente las emociones, en lugar de mantenerlas encerradas durante tanto tiempo.

Incluso las personas sin depresión crónica y ansiedad podrían usar algunas herramientas de terapia cognitiva conductual solo para ayudarlos a navegar más fácilmente en general. Si no está deprimido en absoluto y toma Prozac, podría terminar haciéndolo sentir mal. Pero si usa TCC o consulta a un terapeuta y no está deprimido, es posible que tenga pensamientos automáticos que todavía afectan su vida.

Creatividad

Aquellos que experimentan una enfermedad mental a menudo también serán más creativos que otros. Han adquirido la capacidad de ver las cosas desde una perspectiva completamente diferente. Eso no significa que alguien que no ha luchado contra una enfermedad mental no pueda ser creativo, pero sigue siendo un hermoso resultado de algo tan trágico.

Cuando está deprimido, es más probable que se cuestione el significado y se pregunte por qué algo es como es. Si pasas por la vida moderadamente satisfecho, es posible que nunca tengas que enfrentarte a la realidad o cuestionar algunos de tus pensamientos. Cuando estás deprimido y ansioso, tienes que mirarte en el espejo y reflexionar sobre el pasado, ayudándote a crecer como individuo desde dentro.

Aquellos que están ansiosos tienen habilidades creativas para hacer predicciones. ¡No hay nadie mejor para inventar historias locas que una persona ansiosa que ha pensado en todos los resultados posibles! Encuentre una manera de utilizar su enfermedad mental para expresarse, ya sea a través de la música, la pintura, el dibujo, la escritura o algún otro medio creativo.

Si sientes que no tienes un hueso creativo en tu cuerpo, eso no significa que aún no puedas expresarte. Quizás puedas ser un mentor, un maestro, un cocinero, un organizador, un gerente o un coordinador.

Cuando utiliza la terapia cognitivo-conductual para superar sus pensamientos, se convierte en su propio líder. Cuando haga esto, podrá tener mejores las herramientas necesarias también para liderar a otros.

CHAPTER 34

Beneficios de la terapia cognitivo-conductual

En primer lugar, es sorprendente que esta terapia pueda ayudar en el tratamiento de tantas condiciones diferentes. A medida que comprenda mejor la terapia cognitivo-conductual, es posible que sienta curiosidad por saber exactamente para qué se puede tratar. A diferencia de lo que algunos creen, la terapia cognitivo-conductual en realidad se puede usar para tratar bastantes afecciones diferentes. También se utiliza como terapia adicional, junto con otros tratamientos, para diversas enfermedades para ayudar al cliente a curarse más rápido y mejorar su estilo de vida. Las siguientes son algunas de las afecciones comunes que se pueden tratar con la ayuda de la terapia cognitivo-conductual.

Entre muchas otras condiciones, se encuentran las siguientes:

- Depresión

- Distimia

- Trastornos de la alimentación

- Abuso de sustancias

- Desórdenes de ansiedad

- Trastornos del sueño

- Desorden de personalidad

- Problemas de agresión

- Problemas de ira

- Fatiga cronica

- Trastornos psicóticos como la esquizofrenia

- Dolor muscular

- Trastornos de la somatotropina

- Comportamiento criminal

Las investigaciones han demostrado que la terapia cognitivo-conductual se ha utilizado con éxito en el tratamiento de estas afecciones durante mucho tiempo. La terapia cognitivo-conductual ha mostrado tasas de respuesta más altas en comparación con otras terapias utilizadas para el tratamiento de estas afecciones. Esta es la razón por la que los psicoterapeutas de todo el mundo tienden a recomendar la terapia cognitivo-conductual en particular a sus pacientes.

Los siguientes son algunos de los beneficios importantes de la terapia cognitivo-conductual:

Ayuda a reducir los síntomas de depresión y ansiedad.

El tratamiento más conocido para la depresión es la terapia cognitivo-conductual. Numerosos estudios muestran cuán beneficiosa es esta terapia en particular para aliviar los síntomas de la depresión, como la falta de motivación o la sensación de desesperanza. Este tratamiento es a corto plazo, pero reduce el riesgo de recaídas en el futuro. Ayuda a aliviar la depresión porque facilita los cambios en el proceso de pensamiento de la persona. De ahí que dejen de pensar negativamente y traten de ser más positivos. La terapia cognitivo-conductual también se usa junto con medicamentos contra la depresión. Algunos terapeutas también lo recomiendan para pacientes que sufren depresión posparto. Estas son las afecciones que se tratan con mayor frecuencia con la terapia cognitivo-conductual. La depresión se ha convertido en una condición prevalente en la última década. A medida que se elimina lentamente el estigma sobre la salud mental, cada vez más personas están siendo diagnosticadas con esta condición. Las causas pueden variar, pero los síntomas son en su mayoría los mismos y tiene un impacto muy negativo en la persona que lo padece. La depresión puede ser el resultado de algún evento traumático o incluso surgir de la nada. No obstante, es fundamental validar esta condición y brindarle a la persona la ayuda que necesita. Las vidas agitadas que llevamos también hacen que muchas personas tengan problemas de ansiedad. La terapia cognitivo-conductual es beneficiosa para superar estas dos condiciones y ayudar al cliente a llevar una vida más feliz. es fundamental validar esta condición y brindarle a la persona la ayuda que necesita. Las vidas agitadas que llevamos también hacen que muchas personas tengan problemas de ansiedad. La terapia cognitivo-conductual es beneficiosa para superar estas dos condiciones y ayudar al cliente a llevar una vida más feliz. es fundamental validar esta condición y brindarle a la persona la ayuda que necesita. Las vidas agitadas que llevamos también hacen que muchas personas tengan problemas de ansiedad. La terapia cognitivo-conductual es beneficiosa para superar estas dos condiciones y ayudar al cliente a llevar una vida más feliz.

Ayuda a tratar los trastornos de la personalidad

Cada persona tiene su propia personalidad única con la que otros la identifican. La forma en que te encuentras con los demás refleja tu personalidad. Cada persona tendrá buenas características específicas, junto con algunas malas características. Cuando una persona muestra más de lo malo, su personalidad parece no ser atractiva para quienes la rodean. Esto puede hacer que se enfrenten a varios problemas sociales. La terapia cognitivo-conductual puede ayudar a mejorar tales rasgos negativos y desarrollar más características positivas que beneficiarán a la persona y la harán popular entre otros. La terapia cognitivo-conductual se puede utilizar para mejorar la personalidad general de una persona, así como para tratar varios trastornos de la personalidad que son una preocupación mucho más grave.

Ayuda en el tratamiento de los trastornos alimentarios.

Según la investigación, los trastornos alimentarios tienen algunos de los indicadores más sólidos de la terapia cognitivo-conductual. La sociedad actual pone mucho énfasis en la apariencia, y esto hace que las personas sean mucho más conscientes de cómo se ven y cuánto comen. Esto es especialmente cierto para las mujeres de todo el mundo. Este es uno de los factores que causa los trastornos alimentarios. Pueden desarrollar estos trastornos para perder peso o incluso como reacción al estrés y la ansiedad.

La mayoría de los trastornos alimentarios se clasifican en dos tipos. Un tipo es cuando una persona desarrolla una tendencia a comer mucho más de lo necesario. Esto puede hacer que la persona tenga sobrepeso y desarrolle problemas de peso. El segundo tipo es cuando la persona puede hacer lo contrario y comer muy poco. Esto puede causar problemas como anorexia o bulimia. Cabe señalar que estas afecciones también pueden ser fatales, a largo plazo, si no se tratan pronto. El cuerpo humano requiere una cantidad saludable de alimentos para sostenerse bien, y demasiado o muy poco puede causar diversas enfermedades en el cuerpo.

También hay personas que padecen un trastorno dismórfico corporal. Esto les hace ver su cuerpo diferente de lo que realmente es. Incluso cuando son delgados, pueden mirar su reflejo y criticarse a sí mismos por ser gordos. Debe comprender que este tipo de trastornos alimentarios están estrechamente relacionados con problemas de salud mental. Su cerebro juega un papel esencial en el desarrollo o prevención de tales problemas. Cuando hay un desequilibrio en ciertas hormonas en su cuerpo, se puede desarrollar cualquier tipo de trastorno alimentario. Es fundamental identificar la causa de cualquier trastorno alimentario y ayudar a la persona a superarlo. Aquí es donde entra la terapia cognitivo-conductual al encontrar la causa de cualquier problema y luego implementar técnicas que los ayuden a superar el problema.

La terapia cognitivo-conductual ha sido increíblemente eficaz para ayudar a las personas con trastornos alimentarios. Ha ayudado a identificar la causa subyacente de tales problemas y preguntas sobre por qué la forma y el peso se evalúan en exceso. La terapia cognitivo-conductual ayudará a una persona a mantener un peso corporal más saludable. Aprenderán a controlar el impulso de atracones o la tendencia a purgarse después de comer. Aprenderán a sentirse menos aislados y también aprenderán a sentirse más cómodos con los alimentos que, por lo general, pueden desencadenar su comportamiento poco saludable. La terapia de exposición les enseña a evitar comer en exceso incluso cuando su comida favorita está justo frente a ellos. La terapia cognitivo-conductual es especialmente útil para ayudar a los pacientes que padecen bulimia nerviosa. También ayuda a tratar afecciones que tampoco están especificadas.

Ayuda a controlar el abuso de sustancias y el comportamiento adictivo

En este punto, nadie está familiarizado con el abuso de sustancias. Las drogas se obtienen con demasiada facilidad y las personas tienden a abusar de sus privilegios cuando pueden. No importa dónde mire, verá que la marihuana, la metanfetamina, la cocaína y otras drogas similares se pueden obtener con bastante facilidad con un poco de dinero. Ir a los clubes o incluso caminar por algunas calles lo encontrará con distribuidores que lo convencerán de que pruebe estas sustancias nocivas. Mucha gente piensa que está bien probarlo una vez, pero es un hecho bien conocido que una vez es solo el comienzo de un hábito.

La mayoría de las personas no ejercen control sobre el consumo de tales sustancias y las muertes por sobredosis se han incrementado alarmantemente a lo largo de los años. Tomar estos medicamentos puede hacer que la vida de una persona sufra un cambio muy drástico para peor. Los cambia, afecta su cuerpo y no tiene más que un impacto negativo en toda su vida. Pero para aquellos que buscan ayuda a tiempo, hay una manera de cambiar las cosas. La terapia cognitivo-conductual es una de las terapias más conocidas que se utilizan para ayudar a los adictos a superar su adicción. El enfoque exacto puede ser diferente para cada persona, pero la terapia cognitivo-conductual puede ayudar a la mayoría de los adictos a superar esas adicciones dañinas. Aprenderán a controlar sus pensamientos, resistir los impulsos y emprender acciones que solo beneficiarán su bienestar. Y aunque llevará tiempo

Hay muchas investigaciones que indican que la terapia cognitivo-conductual es eficaz para ayudar a las personas adictas al cannabis, los opioides, el alcohol, el tabaquismo e incluso los juegos de azar. Las habilidades que se enseñan durante la terapia cognitivo-conductual ayudarán a estas personas a controlar los impulsos y prevenir una recaída una vez finalizado el tratamiento. El enfoque conductual es más eficaz que cualquier tratamiento de control.

Ayuda a reducir los cambios de humor

¿Alguna vez te has sentido realmente bajo o muy alto? La respuesta será sí para la mayoría de las personas. Todo el mundo tiene cambios de humor, pero para algunos, no es de la manera habitual en que otros los experimentan. Tu estado de ánimo es tu estado mental actual y afectará cómo te sientes y qué haces. A veces, su estado de ánimo puede ser bueno y se siente muy feliz. Al momento siguiente, es posible que se sienta muy deprimido y muy infeliz. Si tiene problemas de cambios de humor, su estado emocional puede ser bastante inestable. La menor provocación puede hacer que te enojes y reacciones de mala manera. Es fundamental que las personas controlen mejor sus emociones y aprendan a procesarlas bien. De esta forma, sabrán reaccionar adecuadamente en diferentes situaciones. La terapia cognitivo-conductual es uno de los tratamientos que puede ayudar a las personas a lidiar con estos cambios de humor y a ser más estables emocionalmente.

Ayuda en el tratamiento de la psicosis.

¿Está familiarizado con este término? Es un estado en el que tu mente comienza a perder contacto con la realidad. En este estado, su mente es empujada a un mundo diferente que está lleno de sonidos o imágenes que lo adormecen en un letargo mental momentáneo pero profundo. Las personas con problemas de psicosis tienden a tener un contacto mínimo con otras personas. Su mente los engaña para que piensen de una manera muy diferente que no es saludable para ellos. La psicosis es más grave de lo que imagina. Puede empujar a la persona de tal manera que su forma de vida habitual cambie por completo y no para mejor. La terapia cognitivo-conductual se utiliza para ayudar a las personas que enfrentan problemas de psicosis. Se utiliza para identificar la causa raíz de este estado de ánimo y luego la terapia les ayuda a establecer una rutina que es más una forma de vida habitual.

Ayuda a mejorar la autoestima y aumenta la confianza en uno mismo

Hay muchas personas que sufren de baja autoestima o autoconfianza. Es posible que no tengan ninguna afección mental grave, pero tener una baja autoestima puede hacer que la persona tenga pensamientos muy negativos y destructivos. Estos pensamientos se reemplazan con afirmaciones positivas con la ayuda de la terapia cognitivo-conductual. Esta terapia ayuda a la persona a aprender mejores formas de lidiar con situaciones estresantes y cómo mejorar sus relaciones con los demás. La terapia cognitivo-conductual también les da la motivación para probar cosas nuevas. Las técnicas de terapia cognitivo-conductual ayudarán a la persona a mejorar sus habilidades de comunicación y desarrollar mejores relaciones.

También se pueden tratar muchas otras afecciones con la ayuda de la terapia cognitivo-conductual. Incluso hay personas que padecen más de una condición al mismo tiempo. También debe saber que, en ocasiones, esta terapia puede no ser eficaz para tratar completamente a alguien, pero de todos modos hace una gran diferencia positiva. Es por eso que siempre vale la pena probar la terapia cognitivo-conductual. La terapia cognitivo-conductual es una solución mucho más práctica que la mayoría de los otros tratamientos y ha ayudado a muchas personas a lo largo de los años.

CHAPTER 35:

Identifique su pensamiento negativo

La ansiedad social viene acompañada de pensamientos dañinos y destructivos. Debe ser observador para no lastimarse en el proceso. Es probable que el pensamiento negativo le robe la confianza que tiene y sienta que no puede soportar ir delante de la gente. Los pensamientos te infunden miedo y terminas evitando las reuniones sociales. Cuando siempre somete sus opiniones a pensamientos negativos, resultará en emociones negativas. Puede terminar haciéndolo sentir mal e incluso puede provocar depresión. Los pensamientos que tengas determinarán tu estado de ánimo durante todo el día. El pensamiento positivo te hará feliz y te sentirás bien. Encontrar una manera de reprimir los pensamientos negativos será de gran importancia para usted. Reemplácelos por otros positivos para que no lo atormenten. Algunos de los pensamientos negativos que acompañan a la ansiedad social son;

Pensando que la gente es mala

Cuando estás en un entorno social, cada persona tiende a estar ocupada con sus problemas. Puedes conocer a una persona tranquila y comenzar una amistad si puedes construir una buena relación. Cuando tiene ansiedad social, es probable que evite a las personas y piense que las personas no se preocupan por usted. Es posible que sienta que no ve que su importancia está ahí mientras es usted quien los está evitando. Cuando te encuentras en una situación así en un entorno social, es hora de que sepas que tienes que manejar tu ansiedad social. Eso te hará sentir que a las personas que te rodean no les agradas y te odian sin ninguna razón.

Preocupación innecesaria

Es obvio tener preocupaciones innecesarias cuando tiene ansiedad social. Incluso cuando llega a tiempo, siempre le preocupa llegar tarde. Darás una mala imagen por llegar tarde. Cuando estás en un entorno familiar, te preocupa que tu pareja te regañe por llegar tarde. Haces las cosas apresuradamente para no llegar tarde incluso cuando tienes tiempo suficiente para pensar. Cuando tengas a alguien más que te acompañe, harás que haga las cosas apresuradamente. Piensas que están consumiendo todo el tiempo y serán tu razón de llegar tarde. Incluso, a veces, los amenazará con dejarlos si no hacen las cosas más rápido de lo que ya están haciendo.

Cuando se te necesita para hacer una presentación, te preocupa si a la audiencia le va a gustar o no. No está seguro de si hay alguien más que lo haga mejor que usted. La preocupación te hará empezar a pensar que a tu jefe no le gustará lo que tienes incluso antes de que haga sus comentarios. Crees que no tienes nada emocionante que decir. La preocupación te hará perder fuerzas, y cualquier cambio que sientas te hará pensar que no estás preparado. Cuando comience a experimentar tal preocupación, debe saber que tiene ansiedad social. Necesita tener un enfoque que sea apropiado para manejar su estrés social para que no se convierta en algo peor.

Juzgarte a ti mismo

Juzgarte a ti mismo es lo peor que puedes hacer en tu vida, y eso te hará temer. Decidir si encontrarás personas complacientes o no te hará sentir mucha ansiedad social. Te pondrás nervioso cuando empieces a pensar en cómo las personas piensan sobre tu apariencia física. Juzgar cómo lo verán otras personas hará que su autoestima disminuya. Las personas que le preocupan pensarán que no se ve excepcional, es posible que no tengan interés en cómo se ve, sino en lo que tiene que ofrecer. A veces, la gente ignora los pequeños detalles que te hacen juzgarte innecesariamente.

Crítica

Siempre que sabes que te mezclarás con la gente, temes que te critiquen. Ni siquiera tienes una razón válida por la que te criticarán, pero crees que no es prudente que te unas a ellos. Es un pensamiento negativo y debes dejar de pensar en esa dirección. Nadie te va a criticar por ningún motivo, y eso no debe considerarse cercano a ti. Temerás ir a reuniones sociales y te negarás la oportunidad de aprender de tus compañeros socios. El miedo a las críticas te hará ser introvertido, y esto hará que quieras decir que extrañarás muchas cosas cuando elijas quedarte en casa. Cuando dices algo y consigues que alguien te desafíe, te ayudará a ser más creativo. La crítica no es mala a pesar de que a las personas con ansiedad social no les gusta una situación en la que están sujetas a críticas.

Los pensamientos negativos solo aumentarán la preocupación y el miedo en ti. Para que evites los pensamientos negativos, puedes practicar la terapia cognitivo-conductual. Eso reemplazará sus pensamientos negativos con aquellos que son precisos y alentadores. Aunque tomará bastante tiempo reemplazar los pensamientos negativos, practicar el pensamiento saludable todos los días hará que eso sea natural para ti. Si tiene ansiedad social y siente que todos los enfoques que utiliza no son útiles, busque la ayuda de un terapeuta. El pensamiento positivo le ayudará a sobrellevar la ansiedad social. Cuando notes que tienes pensamientos negativos que te perturban, debes tratar de eliminarlos con efecto inmediato. Filtra lo malo y céntrate en lo bueno. Para cambiar su forma de pensar, lo primero que debe hacer es intentar comprender cómo es su patrón de pensamiento en este momento. No se vea siempre como un fracaso porque eso nunca cambiará sus patrones de pensamiento. Cuando evite los pensamientos negativos, estará en una excelente posición para combatir la ansiedad social.

Prejuicio

Aunque es prudente pensar en el futuro, el arte de juzgar tiende a ser perjudicial. En otras palabras, el aspecto de prejuzgar situaciones tiende a ser peor, especialmente cuando se quiere decir lo contrario de las expectativas. En la mayoría de los casos, el trastorno de ansiedad social tiende a hacer que las personas decidan los resultados de una situación particular. Vale la pena señalar que se hace un prejuicio con respecto a la historia o más bien un pronóstico de lo que podría suceder en el futuro.

En la mayoría de los casos, las personas que se involucran en esta práctica son siempre negativas. Por lo tanto, pensarán mal de alguien y necesitarán acumular presión innecesaria sobre alguien. Hay casos en los que el juicio previo hace que uno piense demasiado en lugar de dedicar tiempo de calidad a mejorar sus vidas. En otras palabras, el prejuicio puede obligar a uno a cambiar todos sus aspectos en un intento de satisfacer las expectativas de los compañeros. Los pares, en la mayoría de los casos, demandarán o buscarán cosas cotidianas. Sin embargo, hay casos en los que el juicio previo predice un futuro cercano que aún no se ha cumplido. El aspecto hace que uno tema mientras se vislumbra una alternativa, así como formas de cumplir con las expectativas. Sin embargo, cuando las expectativas no se satisfacen, la ansiedad de lo que dirá la sociedad se acumula y uno puede perder rápidamente el enfoque.

Transferencia de culpa

Cuando una sociedad o los compañeros acumulan una presión innecesaria sobre alguien, las posibilidades de no dar en el blanco son relativamente fáciles. En otras palabras, uno pierde rápidamente el enfoque y pierde el punto. Como forma de evadir la vergüenza o más bien el castigo, las víctimas, en la mayoría de los casos, transfieren la culpa. Por ejemplo, si tiene problemas para tratar con académicos, la víctima puede comenzar a afirmar que el tiempo no fue suficiente para deliberar sobre todos los temas. Otros pueden asociar sus fallas con los cambios climáticos o la falta de condiciones favorables para el trabajo. Hay casos en los que las víctimas tienden a ser genuinas y afirman que las enfermedades son la causa de su fracaso. Sin embargo, el arte de transferir culpas de un punto a otro tiende a ser perjudicial y muestra signos de irresponsabilidad.

Dilación

Uno de los efectos significativos de la ansiedad social es que provoca que uno no pueda deliberar sobre los deberes y los transfiera a un día posterior. En otras palabras, la dilación se convierte en la orden del día. Sin embargo, vale la pena señalar que con la procrastinación, las expectativas nunca se cumplen. El miedo, así como la sensación de ansiedad, se instala. En otras palabras, la víctima comienza a sentirse como si fuera un fracaso en el colectivo y pierde el enfoque. Se pierde más tiempo mientras tratan de recobrarse. Se instala más miedo y la víctima puede terminar inquieta. La gestión inadecuada del tiempo es la causa principal de la postergación. En otras palabras, la falta de planificación hace que las personas sigan trabajando en los mismos problemas y se olviden de otros. Por ejemplo, los académicos pueden dedicar más tiempo a las materias que les gustan y olvidarse de las demás. En otras palabras, pueden terminar olvidándose de que todos los elementos serán examinados a largo plazo. Las sensaciones traen más miedo e inquietud.

CHAPTER 36:

Regenere su cerebro con relajación y terapia cognitiva

Aquí hay muchas pastillas que puede tomar para la ansiedad. Desafortunadamente, estos son solo alivios temporales que no solucionarán el problema de raíz.

Existe la posibilidad de que en este punto ya se sienta un poco mejor. A veces, todo lo que se necesita es compartir y confrontar sus sentimientos para tener una mejor percepción de sí mismo y de las cosas que lo desencadenan. Contarle a una sola persona sobre un trauma, un secreto o algo que temes puede hacerte sentir mejor. Tener que guardar todo eso en ti mismo puede causar mucha tensión. Esa es una responsabilidad adicional para la que es posible que no siempre tenga la capacidad mental.

Todo comienza con la identificación de las causas fundamentales. ¿Son problemas de imagen corporal de la sociedad o de tus padres? ¿Tuvo familiares abusivos que lo lastimaron física y mentalmente? Quizás fue un trauma significativo que le ha llevado a la depresión y la ansiedad en su vida adulta.

Asegúrese de tomar notas sobre cuáles son. Si algo se le viene a la cabeza, anótelo para que pueda volver a mirarlo más tarde. Recuerde que no podrá desentrañarlo todo de inmediato. Al principio, es posible que pueda mirar hacia atrás en su vida y ver la pérdida de un padre como la causa principal de algunos problemas. Una vez que explore eso, descubrirá otras pequeñas instancias que experimentó el afectado y cómo eso ha resultado en la forma en que piensa hoy.

Una vez que haya identificado la causa raíz, puede comenzar a ver cómo se ha manifestado en su vida. ¿Experimenta un trastorno obsesivo compulsivo después del abandono de los padres? ¿Tiene ansiedad social debido a sus problemas de imagen corporal? Cuando miramos el "qué" de nuestra enfermedad mental, podemos ver el "por qué" y viceversa. A veces, es posible que primero note sus hábitos antes que la causa, o tal vez ya sepa la razón y ahora puede usar eso para explicar su comportamiento ahora. De cualquier manera, es esencial asegurarse de ser consciente de esto para que pueda encontrar herramientas específicas de terapia cognitivo-conductual para superarlo.

Ahora es el momento de empezar a ver qué podemos hacer para cambiar estos pensamientos y sentimientos. En lugar de encontrar una solución rápida, tenemos que buscar soluciones a largo plazo que nos ayuden a superar el miedo y la ansiedad. Todos estos son métodos que no van a resolver todos sus problemas de inmediato. Son cosas que necesitas practicar, pero con el tiempo se vuelven más fáciles. Le tomó un tiempo desarrollar los pensamientos automáticos que tiene ahora, por lo que no puede esperar que se detengan después de leer este libro. Sin embargo, después de un tiempo, descubrirá que son naturales para usted.

Consciencia

La atención plena será una de las herramientas más útiles de la terapia cognitivo-conductual para todas las formas de enfermedad mental. Ya sea que esté ansioso todo el tiempo o simplemente experimente ansiedad social en situaciones con otras personas a su alrededor, puede beneficiarse de la atención plena. También puede ser útil para quienes tienen pensamientos depresivos constantes.

Puede ser fácil dejar atrás sus pensamientos cuando se siente estresado y abrumado. Puede escapar a un lugar de su mente, real o no, donde no tenga que pensar en el presente. Puede ser una fantasía de una vida que es mejor que la que estás viviendo, o tal vez a menudo recuerdas tiempos que eran mejores que ahora.

La atención plena es el intento de conectarte a tierra y mantenerte en la realidad, en lugar de estar perdido en tus pensamientos ansiosos y estresantes. Cuando piensa en una cosa que le causa ansiedad, puede fácilmente generar muchas otras preocupaciones. Por ejemplo, podría pensar: "Oh, no, tengo que pagar la factura del cable porque ya es tarde". Entonces podría comenzar a pensar en todas las demás facturas acumuladas, sin mencionar la deuda que está aumentando en intereses. Entonces empiezas a pensar en cómo no estás ganando suficiente dinero en tu trabajo actual, o que deberías haber ido a la escuela para una asignatura diferente, o no deberías haber roto con ese tipo que ahora es médico. Un pensamiento sobre una factura de cable tardía puede conducir a una crisis existencial si no detiene la ansiedad de inmediato. La atención plena te ayudará a superar esto. En lugar de reflexionar sobre lo que podría haber, tendría,

Es algo que debe practicarse. Es posible que solo pueda estar cómodamente consciente durante unos segundos a la vez antes de que sus pensamientos vuelvan directamente a otra cosa. Cuando descubra que se está perdiendo en sus propios pensamientos, debe asegurarse de redirigir. Volviendo al ejemplo de la factura del cable, es posible que note que su ansiedad aumenta cuando piensa en las otras facturas acumuladas. Ahí es cuando detendría sus pensamientos y, en cambio, usaría una táctica consciente para regresar al presente y, en cambio, concentrarse en la factura del cable.

Entonces, es posible que descubra que su mente está divagando nuevamente, y antes de que se dé cuenta, estará pensando en ese tipo rico y en lo que podría haber sido. No ha fallado, pero solo necesita redirigir nuevamente, ya sea usando una nueva técnica consciente o simplemente practicando la otra nuevamente. No se castigue por volver a caer en esos pensamientos.

Imagínese conduciendo por una autopista. El presente es el camino frente a ti, el pasado la hierba a la derecha y el futuro el otro camino a la izquierda. Si te desvías demasiado hacia la derecha o hacia la izquierda, te perderás y te desviarás del camino. La atención plena es lo que te mantendrá avanzando en la dirección correcta. Al principio, conducirá por la carretera muy tambaleante. Cada vez que sientas que te desvías hacia la derecha o la izquierda, redirige y concéntrate en seguir recto. Eventualmente, le resultará muy fácil evitar la deriva.

La atención plena debe practicarse siempre que descubra que está experimentando síntomas de ansiedad. Debes practicar la atención plena incluso cuando no tengas una mentalidad negativa. Tal vez solo esté aburrido o inquieto, que también son formas de ansiedad. No siempre vemos el aburrimiento como algo malo, y muchas personas se sienten afortunadas si tienen la oportunidad de no tener nada en qué ocupar su tiempo. Sin embargo, si estás aburrido durante demasiado tiempo, es posible que tus pensamientos vayan a algún lugar peligroso, así que practica la atención plena incluso si no te sientes tan obviamente ansioso.

Algunas actividades se considerarían conscientes, como jugar un juego o leer un libro. Cualquier cosa que mantenga su mente en el presente será consciente. Sin embargo, es posible que no siempre tengamos tiempo para jugar o leer un libro para sacarnos de nuestros pensamientos, por lo que es importante recordar usar estas herramientas cuando se sienta ansioso.

CHAPTER 37:

Autoestima

Q ué es la autoestima? Una definición simple sería tener confianza en su capacidad y valor. Es la forma en que percibes el tipo de persona que crees que eres, lo negativo y positivo de ti, tus habilidades y las cosas que quieres para tu futuro.

Si tu autoestima es saludable, creerás cosas positivas sobre ti mismo. Es posible que experimente momentos difíciles durante su vida, pero puede manejarlos sin causar negatividad a largo plazo.

Si tienes baja autoestima, siempre pensarás negativamente en ti mismo. Solo te enfocarás en los errores o debilidades que puedas tener. Es posible que no pueda ver que su personalidad encierra algunas cosas muy buenas. Si tiene fallas o dificultades, se culpará continuamente a sí mismo.

Causas de la baja autoestima

No hay forma de encontrar una sola cosa que cause baja autoestima que funcione para todos. Has creído estas cosas sobre ti durante mucho tiempo y este proceso puede verse afectado por muchas cosas.

A continuación, se incluyen algunos factores que pueden causar una baja autoestima:

- Problemas de salud mental

- Intimidación, abuso o trauma: cosas como el abuso psicológico, sexual o físico, la intimidación y el trauma pueden llevar a sentirse inútil y culpable.

- Soledad y aislamiento social: si no ha tenido mucho contacto con los demás o no puede mantener una relación con otra persona; esto podría causarle una mala imagen de sí mismo.

- Estigma y discriminación: si ha sido discriminado por cualquier motivo, esto podría cambiar la forma en que se ve a sí mismo.

- Patrones de pensamiento negativos: puede desarrollar o aprender formas de pensar que refuercen su baja autoestima, como crear metas imposibles que no podrá lograr o compararse constantemente con otras personas.

- Presión y estrés excesivos: si está bajo una gran cantidad de estrés y descubre que tiene que afrontarlo; esto podría causar un sentimiento de baja autoestima.

- Relaciones: puede haber otras personas que alimenten tu baja autoestima si te hacen sentir que no tienes ningún valor o son negativas contigo. Es posible que sienta que no puede estar a la altura de las expectativas de los demás.

- Te sientes diferente: sientes que eres el pato raro o que te presionan para encajar en lo que otros piensan que son las normas sociales. Estos pueden cambiar la forma en que se ve a sí mismo.

- Temperamento y personalidad: elementos de la personalidad, como tener la tendencia a pensar negativamente o hacer imposible la relación con los demás, pueden provocar una baja autoestima.

- Eventos de la vida: si ha tenido experiencias difíciles durante su edad adulta, como terminar una relación, enfermedad, la muerte de un ser querido o perder su trabajo, podría afectar su autoestima, especialmente cuando experimenta muchos eventos horribles en un corto período de tiempo.

- Experiencias de la infancia: las experiencias negativas durante la infancia, como pasar momentos difíciles en la escuela, relaciones familiares difíciles y el acoso escolar, pueden dañar su autoestima.

Autoestima y salud mental

Tener baja autoestima no es una condición de salud mental reconocida, pero son similares.

Tener baja autoestima podría causarle problemas de salud mental:

- No intentarás hacer cosas que no te sean familiares y ni siquiera terminas una tarea, como comenzar un nuevo proyecto de arte. Esto puede dificultarle la vida que siempre ha soñado. Podría causar depresión y frustración.

- Los patrones de pensamiento negativos que se han asociado con las personas que sufren de baja autoestima, como pensar automáticamente que va a fallar, pueden suceder con el tiempo y hacer que desarrolle problemas de salud mental como ansiedad o depresión.

- Si situaciones específicas parecen difíciles debido a la baja autoestima, puede comenzar a evitarlas y esto hace que se vuelva aún más aislado socialmente. Todo esto podría hacer que se sienta deprimido o ansioso y podría causar problemas de salud mental con el tiempo.

- Podrías desarrollar malos comportamientos que te ayuden a sobrellevar la situación, como beber en exceso, consumir drogas y entablar una relación perjudicial. Esto puede causar problemas y hacer su vida más difícil y esto podría causar problemas de salud mental.

Una vez que haya desarrollado problemas de salud mental, esto, a su vez, podría causar una baja autoestima:

- La discriminación sobre sus problemas de salud mental podría hacer que desarrolle opiniones negativas sobre usted mismo.

- Los problemas de salud mental pueden hacer que te apartes de la sociedad si te preocupas por cómo te ven los demás. Esto puede hacer que se sienta solo o aislado y puede provocar una baja autoestima. Además, este problema podría influir en las actividades diarias, como mantener un trabajo o utilizar el transporte público, y esto tiene un impacto negativo en cómo se ve a sí mismo.

- Los problemas específicos de salud mental, como la fobia social, la depresión y los trastornos alimentarios, implican patrones de pensamiento negativos sobre usted.

Cosas que puede hacer para mejorar su autoestima

Para que su autoestima mejore, tendrá que cambiar y desafiar todas esas creencias negativas. Esto puede parecer una tarea abrumadora, pero existen varias técnicas que pueden ayudar.

Haz las cosas que te gusta hacer

Hacer las cosas que le gusta hacer y que puede hacer bien podría ayudar a aumentar su autoestima y desarrollar su confianza. Esto podría ser cualquier cosa como su pasatiempo favorito, cuidar, trabajar en un comedor de beneficencia para personas sin hogar y trabajar.

Trabajando

Trabajar en un trabajo estable podría darte un salario, una rutina, una amistad y una identidad. A algunas personas les gusta trabajar en objetivos ambiciosos y les encanta estar en medio de un entorno ajetreado. Otros verán su carrera como solo una forma de tener las cosas que quieren o solo harán trabajo voluntario. No importa lo que hagas, pero es fundamental que te sientas apoyado y confiado en todo lo que hagas. Necesita sentir un equilibrio entre su vida hogareña y su vida laboral que sea adecuado para usted.

Aficiones

Esto puede ser algo relacionado con pintar, cantar, bailar o aprender un nuevo idioma. Piense en las cosas que tiene una habilidad natural para hacer o en algo que haya querido probar. Elija actividades que no sean demasiado desafiantes para que sienta que ha logrado algo y eso le ayudará a desarrollar su confianza. Debería poder encontrar algunas clases o actividades en su biblioteca local, centro de educación para adultos o en Internet.

Construyendo relaciones positivas

Intente asociarse con personas que no siempre lo critiquen. Deben ser personas con las que se sienta cómodo hablando. Si pasa más tiempo con personas que lo apoyan y son positivas, comenzará a verse mejor y comenzará a tener más confianza.

Si apoya y se preocupa por los demás, ellos le darán respuestas positivas. Esto podría darle un impulso a su autoestima y cambiar la forma en que los demás lo ven.

Si sufre de baja autoestima, las personas cercanas a usted pueden alentarle las opiniones y creencias negativas que tiene sobre usted mismo. Es imperativo que encuentre a estas personas y les impida hacer esto. Necesita ser más asertivo o limitar la cantidad de tiempo que pasa con ellos.

Ser asertivo

Cuando eres asertivo, valoras a los demás y a ti mismo. Puede hablar con los demás con respeto. Puede ayudarlo a establecer límites. Pruebe algunos de estos para ayudarlo a ser más asertivo:

- Use frases en primera persona si es posible: "Cuando me hablas así, siento…" Esto te permite decirles lo que quieres que suceda sin asustarte ni ser agresivo.

- Dígales a los demás si necesita apoyo o más tiempo para tareas que sean desafiantes para usted.

- Está bien decir "no" a solicitudes irrazonables.

- Si ha estado molesto, intente expresar sus sentimientos o espere hasta que se haya calmado para tratar de explicar cómo se siente.

- Preste atención al lenguaje corporal y las palabras que está diciendo. Sea siempre confiado y abierto.

La asertividad es una habilidad difícil de aprender y es posible que deba practicar con un amigo o mientras se mira en un espejo. La mayoría de los centros de educación para adultos tienen clases de asertividad que puedes tomar. Hay muchos libros que tienen consejos prácticos y ejercicios que puede utilizar. Estos se pueden encontrar en línea o en tiendas.

Cuídate

Cuidar de sí mismo físicamente podría hacer que se sienta más saludable y feliz y podría darle un impulso a su imagen de sí mismo. Aqui hay algunas cosas que puedes hacer:

Dieta

Consumir una dieta bien equilibrada a la hora de las comidas estándar que esté llena de verduras y agua te hará sentir más feliz y saludable. Si puede reducir o dejar de beber alcohol y mantenerse alejado de las drogas ilegales y el tabaco, podría ayudarlo a mejorar su bienestar.

Dormir

No dormir lo suficiente podría aumentar los sentimientos negativos y esto puede disminuir su confianza. Es fundamental que duermas lo suficiente.

Actividad física

Hacer ejercicio puede ayudar a la sensación de bienestar de cualquier persona y a la forma en que se ve a sí misma. Cuando hace ejercicio, su cuerpo liberará endorfinas u hormonas para "sentirse bien". Estas hormonas pueden ayudar a mejorar su estado de ánimo, especialmente si hace ejercicio al aire libre.

Retarte a ti mismo

Necesita establecer metas para usted mismo y luego trabajar para lograrlas. Cuando pueda hacer esto, se sentirá orgulloso y satisfecho de sí mismo. Te sentirás más positivo contigo mismo debido a esto.

Asegúrese de que su desafío sea algo que sepa que podrá hacer. No tiene que ser nada espectacular, pero tiene que significar algo para ti. Podrías decidir escribirle a tu amigo por correspondencia o empezar a ir al gimnasio con regularidad.

Identificar y desafiar creencias negativas

Para aumentar su autoestima, debe darse cuenta de sus creencias negativas y de cómo las adquirió. Este proceso puede resultar doloroso, por lo que debe tomarse el tiempo y pedir ayuda a un amigo o compañero. Si comienza a sentirse extremadamente angustiado, podría ser mejor encontrar un terapeuta con el que pueda hablar.

Puede escribir algunas preguntas y notas para ayudar a estructurar sus pensamientos:

- ¿Tiene pensamientos negativos específicos con regularidad?

- ¿Puedes pensar en un evento o experiencia en particular que podría haber causado estos sentimientos?

- ¿Cuándo empezaste a sentirte así?

- ¿Qué palabra podrías usar para resumirte? - "Estoy...?"

- ¿Qué crees que otras personas piensan negativamente de ti?

- ¿Cuáles crees que son tus defectos o debilidades?

Podría ser útil si llevaras un diario de pensamientos o un diario para anotar situaciones o detalles sobre cómo te sientes y cuáles crees que son estas creencias subyacentes.

A medida que pueda identificar sus creencias sobre sí mismo y de dónde se originaron, podrá cambiarlas. Esto se puede hacer escribiendo alguna evidencia que desafíe todas las creencias para que pueda comenzar a explorar otras situaciones.

CHAPTER 38:

Cree en tu autoestima

Se feliz ahora

Una de las formas de empezar a trabajar con tu autoestima es ser feliz. La felicidad es un viaje, no un destino. La felicidad no es algo que te suceda desde afuera. La felicidad es un hábito, un estado de ánimo. La felicidad es muchas cosas. Pero lo decisivo y más importante es: ¿Qué es la felicidad para USTED?

Los últimos estudios han descubierto que la felicidad no es algo que te suceda desde el exterior. Es una elección que haces, pero requiere esfuerzo. La buena noticia es que se puede enseñar. Son esos pequeños hábitos como la gratitud, el ejercicio, la meditación, sonreír y preguntarse "¿Qué puedo hacer para ser más feliz en el momento presente?"

¡Puedes ser feliz ahora mismo! No me crees? Bueno. Cierra los ojos por un momento. Piensa en una situación que te haya hecho muy, muy feliz. Revive esta situación en tu mente. ¡Siéntelo, huela, escúchelo! ¡Recuerda la emoción y la alegría! ¿Asi que? ¿Como se sintió? ¿Funcionó? ¿Cómo te sientes ahora? La felicidad no depende de tu auto, tu casa o cualquier otra cosa del mundo exterior. ¡Puedes ser feliz aquí mismo, ahora mismo!

La ciencia ha descubierto que sus circunstancias externas representan solo el 10% de su felicidad. Sorprendentemente, dónde nació, cuánto gana, dónde vive, dónde trabaja tiene un impacto notablemente pequeño en su felicidad.

El 50% es genético. Sí, algunas personas nacen más felices que otras. Un enorme 40% de tu felicidad puede verse influenciado por actividades intencionales. Aquí es donde entra la gratitud, las largas caminatas, la meditación. Esto también significa que si naces menos feliz puedes mejorar tu felicidad haciendo estas actividades intencionales.

No pospongas tu felicidad para el futuro, el nuevo apartamento, el nuevo coche, la promoción. La felicidad está aquí, ahora mismo. En un amanecer, en la sonrisa de tus hijos, en una hermosa pieza musical, estás escuchando. A veces, cuando dejas de perseguir la felicidad y te quedas quieto, es posible que notes que la felicidad ha estado pisándote los talones todo el tiempo.

Tu felicidad, al igual que tu autoestima, depende únicamente de ti. Otras personas pueden influir en él de maneras específicas, pero en última instancia, siempre eres tú quien decide, quién elige qué tan feliz quieres ser.

Se bueno

La forma en que tratas a los demás está muy relacionada con la forma en que te tratas a ti mismo. ¡Así que sé amable! Le pagará dividendos a largo plazo.

Las emociones son contagiosas. Los científicos han descubierto que si pones a tres personas juntas en una habitación, la más emocionalmente expresiva "infecta" a las otras dos con sus emociones; esto funciona en ambos sentidos: positivo o negativo.

Elija infectar a los demás con energía positiva. Solo será beneficioso, porque como dicen "lo que se da, se da la vuelta".

Ya aprendiste el poder de tus palabras habladas. Use sus palabras de manera positiva, úselas para empoderar a las personas. Las palabras tienen un impacto tan significativo. Está científicamente probado que nuestras palabras pueden influir en el desempeño de los demás. Pueden cambiar la mentalidad de una persona que a su vez cambia sus logros. Por ejemplo, cuando los investigadores recuerdan a las personas mayores que la memoria generalmente disminuye con la edad, obtienen peores resultados en las pruebas de memoria que aquellos a quienes no se les recordó ese detalle.

Vea la grandeza en los demás. Si puede ver su grandeza, en realidad está contribuyendo a esa grandeza. El Efecto Pigmalión nos enseña que nuestra creencia en el potencial de una persona despierta este potencial. Cuando creemos que nuestros colegas, amigos y familiares pueden hacer más y lograr más, esta es a menudo la razón exacta por la que lo hacen.

Desafortunadamente, esto también funciona al revés, que es el caso muy a menudo.

Cada vez que conozcas a alguien, trata de ver la grandeza que hay en esa persona. Pregúntese: "¿Qué los hace especiales? ¿Cuál es su don? A medida que se concentre en él, lo descubrirá. También te hace más tolerante con las personas no tan amigables. Puedes decir "Estoy seguro de que tienen grandes cualidades, y hoy solo tienen un mal día ..."

¡Se bueno! Y déjame saber cómo te va.

PD: Ser amable no significa que tengas que dejar que otras personas te engañen o decir que sí a todo. La gente agradable también dice que no o que ya es suficiente.

Estar preparado

Incluso si estamos súper preparados, siempre hay algo que no podemos saber. Esté preparado para admitirlo. No tienes que saberlo todo. Mi ex profesor universitario Angel Miro me dijo una vez: "Marc, no siempre tienes que tener toda la información, pero tienes que saber dónde encontrarla".

Sigue trabajando en tu desarrollo personal y profesional. Comprométete a convertirte en la mejor persona que puedas ser. ¡Quedarse con hambre! Cuando los investigadores estudiaron a personas extraordinariamente exitosas, estas tenían dos características en común que las separaban del resto. En primer lugar, creyeron en sí mismos. Pensaron que podían hacerlo y segundo: siempre quisieron aprender más. Siguieron haciendo preguntas. Siguieron aprendiendo.

Mantén la curiosidad y las ganas de aprender cosas nuevas y mejorarte. Cuanto más sabio se vuelve, más valioso se vuelve para su empresa.

Leer libros, hacer un taller. Hoy, puedes aprender los mejores trucos de gestión, liderazgo, gestión del tiempo o planificación financiera en un taller de dos o cuatro horas que te beneficiará por el resto de tu vida.

Tengo el hábito de leer al menos un libro a la semana, comprar un curso nuevo cada dos meses e inscribirme en al menos dos seminarios o talleres al año. ¿Qué vas a hacer?

Marque la diferencia: el poder de uno

En un mundo lleno de problemas, guerras, escándalos, corrupción, terrorismo, cambio climático y mucho más... ¿qué puedes hacer TÚ para marcar la diferencia? ¿Hay algo? Si. Tengo buenas noticias para ti. Eres más poderoso de lo que crees.

Por lo general, subestimamos nuestro poder para generar cambios. Si. Una persona realmente puede marcar una diferencia significativa. ¿Por qué? Porque cada cambio comienza en la mente de una sola persona y luego se expande. Y mi amigo... Crece exponencialmente.

Subestimamos nuestra capacidad para generar cambios porque subestimamos el potencial de la función exponencial. Piense, por ejemplo, en la naturaleza exponencial de las redes sociales. Se dice que dentro de los seis grados de separación estamos conectados con todos en este planeta.

Eres mucho más poderoso de lo que crees. Aunque hay muchas cosas en este mundo que no puedes controlar, también hay cosas que puedes manejar. No detendrás la contaminación mundial, pero puedes caminar, ir en bicicleta o en transporte público o separar tu basura. Puede elegir alimentos no procesados más saludables. Si no está satisfecho con la política de una empresa en particular, puede dejar de comprar sus productos. Sí, eres solo uno. Pero si mil personas hacen lo mismo seguramente alguien se dará cuenta.

En estos tiempos difíciles, puede decidir ser cortés con todos los que conoce, sin importar su color o religión. Puedes elegir afectar positivamente los 4 metros cuadrados que te rodean. ¿Qué pasaría si todos hicieran esto?

Puedes regalar cinco sonrisas al día. Las sonrisas son contagiosas y si todo el mundo a quien le estás sonriendo regala sonríe a otras cinco personas, en poco tiempo todo el mundo estará sonriendo :-) Lo mismo sucede cuando felicitas a la gente o haces que la gente se sienta bien. Estamos influenciando a las personas en cada minuto de nuestra vida con nuestras acciones y emociones. La única pregunta es: ¿en qué dirección lo vamos a hacer?

Abraza el poder de UNO. Será muy beneficioso para tu autoestima.

Deja ir el pasado

Dejar ir el pasado y aprender de la conducta pasada es crucial para desarrollar una autoestima saludable. Sentirse culpable por las cosas que ha hecho o quedarse atascado en situaciones que ya han pasado no es aprender del pasado. Cada momento que pasas en tu pasado es un momento que robas de tu presente y futuro. No puedes funcionar en el presente mientras vivas en el pasado. Ninguna mente en el mundo puede hacer frente a dos realidades a la vez.

No se aferre a su drama reviviéndolo indefinidamente. ¡DÉJALO IR! Se acabó. En cambio, concéntrate en lo que quieres. Ya no puedes cambiarlo. Lo que puedes hacer es vivir tu presente con mayor conciencia, sabiendo que esto es lo que dará forma a tu futuro.

Solo cuando te atreves a dejar lo viejo, puedes estar abierto a que entren cosas nuevas en tu vida. No pierda el tiempo pensando en cosas que podrían o deberían haber sucedido o que no funcionaron como deseaba en el pasado. ¡No tiene sentido! Tu vida refleja aquello en lo que te enfocas predominantemente. Si su atención se centra principalmente en su pasado, en el "podría, debería, sería", se sentirá constantemente frustrado, ansioso y confundido en el presente. Este es un precio demasiado alto a pagar.

Aprenda de sus experiencias pasadas y siga adelante. Eso es todo lo que tienes que hacer a partir de ahora. Fácil, ¿no es así? Esto significa reconocer sus errores y, en la medida de su capacidad y conciencia, no repetirlos.

Concéntrese en lo que quiere hacer bien en el futuro y no en lo que salió mal en el pasado. Necesitas dejar atrás el pasado para que seas libre y las cosas nuevas puedan entrar en tu vida. Olvídese del equipaje viejo, termine los asuntos pendientes y consiga un cierre con la gente. Torturarte por lo que has hecho, sentirte culpable, avergonzado o incluso indigno es una pura pérdida de tiempo y energía valiosos. Estas emociones negativas solo te impedirán disfrutar del presente. Usa tus recuerdos, pero no permitas que tus recuerdos te usen. Completa el pasado para que puedas ser libre de disfrutar el presente.

Perdona a todos

Sé. ¿Por qué perdonar a alguien que te hizo mal? Porque no se trata de estar bien o mal, se trata de que usted esté bien y no desperdicie energía.

Estar resentido o enojado con la gente, o peor aún, revivir el odio y la ira una y otra vez es tóxico. Es malo para tu energía; es malo para tu salud, es malo para tus relaciones, así que hazte un favor y perdona. Puede ser difícil de aceptar, pero no lo estás haciendo por la otra persona, lo estás haciendo por ti mismo. Una vez que perdonas y te sueltas, dormirás mejor, disfrutarás más de tus momentos presentes y se te quitará un gran peso de encima.

CHAPTER 39:

Superar la ansiedad

Abraza tu personaje

Historias personales que incluyen victorias sobre el heroísmo en pánico como se muestra en películas, dramas y novelas. A lo largo de los años, he tenido el privilegio de presenciar muchos de esos viajes y transformaciones del miedo a la perseverancia. Al igual que las plantas resistentes que no pueden ser arrastradas por vientos fuertes, los individuos fuertes soportan cualquier presión a la que se enfrenten. La resistencia, que provoca miedo y pánico, puede mantenerse.

Para desarrollar la resiliencia, acceda a sus fortalezas y virtudes. Esto incluye psicología positiva dirigida, áreas de estudio que se relacionan con el funcionamiento óptimo y factores que contribuyen al bienestar. La psicología positiva fue desarrollada por Martin Seligman y Michal Csikszentmihalyi y se enfoca en lo que es mejor para las personas y cuáles son sus mejores fortalezas y virtudes. Quiero que cuides lo mejor que puedas y no trates de arreglar lo que está roto. El paso 10 se trata de usar tu fuerza.

Es posible que haya oído hablar de la Guía diagnóstica y estadística de los trastornos mentales, una guía psiquiátrica que clasifica lo que le pasa. Como ha aprendido hasta ahora, creo que existen mejores formas de tratar los síntomas. Por esta razón, en el paso 10, recurrimos a las fortalezas y virtudes de Chris Peterson y Martin Seligman (2004), el manual "Técnico" que clasifica lo que es correcto para usted. En lugar de "felicidad", la psicología positiva integra todos los aspectos de la experiencia humana, tanto positivos como negativos.

La fuerza de la firma son las características de las personas que son estables y universales, lo que forma la base de la construcción de la bondad y la prosperidad de los seres humanos. Son la esencia del bienestar. A través del análisis empírico e histórico, se identifican 24 fuerzas y se dividen en seis virtudes: sabiduría, valentía, humanidad, justicia, moderación y trascendencia. Tiene cada una de estas fortalezas, pero algunas pueden destacarse como sus principales fortalezas. Si está interesado, visite www.viacharacter.org y haga una encuesta en línea sobre la fuerza del carácter.

A continuación, se ofrecen algunas sugerencias sobre cómo puede identificar y utilizar sus puntos fuertes:

Iniciar un diario de energía

Seleccione un período, por ejemplo, B. 7 días, y para cada uno de estos 7 días, ilustre ejemplos de cómo ha utilizado su fuerza para superar el miedo, el miedo, el pánico o los pensamientos negativos.

Consulte el protocolo de concentración en el Apéndice III.

PODERES DE TUS CARACTERISTICAS

La virtud de la sabiduría

El poder que se agrupa en base a la sabiduría conduce a la adquisición y uso del conocimiento. Solo imaginar que puedes confiar en tu sabiduría interior evocará una respuesta convincente.

Creatividad

Piense en cómo usa la inteligencia o piense en soluciones creativas a los problemas. Cada vez que practica la atención, abre oportunidades para encontrar la creatividad. ¿Recuerdas el pasado cuando usaste la creatividad para lidiar con situaciones difíciles?

Curiosidad

Si alguna vez ha estado interesado en ampliar sus conocimientos, aprender algo nuevo o activamente interesado en una experiencia en curso, sentirá curiosidad. Cuando lees este libro, quieres saberlo. ¿Puedes practicar experimentando el mundo que te rodea con la mente de un principiante y patrones y combinaciones innovadores sin sentido? La atención y la curiosidad van de la mano y juntas reducen el miedo.

Solución

Cuando practicas el pensamiento como científico, usas el juicio. Esto significa usar la lógica, la razón, la racionalidad y la apertura, no "destruir" y llegar a conclusiones ilógicas. Si está preocupado o en pánico, ¿puede jugar como un abogado diabólico consigo mismo o darse cuenta de que está usando la visión de túnel?

Practica con tu juicio y observa hasta qué punto te sientes más tranquilo.

Me encanta aprender

¿Te gusta estudiar porque estudias? ¿Se siente positivo por 10 pasos cuando aprende una nueva habilidad? ¿Quieres revivir un pasatiempo o interés que te gusta o aprender algo nuevo para no tener más miedo? Si es así, entonces tienes acceso a tu amor por el aprendizaje.

Folleto

Si continúa practicando el pánico y el miedo, obtendrá acceso al poder de la perspectiva, que es parte del pensamiento científico. Tienes la oportunidad de emitir juicios basados en información sobre lo que es esencial en la vida. Si está frustrado, ¿qué le parece recordar las sabias decisiones que tomó en el pasado? Accede a tu sabiduría interior para poner el miedo en la luz correcta.

Virtud del coraje

Si está familiarizado con la película clásica El mago de Oz, entonces sabrá que los leones cobardes que buscan coraje siempre tienen esta cualidad. A menudo les digo a mis clientes que encuentren su coraje interior y que "sean valientes".

Coraje

Superar el pánico y el miedo requiere valentía. Piense en los tiempos en los que voluntariamente mostró su coraje. ¿Puedes ser lo suficientemente valiente como para no tener miedo?

Durabilidad

La perseverancia es uno de los puntos fuertes que más se asocian con la buena salud y la auténtica felicidad. ¿Cuántas veces has continuado a pesar de los desafíos? ¿Puedes ejercitar la resistencia activando el optimismo e imaginándote como una persona tranquila y con pánico en lugar de rendirte y decirte que nunca mejorarás?

Honesto

Si acepta "tal cual", se produce un cambio. Cuando acepta el miedo, es honesto consigo mismo y se acepta tal como es. Como resultado, comprende su autenticidad y verdad y actúa con tanta honestidad y en su camino hacia la prosperidad. ¿Puedes combinar coraje y perseverancia con tu honestidad? En otras palabras, admite el miedo, pero sigue haciéndolo.

Espíritu

Vitalidad, fuerza, entusiasmo, energía y entusiasmo son palabras que describen la pasión. La fuerza de este carácter está más estrechamente relacionada con una vida llena de alegría, compromiso y sentido. Animo a los clientes a no tener demasiado miedo. Observe cuando se sienta lleno y lleno de energía. A menudo, esto ocurre antes de un gran evento que también puede causar miedo. En lugar de llamar miedo a este sentimiento, experimenta cambiando la etiqueta de pasión y observa cómo este cambio cambia de significado. Encuentra muchas formas de vivir con el calor. Siempre que estés conscientemente activo, intercambiando experiencias positivas o simplemente disfrutando de la respiración lenta, tienes la oportunidad de sentir calor.

Virtud de la humanidad

Si bien el poder de la humanidad es interpersonal e incluye la compasión y la amistad con los demás, les pediré que también consideren este poder.

Amor

El amor se enfoca en cuidar a los demás (seres queridos, padres, hijos, amigos, mascotas) y vivir una vida que enfatice el compromiso. Pero el amor y la amistad excesivos pueden ser estresantes. ¿Puedes involucrarte en estos 10 pasos para amarte a ti mismo?

Tipo

Amabilidad significa mostrar generosidad, afecto, afecto, compasión o simplemente ser agradable. ¿Y la autoestima? ¿Puedes dirigir el poder de tu bondad hacia adentro? ¿Puedes calmarte? ¿Puedes practicar diciendo que no?

Inteligencia social

La inteligencia social consiste en reconocer sentimientos, señales, motivos y señales tanto para usted como para los demás. ¿Qué tan rápido puede reconocer los sentimientos incómodos asociados con el miedo? ¿Qué tan rápido puede usar 10 pasos para eliminarlo después de reconocerlo? Si los pensamientos conducen a emociones negativas, pregunte si esos sentimientos son beneficiosos. ¿Te motivan o te limitan?

La virtud de la justicia

El poder de la justicia está en el corazón de una vida comunitaria saludable. Ser parte de una comunidad promueve su bienestar y capacidad de desarrollo.

Justicia

Recuerda que tu fuerza puede estar en tu contra. Si tiene un fuerte sentido de justicia social y una naturaleza cariñosa y cariñosa, es posible que tenga dificultades para aceptar lo que es injusto. ¿Puedes practicar soltar "debe" como en "eso no debería haber sucedido" o "no debería actuar así"?

Líder

Si sigue estos 10 pasos para superar el pánico, su comportamiento cambiará. Mostrarás una fuerza suave y otras personas te prestarán atención. Si está tranquilo, agradecido y muy consciente del mundo que lo rodea, las señales electromagnéticas que provienen de su corazón cambiarán y las personas que lo rodean lo sentirán. Utilizará a su gerente para reaccionar con calma a otras personas. Si comparte historias sobre cómo superar el pánico, inspirará a otros a seguir su ejemplo. Esta es otra razón por la que te animo a que te unas a nuestro grupo de Facebook a través de Feed Your Mind Wellness.

Temperamento

La ansiedad puede tomar la forma de pensamientos demasiado preocupantes y desastrosos. Esto también puede provocar una ingesta excesiva o emocional. Utilice su gran poder para protegerse de este exceso.

Perdón

Primero, practica el perdón a ti mismo. Además de aceptar las discapacidades de otras personas y liberar la ira, las acusaciones y el odio, use su perdón para disculparse por sentirse nervioso, reaccionar exageradamente, actuar de manera horrible o trabajar hacia un ataque de pánico total. Practique el perdón cuando tome malas decisiones o coma en exceso.

Modestia

¿Puede evaluar con precisión sus habilidades e identificar sus límites? Practicar la humildad conduce a la apertura a nuevas ideas y esto garantiza el éxito en la superación del pánico. En otras palabras, deshazte de la afirmación irracional "debo" como en "debo hacerlo perfectamente" o "debo dejar de entrar en pánico por completo".

Ten cuidado

Considerada la madre de todas las fuerzas, la precaución implica usar la razón para controlar el comportamiento, sopesar los riesgos con los beneficios y evitar los excesos. Si hay una línea plateada que sufre de ansiedad, es posible que se dé cuenta de que está teniendo un cuidado excesivo. Tiene sentido actuar con cautela y evitar comportamientos riesgosos. Si pasa mucho tiempo pensando en las consecuencias de ciertos comportamientos o decisiones debido al miedo, acepte su miedo y etiquétese con cuidado. Debo haber tenido mucho miedo en mi infancia y adolescencia, pero ¿de qué sirve no ser un diablo valiente?

Autocontrol

Piense en la autorregulación como la capacidad de controlar sus pensamientos, acciones y sentimientos. Se le considera una de las fortalezas de carácter más importantes porque los ejercicios de autocontrol reducen los efectos dañinos del estrés y el trauma. Cuanto más practique los 10 pasos, mejor podrá manejarse a sí mismo, cómo piensa, siente y reacciona ante personas y situaciones desafiantes. Las técnicas de la mente y el cuerpo que ha aprendido se conocen como estrategias de autorregulación.

La virtud de la trascendencia

Para desarrollarse genuinamente, necesita un significado o un significado más profundo en su vida. El poder de la trascendencia está relacionado con encontrar significado o construir relaciones que vayan más allá de las relaciones interpersonales. Cuando acceda a estas fuerzas, sentirá una profunda paz interior.

Ventajas y eventos de belleza

Encuentre hospitalidad, belleza y excelencia en su área. Al practicar la atención plena, la oportunidad espera la admiración, la admiración, la admiración, el asombro y la exaltación. Por ejemplo, si se adapta a la capacidad natural de su cuerpo para crear un estado de calma, evalúa la fuerza de su extraordinaria respuesta relajada.

Acción de gracias

Una experiencia de agradecimiento crea una sólida respuesta curativa. Reduce significativamente la ansiedad, mejora el estado de ánimo, reduce los síntomas físicos y conduce a un mejor sueño. ¿De cuántas maneras puedes dar las gracias y asegurarte de que la vida sea buena? ¿Puedes convertir el estrés en una bendición?

Esperanza

La esperanza está estrechamente relacionada con la felicidad. Incluso si todavía tiene pánico y miedo, si se aferra a la esperanza de que será mejor de lo que ya ha comenzado una reacción de curación. Si falla, recuerde que cuando cierre una puerta, se abrirá otra. Utilice el poder de la esperanza practicando un optimismo realista: perdón por el pasado, aprecio por el momento y oportunidad de mirar hacia el futuro.

Humor

El humor es una de las fortalezas del carácter más asociadas con el camino de la emoción a la felicidad. La risa te ayuda a superar la desesperación. Como se mencionó anteriormente, no es posible reír y sentirse ansioso al mismo tiempo. Agarre el poder de su humor durante el apogeo del ataque de ansiedad y pregúntese: "¿Qué dirá el comediante?"

CHAPTER 40:

Ataques de pánico

Paula sufrió su primer ataque de pánico hace dos meses. Estaba en su oficina preparándose para una presentación importante cuando, de repente, una intensa ola de miedo la golpeó. Un escalofrío recorrió su espalda y antes de que pudiera entender lo que le estaba pasando, la habitación comenzó a dar vueltas. Paula sintió que estaba a punto de vomitar. Su cuerpo temblaba mucho, su corazón literalmente latía fuera de su pecho, y no podía recuperar el aliento sin importar cuánto lo intentara. Se aferró a su escritorio con fuerza hasta que pasó el episodio, pero la dejó devastada.

Tres semanas después, Paula se encontró exactamente en la misma situación y, desde entonces, estos ataques la han estado golpeando de vez en cuando. Nunca sabe cuándo y dónde la golpearán, pero le aterroriza tener uno en público. Para evitarlo, ha pasado la mayor parte de su tiempo en casa. Ha dejado de salir con amigos y tiene miedo de tomar el ascensor hasta su oficina en el piso 12 porque teme quedar atrapada si sufre otro ataque de pánico.

¿Qué causa los ataques de pánico?

Al igual que con la depresión, la paranoia, la ansiedad y otros términos clínicos que usa todos los días, un ataque de pánico puede tener un significado diferente para diferentes personas. Por esta razón, es útil decidir sobre una definición de trabajo antes de entrar en más detalles.

Un ataque de pánico puede describirse como un episodio repentino que comprende un miedo intenso que puede desencadenar reacciones físicas graves, aunque no haya una razón aparente o ningún peligro real. Los ataques de pánico son extremadamente aterradores. Cuando ocurren estos ataques, puede sentir que está sufriendo un ataque cardíaco, perdiendo el control o incluso muriendo. Mientras desentraña la química cerebral que sustenta los ataques de pánico, es esencial pensar en estos ataques de pánico como breves períodos de miedo extremo y visceral. El tipo de miedo que tiende a mantenerte violentamente vivo justo frente al peligro.

¿Cómo se producen los ataques de pánico?

La amígdala es vital para tu cerebro. Se compone de grupos de neuronas compactos y se dice que es el centro integrador de la motivación, las emociones y los comportamientos emocionales en general. Sin embargo, es más conocido por el papel que desempeña en la agresión y el miedo. Los ataques de pánico también se derivan de la actividad anormal que tiene lugar en este grupo de nervios. En una revisión de estudios publicados en 2012, los científicos han relacionado con éxito la estimulación de la amígdala con los comportamientos análogos de los ataques de pánico en humanos.

Otro posible culpable de un ataque de pánico es una sección en el mesencéfalo conocida como gris periacueductal responsable de regular los mecanismos de defensa como congelarse o correr. Los científicos utilizaron resonancias magnéticas funcionales para establecer cómo esta área se ilumina con actividad tan pronto como se percibe una amenaza inminente. Cuando sus mecanismos de defensa comienzan a funcionar mal, esto puede conducir a una exageración excesiva de la amenaza, lo que provoca el desarrollo de ansiedad y, en casos extremos, pánico. Pero, ¿qué hace que las personas sean más propensas a estos ataques?

Predisposición genética

Los ataques de pánico casi siempre son genéticos. Hay algunas personas que sufrirán ataques de pánico incluso con el más mínimo desencadenante, mientras que otras no los tendrán incluso si pagas esos millones. Todos nacemos con ciertas tendencias innatas. Si sigue teniendo ataques de pánico, este puede ser uno de los suyos.

Patrones ansiosos durante la infancia

Las personas que tienen antecedentes de una infancia deprimente o estresante son a menudo las que sufren ataques de pánico en etapas posteriores de la vida. Estas personas no consideran el mundo como su ostra, un lugar donde pueden disfrutar de sus vidas. Problemas como una enfermedad prolongada, la muerte de un padre o un hermano, o una exposición temprana a cuestiones como la violencia doméstica o el divorcio de los padres pueden influir en esto.

En algunos casos, la razón es que un padre muestra ansiedad o sobreprotección en respuesta a su propia ansiedad. En otros casos, se le hace creer al niño que es su responsabilidad hacer felices a los demás y cuidarlos, lo que lo obliga a pasar gran parte de su vida tratando de complacer a los demás.

Una reacción a los desafíos que enfrenta la edad adulta emergente
Otra razón por la que algunas personas tienen ataques de pánico se debe a la experiencia estresante que enfrentaron poco antes del inicio de los ataques de pánico. Puede ser cualquier cosa, desde sentirse asfixiado en un trabajo o relación detestable hasta perder a un ser querido. Alternativamente, es posible que hayan tenido que enfrentar diferentes cambios que no fueron malos en sí mismos, como terminar la escuela, cambiar a múltiples trabajos, casarse, tener hijos, mudarse a otra ciudad, etc., todo lo cual impuso tensiones a la población. señalar que les resultó imposible tratar colectivamente.

Es bastante interesante que para la mayoría de las personas que sufren de ataques de pánico, el problema suele comenzar a los 20 o 30 años, los años en los que luchan por establecerse una vida autosuficiente.

¿Qué es común en todos estos factores?
¿Qué causa que una persona desarrolle ataques de pánico? Una predisposición genética, trauma en la primera infancia y cambios desafiantes en la vida adulta. El factor común en todas estas cosas es que no están bajo su control. Los tres elementos son eventos de crecimiento y desarrollo que pueden sucederle a algunas personas y no son algo que esté fuera de su jurisdicción.

Por lo tanto, no hay razón para sentirse avergonzado, disculpado o culpable por experimentar ataques de pánico. No son consecuencia de vivir mal; o de tomar malas decisiones; o de ser cobarde o tonto.

Síntomas y secuela

Cuando una persona experimenta un ataque de pánico, siente que está atrapada en un ciclo cada vez mayor de catástrofe de que algo malo la va a golpear en ese mismo momento. Otros sienten que están a punto de sufrir un ataque cardíaco debido a los latidos del corazón y las palpitaciones continuas. Algunas personas pueden pensar que están "perdiendo el control" y terminarán haciendo algo que las avergüence frente a otras personas. A veces, comienzan a respirar tan rápido que hiperventilan y sienten que se van a asfixiar por la falta de oxígeno.

Los síntomas de un ataque de pánico se pueden dividir en dos categorías: emocionales y físicos.

Síntomas psicológicos
Sufrir de ataques de pánico puede afectar gravemente la salud de un individuo. Además de la ansiedad y el miedo inexplicables, algunos síntomas comunes de un ataque de pánico incluyen:

- No relajarse

- Distracción

- Esperando peligro

- Incapacidad para concentrarse

- Sentimientos de tensión

- Molestarse fácilmente

Síntomas físicos
Los síntomas físicos de los ataques de pánico incluyen los siguientes:

- Incapacidad para dormir

- Agotamiento

- Contracciones musculares

- Inestabilidad

- Sudoración excesiva

- Náusea

- Aumento de la frecuencia cardíaca

- Dificultad para respirar

- Aumento de la presión arterial

- Dolor de pecho

Secuela de ataque de pánico
Los ataques de pánico tienen la capacidad de alterar el funcionamiento normal de su cuerpo. A continuación se mencionan las consecuencias de este trastorno en varios sistemas corporales.

Sistema cardiovascular
Un ataque de pánico puede provocar palpitaciones, dolor en el pecho y una frecuencia cardíaca rápida. El riesgo de desarrollar presión arterial alta o hipertensión aumenta varios pliegues. Si ya es un paciente cardíaco, los ataques de pánico también pueden aumentar el riesgo de problemas coronarios.

Digestivo y sistema
Un ataque de pánico también puede afectar su sistema digestivo. Puede sufrir náuseas, vómitos, diarrea y dolores de estómago. A veces, puede producirse pérdida de apetito, lo que a la larga puede provocar fluctuaciones de peso.

También se ha establecido una conexión entre los trastornos de ansiedad, incluidos los ataques de pánico, y el desarrollo del síndrome del intestino irritable.

Sistema inmunitario
El ataque de pánico desencadena la respuesta de lucha o huida en su cuerpo al liberar ciertas hormonas como la adrenalina. A corto plazo, esto provoca un aumento en la frecuencia respiratoria y el pulso para que su cerebro pueda recibir más oxígeno. Esto le ayuda a responder mejor a la situación estresante. Los ataques de pánico también pueden estimular su sistema inmunológico. Cuando esto sucede ocasionalmente, su cuerpo vuelve a funcionar normalmente tan pronto como termina el ataque.

Pero si sufre repetidamente de ataques de pánico, su cuerpo nunca recibe la señal para reanudar su funcionamiento normal. Esto puede debilitar su sistema inmunológico, haciéndolo vulnerable a infecciones.

Sistema respiratorio
Los ataques de pánico generalmente desencadenan una respiración rápida y superficial, si usted es un paciente de enfermedad pulmonar obstructiva crónica (EPOC), incluso puede requerir hospitalización. Los ataques de pánico también pueden empeorar el asma.

Resumen

Un ataque de pánico puede ocurrir en cualquier lugar y en cualquier momento. Puede sentirse abrumado y aterrorizado, aunque no haya peligro. Debe recordar que no es algo de lo que sentirse culpable. Nunca tuvo el control de los factores responsables de este trastorno, por lo que no se pudo haber hecho nada para prevenirlo. Sin embargo, puede seguir estos consejos para reducir la frecuencia de los ataques:

- Ejercicio todos los días

- Dormir lo suficiente

- Siga un horario regular

- Evite el uso de estimulantes como la cafeína.

CHAPTER 41:

Trastorno de estrés postraumático

P TSD es una condición mental que generalmente se desencadena al presenciar o experimentar un evento emocionalmente aterrador. No es necesario que haya experimentado el evento de primera mano para que lo lleve a una depresión postraumática. Quizás viste a alguien cercano a ti experimentando algo horrible.

Por ejemplo, los veteranos de guerra que han visto morir a sus amigos y enemigos frente a ellos pueden tener esas imágenes y sonidos de armas y morteros atormentando sus mentes por el resto de sus vidas; en el pasado reciente, el trastorno de estrés postraumático se ha asociado de manera muy significativa con los veteranos de combate. . Sin embargo, la condición no discrimina; todas las personas, independientemente de su carrera, etnia o edad, pueden experimentar PTSD.

TEPT: los síntomas

Es normal, incluso esperado, que después de un evento angustioso, a uno le resulte difícil lidiar con las secuelas del incidente o volver a la normalidad. La mente y el cuerpo humanos son versátiles y capaces de manejar mucha presión; como tal, la dificultad para adaptarse a un evento angustioso debe tener una vida corta. Sin embargo, si los síntomas se prolongan más allá de un mes, las posibilidades de que el PTSD se haya arraigado son excepcionalmente altas. Vale la pena señalar que a veces una persona puede parecer estar bien después de un evento traumático, solo para que los síntomas se manifiesten años después.

Los síntomas comunes de PTSD se dividen en cuatro categorías: recuerdos intrusivos, cambios adversos en el pensamiento y el estado de ánimo, evitación y cambios en las reacciones emocionales y físicas.

Examinemos los síntomas específicos de cada grupo.

Recuerdos intrusivos
Estos normalmente incluyen:

- Recuerdos espontáneos, involuntarios, invasivos y angustiosos del evento.

- Pensamientos y visiones intensas y perturbadoras sobre el evento. Estas visiones duran mucho después de que ha pasado el evento.

- Flashbacks que te hacen revivir el evento como si estuviera sucediendo en tiempo real.

- Sueños y pesadillas relacionados con el evento.

- Angustia emocional o reacciones físicas adversas a cualquier cosa que le recuerde el evento traumático.

Evitación

Éstos incluyen:

- Evitar recordatorios del evento: es posible que no desee asociarse con eventos similares; por ejemplo, presenciar un accidente puede provocar el deseo de evitar viajar por carretera.

- Evitar personas o lugares que desencadenan recuerdos del hecho.

- Resistirse a hablar de lo sucedido o discutir cualquier sentimiento relacionado con el evento, incluso cuando se hace evidente que el hecho fue molesto.

Cambios en las reacciones físicas y emocionales (también llamados síntomas reactivos o de excitación).
Éstos incluyen:

- Ansiedad severa.

- Tendencia a permanecer en alerta máxima ante el peligro, que puede manifestarse como paranoia.

- Síntomas reactivos, como arrebatos de ira o sobresalto fácil, especialmente como reacción a sucesos ordinarios como ruidos fuertes o toques accidentales.

- Un abrumador sentimiento de culpa o vergüenza por lo sucedido.

- Comportamientos destructivos como beber en exceso o abuso de sustancias, comportamientos en los que la persona se involucra como una forma de amortiguar los sentimientos negativos.

- Agresión en la forma en que la persona actúa o reacciona. Por ejemplo, un conductor cuidadoso se vuelve súper agresivo en la carretera.

Cambios negativos en el pensamiento y el estado de ánimo.
Éstos incluyen:

- Una abrumadora sensación de entumecimiento.

- Pensamientos negativos sobre uno mismo y los demás, generalmente con la culpa o culpando a otros por los eventos que ocurrieron.

- Cambios de humor.

Estos son los síntomas más comunes de la depresión postraumática, pero pueden variar de un individuo a otro. ¿Ha estado experimentando esto o ha sido testigo de que un ser querido muestra tales signos?

CHAPTER 42

Cómo reconocer la depresión

S i cree que puede estar luchando contra la depresión, o si alguien más a su alrededor podría estar deprimido, existen algunos signos y síntomas para reconocer esta afección.

- Debe haber una amplia gama de emociones que usted o alguien más sienta, si está deprimido, como:

- Abrumado por todo lo que está pasando

- Se irrita fácilmente

- Falta de confianza

- Fácilmente decepcionado

- Generalmente descontentos con su vida

- Miserable y triste por nada

- Indeciso sobre las opciones

- Rápidamente frustrado

- Culpables por sus emociones, etc.

- Debido a todas estas emociones, también puede haber algunos cambios de comportamiento que serán principalmente visibles para las personas más cercanas a la persona afectada:

- Retrasarse en el trabajo o los estudios

- No poder concentrarse en nada

- No querer salir de la habitación o de la casa

- Volverse distante de amigos y familiares

- No participar en actividades que les gustaba hacer.

- Volverse dependiente del alcohol

- Empezando a fumar

- Depender de sedantes y pastillas para dormir sin

- Dejar de responder a consultas y conversaciones

- Aunque son pocos, existen algunos cambios físicos que pueden ocurrir en la depresión, a saber:

- Agotado todo el tiempo

- Tener problemas para dormir

- Pérdida de apetito

- Dolores de cabeza y dolores ocasionales

- Pérdida de peso repentina

- Tendencia al vómito

- No son solo las emociones las que cambian en la depresión, sino los pensamientos de una persona. En un estado depresivo, sus pensamientos centrales presentan ideas como estas:

- "¡No merezco nada bueno en mi vida!"

- "¡Es mi culpa ser un fracaso!"

- "¡A nadie le importa si estoy vivo o muerto!"

- "¡No valgo nada!"

La depresión puede ser un estado emocional, pero su efecto en una persona es múltiple. Una persona podría hundirse aún más en la depresión y pensar en hacerse daño o suicidarse. En algunos casos raros, pueden, de manera inusual, comenzar a participar en algunas actividades de riesgo que podrían provocar un accidente o incluso la muerte, como exceso de velocidad, pasar un semáforo en rojo o practicar un deporte extremo.

En resumen, una persona cambia por completo cuando está deprimida. Alguien que siempre fue extremadamente amistoso y amable puede volverse rencoroso de la noche a la mañana; una persona previamente tranquila y contenta puede mostrar signos de cambios extremos de humor. En casi todos los casos, las personas no son conscientes de lo que les está sucediendo y se confunden con todo lo que sienten.

¿Cuáles son los tipos de depresión?

Los tipos de depresión difieren no por sus síntomas, sino por las causas del problema. Según las afecciones que pueden causar depresión, existen tres tipos principales:

Depresión estacional

Asombroso, puede parecer que muchas personas comienzan a deprimirse al final del otoño o al comienzo del invierno, especialmente en los países más fríos. Este tipo de depresión también se denomina "depresión invernal" o "depresión invernal" o "trastorno afectivo estacional (TAE)". Alternativamente, también se llama 'Depresión de verano' o 'Tristeza de verano', en la que la depresión comienza al comienzo del verano, que es más raro.

Las personas que tienen un estado emocional saludable y equilibrado durante el resto del año comienzan a sentirse deprimidas cuando comienza el invierno o el verano. Es el cambio de clima lo que provoca la aparición de cambios de humor; la gente comienza a sentirse completamente diferente cuando el clima cambia drásticamente.

Especialmente cuando comienza el invierno y las noches llegan antes, algunas personas comienzan a sentirse cansadas y letárgicas. No muestran ningún interés en el trabajo o las actividades sociales, pero prefieren mantenerse para sí mismos. Estos cambios de humor disminuyen en severidad y frecuencia una vez que se acerca la primavera.

Depresión post-parto

La depresión después de un embarazo es extremadamente común en las mujeres; esto le sucede al menos a 1 de cada 5 mujeres después del parto. La depresión posparto, o la depresión que aparece inmediatamente después o durante los últimos meses del embarazo, puede ser grave o leve según la persona.

La depresión posparto puede durar días o semanas, o incluso meses en algunos casos. La nueva madre puede sentir una tristeza innecesaria durante los días que se supone que son los más felices de su vida. Este tipo de depresión puede desaparecer por sí solo después de un tiempo.

Depresión situacional

La depresión situacional, como es evidente por el nombre, ocurre durante una circunstancia particular en la vida de una persona: el fallecimiento de un ser querido, un divorcio o una ruptura, perder un trabajo o reprobar una clase, etc.

Este tipo de depresión es en realidad una reacción a un momento particularmente estresante en la vida de alguien. Suele pasar con el tiempo o con el transcurso de la crisis; sin embargo, en algunos casos, es posible que se necesite terapia.

Depresión premenstrual

Aproximadamente el 85% de la población femenina de todo el mundo se siente melancólica y deprimida durante su menstruación todos los meses. Entre el 5% de ellos, la depresión alcanza un nivel severo. Las mujeres pueden sentirse malhumoradas y ansiosas todo el tiempo, y se irritan fácilmente con todos los que las rodean. También tienen problemas para concentrarse en el trabajo y no están dispuestos a socializar con los demás.

Maníaco depresivo

Las personas con depresión maníaca muestran en su mayoría períodos alternos de melancolía y alegría. Cuando se sienten bien, son extremadamente enérgicos; Hablan mucho y rápido, se involucran en una serie de actividades, duermen poco y prefieren permanecer activos la mayor parte del tiempo.

Por otro lado, se deprimen en otros momentos y su personalidad cambia de la noche a la mañana. Empiezan a perder la concentración en su trabajo, prefieren la soledad a la compañía y se vuelven irritables.

Además de estos tipos comunes de depresión, algunas personas sufren de depresión atípica, un tipo de depresión en la que una persona tiende a comer en exceso y quedarse dormida; distimia: cuando una persona puede tener un estado de ánimo bajo durante meses o incluso años; depresión psicótica, en la que una persona pierde el contacto con la realidad y sufre delirios; o melancolía, donde la persona deprimida tiende a moverse y reaccionar lentamente.

La depresión se conoce por muchos nombres, especialmente entre la población que no es consciente de su gravedad y consecuencias: la tristeza, el mal tiempo, la tristeza o la melancolía. En verdad, la depresión es una enfermedad mental real que puede hacer que una persona se sienta completamente insensible e infeliz. Sin ninguna razón aparente, se sienten impotentes y sin sentido; pueden cambiar completamente de la noche a la mañana.

CHAPTER 43:

Causas de la depresión

Aquí hay muchos trastornos de personalidad experimentados por muchas personas. Algunas personas pueden experimentar un cambio de humor, especialmente sentirse enojadas y aisladas. Es posible que se haya encontrado con un individuo con estrés, piense en cómo se comporta normalmente esa persona. Estas personas están emocionados y molestos. Ni siquiera se puede establecer la causa real de su dolor, pero en su mayoría atribuyen las causas de muchos episodios extraños que suceden en su vida. En ese momento puedes preguntarte qué terapia. Sin embargo, es bueno visitar a un médico si encuentra que su familiar sufre esa amenaza. Este trastorno se conoce generalmente como depresión.

La depresión se puede asociar principalmente con el estrés y la tristeza; sin embargo, es un concepto más amplio. Algunos científicos definen este trastorno como el efecto a largo plazo de experimentar ansiedad y dolor. Sí, es exacto; sin embargo, en algunos otros casos, la depresión no es estrés ni tristeza. Tome un ejemplo de la reacción emocional que siente después de ver muerto a su amado o pariente. Entonces sería una angustia o dolor excepcional. Sin embargo, después de algunas ocasiones, se recuperará de ese sentimiento y se sentirá completo nuevamente. En la depresión, uno típicamente pierde su autoestima, pero cuando es estresante, la autoestima no se desprecia. Su salud no se deteriora cuando está angustiado, pero experimenta problemas médicos como enfermedades mentales.

La depresión la han experimentado principalmente muchas personas en la sociedad. Estas personas suelen presentar algún trastorno del estado de ánimo. Es una sensación de tristeza, enojo, baja estima y una sensación de disgusto por las cosas. Una persona puede ser su pariente cercano, amigos o seres queridos, y los peores resultados que le suceden son el suicidio. Los psicólogos han intentado explicar la depresión incluso en teorías científicas. En algunos sitios, la amenaza es causada por un desequilibrio de la transmisión nerviosa hormonal en el cerebro; sin embargo, esta causa no está probada. Para saber qué es la depresión hay que reconocer las diferentes causas de esta epidemia que se enumeran a continuación.

Las causas de las depresiones

El mal humor causa este trastorno. La emoción se trata del sentimiento general que uno tiene sobre un evento específico o una persona. Este aspecto también puede denominarse actitud o las emociones públicas que tienen las personas. Los estados de ánimo pueden ser positivos o negativos. Algunos estados de ánimo positivos incluyen alegría, felicidad, sentimiento de autoestima y muchos otros. Sin embargo, cuando se considera la depresión, se asocia con malas actitudes, lo que implica estar triste, ansioso, baja autoestima, ira, narcisismo, arrogancia y muchas otras emociones.

Otros especialistas creen que esta amenaza se origina en los genes. Dicen eso como 'padre como hijo'. Por lo tanto, si el padre experimenta algún trastorno de la personalidad, es probable que la descendencia experimente el mismo peligro. Algunos estudios muestran que si su gemelo está deprimido, existe un alto porcentaje de que usted experimentará la misma enfermedad. Las personas con una estructura genética similar muestran vulnerabilidades similares si especialmente la gente está enojada. Es probable que experimenten algunos cambios de humor y una emoción inestable que les produzca estrés.

Otra causa es el abuso de drogas en algunas personas. Algunas personas toman drogas duras que afectan su mentalidad. Dicho personal puede cambiar de un individuo feliz a un personaje estresado. Algunos medicamentos tienen efectos como alucinaciones, sedación, estimulación y otros efectos que aumentan la ansiedad y los trastornos de personalidad. Por lo tanto, tales personas anticiparán una ilusión y metas poco realistas si, de lo contrario, no se alcanzan y se deprimen rápidamente. La intoxicación afecta sus creencias y valores racionales y lo pone de mal humor, de modo que se estresa debido a la menor irritación.

Algunas condiciones médicas, como las enfermedades crónicas, lo someten a un trauma. Tal enfermedad tiene pruebas y acontecimientos dolorosos. Además, causan estigma a sus seres queridos. Por lo tanto, las víctimas se ven a sí mismas como un peso muerto para la familia donde el resultado final es perder su autoestima y sentirse miserables. Si tiene una enfermedad crónica como un accidente cerebrovascular, pensará que otros están haciendo más por usted, lo cual es innecesario. Por lo tanto, es probable que se sienta alentado y estresado. En consecuencia, uno será miserable y desesperado.

Las condiciones ambientales que lo rodean pueden provocar angustia. Imagínese estar rodeado de padres agresores, condiciones de pobreza o que su familia sea considerada un paria. Ese ambiente que estás viviendo hace que uno se sienta despreciado. Algunos casos de trauma en la primera infancia pueden causar depresión. Tomemos una situación en la que un niño está siendo agredido, esa cicatriz probablemente permanecerá con él por el resto de sus vidas.

Tipos de depresiones

La depresión se presenta de diversas formas, lo que significa que se presenta de muchas formas. Estar ansioso o tener emociones inestables son algunos de los trastornos de personalidad reconocidos. Imagine el impacto emocional que se obtiene después de ver a su ser querido deprimido. Por lo tanto, es una situación dolorosa. Las consecuencias son destructivas, que incluso pueden provocar que el individuo se suicide.

Para un tratamiento adecuado de estas víctimas, es aconsejable conocer el tipo de depresión que se está experimentando. Es recomendable visitar una clínica tan pronto como se dé cuenta de que está experimentando algunos trastornos de dolor. Visite al terapeuta lo antes posible porque la depresión es manejable en una etapa temprana. Cuando se encuentra en su etapa tardía, se desarrolla hasta convertirse en una afección crónica que lo pone a uno bajo la presión de complicaciones de salud. Reconocer el tipo de depresión que padece es esencial porque el psiquiatra sabrá qué tipo de programa terapéutico debe atravesar. Los siguientes son algunos de los tipos de esta enfermedad.

El primer tipo es el trastorno depresivo mayor. Es el tipo de depresión comúnmente conocido porque afecta a muchas personas en la sociedad. Presenta los síntomas típicos que están acostumbrados a las reacciones estresantes. Estas emociones involucran el sentimiento de tristeza, desesperanza, vacío, baja autoestima y pérdida de interés en las principales actividades recreativas. Estos síntomas son fácilmente reconocibles por un paciente y se debe buscar atención médica lo antes posible. Este trastorno se divide en dos categorías principales, que son depresión atípica y tipo melancólico. Los atípicos siempre están ansiosos por eso comen y duermen mucho, y los seres melancólicos tienden a padecer insomnio y culpa.

Existe este tipo de estrés que es resistente a los fármacos antidepresivos. Este tipo de condición se conoce como el tratamiento de la depresión resistente. Puede administrar cualquier medicamento a este paciente, pero aún así, no funcionan. Siempre tienen causas desconocidas donde sus sospechosos más prominentes son las causas genéticas o ambientales. Para tratar a esas víctimas, se recomienda psicoterapia para evaluar la razón de ese sentimiento de mal humor. También puede administrar diferentes tipos de antidepresivos para establecer el medicamento que cura a esa persona.

Otras personas que no se curan rápidamente de una depresión significativa experimentan la condición subsindrómica. Esta amenaza involucra a uno que experimenta muchos desórdenes melancólicos. En uno simple está absorto con diferentes síntomas que muestran características variables. Puede experimentar una enfermedad melancólica y, al mismo tiempo, atípica. El médico debe ser rápido en detectar esta condición porque si el paciente se ve afectado por muchas enfermedades, las posibilidades de curación son menores.

El trastorno depresivo persistente implica un estado de síntomas persistentes. ¿Qué significa que sean tercos? Significa que el síndrome es continuo en el tiempo. Los síndromes parecen reestructurarse a sí mismos donde, si se trata un signo, cambia y se transforma en un trastorno terminal. Tales complicaciones involucran problemas para dormir, fatiga, pérdida de apetito y muchas otras condiciones. Lo mejor que puede hacer un psiquiatra para diagnosticar a un paciente así es combinar la psicoterapia y el diagnóstico médico.

La depresión debida a enfermedades es otro tipo. Algunas de las enfermedades crónicas estigmatizan a las víctimas. Piense en cómo reaccionaría si tuviera un resultado positivo en la prueba del VIH, cáncer o cualquier otra enfermedad mortal. "Me mataré", "todo el mundo se reirá de mí y me despreciará". Estos son sus pensamientos probables que experimentaría si le dijera las malas noticias. Los sentimientos de soledad, arrepentimiento y culpa te devorarán y te atacarán como un león hambriento.

La depresión por ingestión de sustancias es una de las principales atribuidas a los intoxicantes. La intoxicación proviene de personas que consumen drogas y alcohol. Los resultados fueron que esas personas alucinaban o hacían cosas inusuales. Por lo tanto, encontrarán que otras personas no están de acuerdo con esos hechos y, por lo tanto, se sentirán emocionalmente desanimados. Algunos terminan en delitos y robos para comprar esas drogas. Estas sustancias cambian su estado de ánimo, pierden la preocupación por las prácticas placenteras y se sienten siempre vacíos. Los centros de rehabilitación especializados son útiles para curar a esos pacientes.

Es una alegría para todos los padres tener un bebé. Sin embargo, ¿sabías que para algunas personas, dar hijos puede ser estresante? Probablemente esto te asombra, pero es un hecho. Algunas madres cambian de actitud después de dar a luz porque hay un cambio de hormonas, fatiga o miedo a criar a un hijo. Los padres, por su parte, pueden cambiar su estado de ánimo cuando sientan que aumentará su carga de trabajo. En consecuencia, algunas personas se vuelven estresantes.

Principal trastorno depresivo frecuente

A veces es tan doloroso llevar a un paciente deprimido a una clínica donde no existen principios rectores para tratar a esa persona. Por lo tanto, las instalaciones para la rehabilitación deben operar bajo las pautas dadas para el tratamiento de personas deprimidas. Recuerda que esta condición te afecta pasivamente porque estás sufriendo al ver a tu amado actuar de manera anormal. Por lo tanto, cuando se le promete una recuperación de calidad de una clínica reconocida, se siente satisfecho de que su amado se va a curar.

En cualquier organización, debe haber reglas y regulaciones y políticas en sus operaciones. Tratar a un paciente deprimido no es un asunto de un día; sin embargo, implica que el terapeuta evalúe continuamente el estado de salud de esa persona en particular. Este tratamiento es aplicable, especialmente para el trastorno depresivo frecuente. Otros pueden denominar esto como el trastorno depresivo persistente porque no es curable en primera instancia. Esta condición justifica que el médico aplique todo tipo de métodos de tratamiento. Pueden utilizar métodos médicos y psicoterapéuticos que deben combinarse para cuidar a la víctima.

El tratamiento de estos pacientes implica el establecimiento de pautas correctas de principios que deben estar orientados a objetivos. Los objetivos más particulados son frenar los efectos del trastorno. Mejorar la calidad de vida de ese individuo y evitar la reaparición de emociones estresantes que no deberían ocurrirle a la persona en una etapa posterior de la vida. Recuerde que para esta enfermedad, es difícil detectar los síntomas, ya que esos signos se correlacionan y se disfrazan como diferentes trastornos. Los siguientes son algunos de los principios que se pueden apoyar en la curación de esos pacientes.

Su primer objetivo como psicólogo es establecer metas para el tratamiento. Incluso Roma se construyó con un solo paso. En simple, todo lo que parece complejo debe comenzar con uno que identifique sus objetivos y metas, que es el paso principal. Sus objetivos deben estar orientados a la curación de esa víctima en particular. El tratamiento debe ser práctico y satisfactorio para la persona. La teorización de este trastorno se produce principalmente en dos fases, que incluye aguda y de mantenimiento. La fase aguda debe implicar la reducción de los síntomas y devolver a los pacientes al estado en el que estaban antes de sufrir la enfermedad. En el protocolo de mantenimiento, incluye la prevención de la recurrencia de la situación.

El segundo paso es tratar las condiciones médicas generales asociadas con el paciente. Se dará cuenta de que la mayoría de ellos se quejan de trastornos como dolores de cabeza, visiones borrosas, vómitos, complicaciones respiratorias y cualquier otro dolor. Por lo tanto, reconozca e investigue esos dolores. Examínelos adecuadamente y no se apresure a concluir sobre enfermedades relacionadas con las depresiones. Dé a las víctimas los medicamentos adecuados, como los analgésicos adecuados.

CHAPTER 44:

Manejo y superación de la depresión

Tratamiento

Y ahora, después de proporcionarle la información necesaria que espero le haya ayudado a obtener una comprensión clara, holística y, con suerte, no negativa de la depresión, llegamos a la sección crucial sobre cómo tratarla. Como se ha mencionado al principio del libro, a lo largo del tiempo, ha habido muchas escuelas de pensamiento sobre cómo se debe tratar la depresión. Muchas formas de tratamiento han demostrado ser menos beneficiosas y los médicos y los médicos las han abandonado con el tiempo, y muchas más han surgido en su lugar. En este libro, analizaremos específicamente las opciones de tratamiento que abarcan las siguientes características:

- No tiene una visión demasiado negativa de la condición.

- Es optimista sobre cómo superar la afección.

- Funciona como parte de un modelo y no como una 'cura milagrosa'

- Se preocupa por mejorar la calidad de vida del individuo en su conjunto.

Factores clave para hacer frente a la depresión.

- Participar en técnicas de autoayuda

- Desafíe el pensamiento negativo

- Practique una buena nutrición

- Hacer ejercicio regularmente

- Construir sistemas de soporte

- Establecer metas (realista)

- Maneja tu estrés

- diario

- Consigue una mascota

- Ver a un terapeuta

- Participar en la atención plena

- Edúcate tu mismo

Autoayuda

Trabajar para curar la depresión no es de ninguna manera una hazaña fácil o rápida, pero definitivamente es posible. Una de las primeras recomendaciones que hacen los médicos para quienes son diagnosticados con depresión es participar en alguna forma de autoayuda. Es pertinente que el individuo en cuestión tenga que comprometerse con ellos y esté dispuesto a esforzarse por mejorar su condición. Un hecho importante que debe recordar al comenzar el camino hacia la superación de la depresión es que, independientemente de lo mal que lo haga sentir, usted tiene control sobre sí mismo y sobre su condición.

Desafíe el pensamiento negativo

Uno de los síntomas de la depresión es la omnipresencia de los pensamientos y procesos de pensamiento negativos. Estos pensamientos refuerzan la depresión y la depresión refuerza los pensamientos negativos; es un ciclo poco saludable. Una técnica que podemos emplear para contrarrestarlos es desafiar todos los pensamientos negativos que ocurren en nuestra cabeza. Particularmente cuando se está deprimido, es necesario controlar el tipo de conversación negativa que se produce y hay que romper el ciclo.

Esto es comprensiblemente difícil de hacer. La depresión permite que este tipo de diálogo interno negativo y crítica se desate y tratar de controlarlos y cuestionarlos puede parecer imposible al principio, pero no lo es. Es como cualquier otro hábito saludable que desee cultivar:

necesita práctica. En primer lugar, comprenda que la razón por la que parece tan difícil es probablemente porque ha estado haciendo esto durante tanto tiempo, su cerebro está acostumbrado. Introducir una nueva forma de pensar llevará tiempo, y está bien. Mientras sigas así, ¡se puede hacer!

Además de las técnicas específicas de CBT que abordan los pensamientos negativos que discutiremos a continuación, algunos consejos útiles al trabajar en este aspecto son:

- Permítase una tolerancia: se encontrará olvidando que está tratando de cambiar sus patrones de pensamiento y regresando a su forma habitual de pensar. Es correcto. Es un proceso y esto es normal. Intentar otra vez. Eventualmente se volverá fácil.

- Estar cerca de personas positivas: las personas que tienen una perspectiva de la vida en general positiva tienden a tener muchas características positivas de las que podrá aprender.

- Ponte en el lugar de los demás: piensa en lo que le dirías a tu amigo si estuviera en tu situación, o piensa en lo que te diría un amigo cariñoso. A menudo somos mucho más duros con nosotros mismos que con los demás. Esta es una buena técnica para darse cuenta de eso.

Después de varias sesiones de terapia basadas en la TCC, Leela ahora ha aprendido a hacer esto. La tarea de Leela para la semana fue escribir los pensamientos negativos que tenía y luego seguirlos con declaraciones desafiantes. A continuación se muestra algo de lo que Leela me compartió sobre su tarea:

"Me convencí de ir a cenar solo el miércoles pasado. Desde que Tim y yo nos separamos, me ha resultado difícil hacer las cosas solo. Cuando llegué al restaurante pensé que toda la gente pensaba que era patético estar allí solo. Recordé lo que se suponía que debía hacer y traté de preguntarme si hay alguna evidencia para este pensamiento. Ciertamente no había nadie mirándome. Luego me pregunté si había estado en un restaurante con alguien y había visto a alguien solo si pensaría esas cosas

y la respuesta fue No, no lo haría. Esto me ayudó a calmarme un poco
".

Este es solo un ejemplo de cómo desafiar un pensamiento, pero
entiendes la idea. A menudo, los pensamientos negativos que nos vienen
a la cabeza no son ciertos y no tienen base, pero debido al hábito y la
práctica, los escuchamos y creemos de todos modos, lo que empeora
nuestro estado de ánimo. Una vez que comencemos a cuestionarlos y
desafiarlos, comenzará a ser cada vez más difícil para nosotros creer
estos pensamientos como verdades.

Nutrición

Antes de comenzar esta sección, ¿puede decir honestamente que no
sabía esto? Estoy bastante seguro de que tu respuesta es no. La mayoría
de nosotros sabemos lo importante que es la nutrición para nosotros.
Conocemos los abundantes beneficios de una buena nutrición y los
efectos perjudiciales de no practicarla y, sin embargo, las complicaciones
para la salud siempre son el resultado de una mala nutrición.

Nuestros cuerpos reciben nutrientes de alimentos saludables que lo
ayudan a realizar diversas funciones, todas las cuales contribuyen a
nuestro bienestar. Cuando no obtenemos suficientes nutrientes,
nuestros cuerpos no pueden funcionar tan bien como podrían y esto
podría conducir a enfermedades.

Del mismo modo, para trabajar en el tratamiento de la depresión,
queremos que nuestro cuerpo esté en la mejor forma posible. Una forma
sencilla en que podemos contribuir a ese objetivo es alimentarlo con lo
que es bueno para él: ¡buena comida!

Por supuesto, no existe un alimento específico que pueda comer para
curar la depresión. Eso sería demasiado fácil. Pero hay recomendaciones
de lo que debe y no debe comer para asegurarse de que su cuerpo esté
funcionando a un nivel óptimo. Hacer que su cuerpo funcione al
máximo es una parte importante del plan de tratamiento para la
depresión.

Sugerencias para mantener su cuerpo sano:

- Consuma alimentos ricos en antioxidantes: los antioxidantes ayudan a reducir los efectos de los radicales libres que causan el envejecimiento y dañan las células. La vitamina C, E y el betacaroteno son antioxidantes que se pueden encontrar fácilmente en alimentos comunes como el brócoli, nueces, semillas y muchas otras verduras y frutas.

- Consuma proteínas saludables: se cree que las proteínas producen una sustancia química en el cerebro que ayuda a regular el estado de ánimo. Las proteínas saludables se pueden encontrar en el yogur, los frijoles, la soja y las aves.

- Comer alimentos con selenio bajo en selenio les ha gustado a los estados de ánimo deprimidos. El selenio se puede encontrar en frijoles, legumbres, nueces, semillas, mariscos y carnes magras. Lo mejor sería obtener el selenio de los alimentos, ya que demasiado selenio puede ser tóxico. Si lo obtuviera de suplementos, tendría que tener mucho cuidado.

- Consuma alimentos con ácidos grasos omega-3, de todos los nutrientes; este ha sido el más estrechamente relacionado con la depresión específicamente. Se han asociado tasas más altas de depresión con aquellos que consumen niveles bajos de ácidos grasos omega-3. Los ácidos grasos omega-3 se pueden obtener del pescado, la linaza, las nueces, la soja y las verduras de hoja.(4).

Ejercicio

Hablamos de comida, entonces, ¿qué viene después? Correcto. ¡Ejercicio! Los beneficios del ejercicio, como los beneficios de una buena alimentación, no se pueden negar. A menudo es recetado por médicos y otros profesionales de la salud para numerosas afecciones y sus ventajas están respaldadas por una amplia evidencia. De hecho, en el Reino Unido, los médicos prescriben activamente el ejercicio como tratamiento para diversas afecciones, incluida la depresión. Incluso lo paga el Servicio Nacional de Salud, una organización que brinda atención médica a los residentes del Reino Unido.(5).

Volviendo a la depresión, muchos estudios han demostrado que existe una correlación entre el ejercicio regular y tasas más bajas de depresión. Hay teorías sobre cómo puede suceder esto y lo exploraremos brevemente.

Cuando hacemos ejercicio, nuestro cuerpo libera sustancias químicas llamadas endorfinas. Estos productos químicos afectan nuestro cuerpo porque ayudan a reducir nuestra percepción del dolor, ayudan a producir un sentimiento positivo en nosotros e incluso actúan como sedantes suaves. Aparte de estas acciones específicas, se ha demostrado que un estilo de vida de ejercicio regular reduce el estrés, mejora el sueño, aumenta la autoestima, reduce la presión arterial y aumenta la fuerza cardiovascular.

Hay varias formas de ejercicio en las que puede participar, desde la natación hasta el yoga. Al observar la multitud de beneficios que produce y el vínculo claro entre el ejercicio y la reducción de las tasas de depresión, esta es una recomendación de tratamiento que no debe ignorarse, ¡y su médico definitivamente estará de acuerdo!

Para aquellos de nosotros que el ejercicio es relativamente nuevo, puede parecer muy abrumador. Muchos de nosotros podemos tener una percepción exagerada del ejercicio como algo extenuante, que requiere mucho tiempo y, por lo tanto, exige un compromiso fuerte, uno para el que no está preparado. Deshazte de esta idea. El ejercicio no tiene por qué encajar en este molde. De hecho, a menudo no es así. Incluso 10 minutos al día pueden producir resultados positivos. Como con todo lo demás, intente comenzar poco a poco y trabajar desde allí. Empiece con actividades que ya haya disfrutado o haya disfrutado en el pasado, como bailar, pasear a su perro o hacer yoga. Cuando hace ejercicio a través de actividades que disfruta, es más probable que lo siga. A medida que se sienta más cómodo y pueda incorporar esto a su rutina, agregue lentamente más actividades o haga lo mismo durante períodos más prolongados.

CHAPTER 45:

Cura para recuperarse de la depresión

Enfrentémoslo, a nadie le gusta abrirse sobre sus sentimientos con extraños, pero a veces es necesario, especialmente cuando estás deprimido.

A veces solo necesitas a alguien con quien hablar.

La terapia es una forma muy popular de lidiar con la depresión porque puede contarle sus sentimientos a alguien que pueda darle una opinión imparcial y que no lo conozca personalmente para que no lo juzgue.

Puede ser un desafío al principio, pero después de algunas sesiones se sentirá cómodo con su terapeuta y podrá contarle todo.

Si no está satisfecho con su terapeuta, siempre puede cambiar hasta que encuentre a una persona con la que se sienta más cómodo hablando. Por ejemplo, muchas mujeres se sienten más cómodas hablando con otra mujer de una edad cercana, porque se siente como si estuvieran teniendo una conversación informal con un amigo en lugar de recibir un tratamiento de terapia.

Digamos que es un hombre de mediana edad, es posible que no se sienta cómodo hablando con una mujer joven, por lo tanto, sus sesiones de terapia no serán efectivas porque dudará en abrirse a ese terapeuta. La mayoría de las personas afirman que buscan un terapeuta del mismo sexo que ellos, pero es posible que ese no sea el caso para usted. Todos somos diferentes, por eso no debes renunciar a la terapia en tu primera sesión si sientes que no es beneficiosa. Continúe hasta que encuentre una práctica y un médico que funcione para usted.

¿Pero la terapia no es cara?

¡No, no necesariamente! Es posible que se sorprenda al saber que muchas compañías de seguros cubren las sesiones de terapia por completo, por lo que es muy probable que no tenga que pagar para ver a alguien. ¡Siempre llame a su compañía de seguros para averiguar si cubren la terapia antes de ir!

Las encuestas estadísticas muestran que casi 1 de cada 5 estadounidenses ha visitado a un terapeuta en algún momento de sus vidas. Casi todas estas personas encontraron sus sesiones de terapia útiles y beneficiosas para mejorar su salud mental. ¿Por qué no darle una oportunidad? De este grupo de estadounidenses, una gran mayoría de ellos (más de la mitad) sufren depresión.

Además, si se siente triste, abrumado, estresado o molesto, la terapia es una excelente manera de resolver sus emociones antes de desarrollar depresión. De hecho, muchas personas descubren que tienen depresión después de hablar con un terapeuta. Los pacientes que reciben tratamiento terapéutico suelen salir de sus sesiones de tratamiento sintiéndose empoderados, porque los psicólogos y psiquiatras ofrecen consejos expertos sobre cómo hacerse cargo de sus vidas y afrontar la tristeza.

Cuando vaya a terapia, ¡incluso podría aprender sobre nuevas fortalezas y talentos que no sabía que tenía antes de su visita!

Las sesiones de terapia también son siempre confidenciales, por lo que nadie sabrá de lo que habló con su psiquiatra o psicólogo. Nadie sabrá siquiera que asiste a terapia a menos que se lo diga. Una violación de su seguridad e información privada por parte del terapeuta es ilegal.

Muchas personas no están seguras de la diferencia entre psiquiatras y psicólogos, y aunque estos terapeutas diferenciadores suelen ofrecer la misma eficacia de tratamiento, existe una gran diferencia entre ellos. La principal diferencia entre un psiquiatra y un psicólogo es que los psiquiatras tienen un doctorado en psicología y pueden recetar medicamentos para cualquier enfermedad mental que crean que está presente. Un psicólogo, por otro lado, generalmente tiene certificados y licencias en psicología en lugar de un doctorado. Los psicólogos tampoco pueden recetar medicamentos.

Al igual que los médicos habituales, muchos terapeutas se especializan en diferentes aspectos de los procesos mentales. Por ejemplo, ¡hay terapeutas que se especializan específicamente en tratar y controlar la depresión! Una búsqueda rápida en Google mostrará si alguno de estos especialistas está disponible en su área.

Un tipo específico de terapia que puede considerar probar es la terapia cognitiva. Un método alternativo bastante nuevo para combatir la depresión, la terapia cognitiva rodea el concepto de que los pensamientos negativos crean enfermedades negativas como la depresión.

Cuando asista a terapia cognitiva, su mentor le enseñará formas de pensar conscientes y positivas para garantizar resultados positivos en su vida. Esto incluirá no culparse a sí mismo cuando las cosas vayan mal y no castigarse por sus faltas. La terapia cognitiva cambiará su patrón de pensamiento de sombrío y desesperado, a optimista y productivo.

La razón de esta terapia es que muchas personas con depresión tienen sentimientos de inutilidad y duda de sí mismas. Para cambiar su depresión, primero debe cambiar la forma en que se ve y piensa en sí mismo. A partir de ahí, su depresión disminuirá y su autoestima se disparará.

Además de la terapia cognitiva, puede considerar probar la terapia marital o la terapia grupal si siente que su depresión puede provenir de un cónyuge o pariente que no lo apoya. De esa manera, ambos (o todos) pueden recibir tratamiento para manejar su relación juntos, de modo que todos puedan ser felices, productivos y más amorosos el uno con el otro.

También puede considerar probar la terapia de grupo si uno o más de sus familiares sufre de depresión como usted. De esa manera, ambos pueden trabajar para eliminar la causa de su tristeza, que puede resultar ser el mismo problema compartido. Sería deseable una solución compartida si ambos síntomas de depresión están dañando su relación de manera negativa. De esa manera, puede mejorar su relación mientras supera su depresión. ¡Es una situación en la que todos salen ganando!

Contrariamente a las creencias de muchas personas, ¡acudir a un terapeuta no significa que estés loco! Solo necesita alguien con quien hablar, todos lo necesitan en algún momento, ¡y los terapeutas solo están aquí para ayudar! Solo estás loco si niegas la oportunidad de mejorar tu vida y superar tu tristeza. El viaje hacia la felicidad puede ser difícil, pero después te convertirá en una persona más fuerte y resistente. Si tiene la oportunidad de asistir a las sesiones de terapia, ¡debe aprovecharla al máximo!

La próxima vez que se sienta deprimido, es posible que desee considerar la posibilidad de recibir una opinión profesional y es posible que deje su sesión de terapia sintiéndose más inspirado.

Superar la depresión mediante una alimentación saludable

Cuando estamos deprimidos, normalmente buscamos en el armario nuestros alimentos reconfortantes. Ya sabes, la tarta de queso, las papas fritas o los bizcochos de chocolate que tiendes a comprar por impulso. Estos alimentos no saludables nos hacen sentir bien en el momento, pero muchas personas no se dan cuenta de que estos alimentos no saludables pueden estar contribuyendo a su depresión.

Junto con el ejercicio, una dieta saludable puede cambiar drásticamente sus síntomas de depresión. Si bien no existe una dieta específica que esencialmente "cure" su depresión, hay ciertos alimentos que puede comer que han demostrado mejorar su estado de ánimo y hacer que se sienta bien.

Por ejemplo, una dieta rica en vitamina C y vitamina E puede afectar positivamente su estado de ánimo y hacer que se sienta con más energía. La vitamina C es liberada por los rayos del sol y es lo que hace que su cerebro libere serotonina, por lo que comer alimentos ricos en vitamina C lo ayuda a sentirse tan bien como sentarse al sol.

En general, las frutas y verduras son ricas en vitaminas y minerales que alivian la depresión cuando se consumen en grandes cantidades. Las frutas como los arándanos, la toronja y el kiwi son ricas en vitamina C; mientras que el brócoli, las papas y los pimientos verdes también son vegetales ricos en vitamina C.

Además, también se sabe que los buenos carbohidratos liberan grandes cantidades de serotonina en el cerebro. Asegúrese de comer granos integrales y manténgase alejado de los alimentos con alto contenido de azúcar. Por ejemplo, el pan integral es saludable y los pasteles y las galletas no lo son. Los alimentos azucarados que están llenos de carbohidratos malos suelen hacer que te sientas agotado y deprimido, de ahí el nombre de "comida chatarra".

La comida chatarra no solo contribuye a la depresión, sino que también puede causar obesidad, problemas de la piel, problemas cardíacos y diabetes. En general, es mejor mantenerse alejado de estas opciones poco saludables porque pueden tener un sabor delicioso y delicioso en el momento, pero en el futuro es posible que se arrepienta de comerlas si adquiere problemas de salud graves, además de la depresión que ya se avecina.

Además, estas opciones de alimentos más saludables le permiten pensar más rápido y tomar decisiones más prácticas. En general, su cerebro se sentirá más fresco y alerta cuando cambie a una dieta más saludable. Si tu cerebro está feliz, tú también lo serás.

Cuando se trata de llevar un estilo de vida saludable, está bien hacer trampa de vez en cuando y pedir esas papas fritas o comer esa galleta, ¡pero no exageres! Como dice el viejo refrán, todo está bien con moderación.

Muchas personas pueden pensar que comer sano es imposible si se vive con un presupuesto limitado, ¡pero en realidad no lo es! Para un pasatiempo adicional y para ahorrar algunos dólares, ¡siempre puedes cultivar tu propio mini jardín en tu patio trasero y comer lo que cultivas! Alternativamente, puede intentar comprar en los mercados locales en lugar de en las cadenas de tiendas de alimentos para evitar grandes márgenes en los productos.

Comida sana, estilo de vida saludable, ¡tu salud!

Sal, huele las rosas

Cuando estamos deprimidos, tendemos a aislarnos en lugares oscuros y apartados. Es posible que pasemos la mayor parte del tiempo acostados en la cama con las luces apagadas y las persianas cerradas, o acostados en el sofá de una sala oscura. A menudo no nos damos cuenta de que hacer esto solo habilita nuestra depresión porque nuestro cuerpo necesita la luz solar para hacernos sentir felices y saludables. Sin luz, no nos recuperaremos pronto de la depresión.

La actividad física puede hacer maravillas para aliviar los síntomas de la depresión. Muchos profesionales señalan que incluso sentarse al sol puede ayudar a aumentar los niveles de neurotransmisores como la melatonina y la serotonina en el cerebro, lo que mejora su estado de ánimo y lo ayuda a sentirse con más energía. Si sale más, ya no tendrá que lidiar con algunos síntomas de depresión como fatiga, dolores de cabeza, falta de motivación o somnolencia.

¿Aún necesitas convencerte?

Además, estos neurotransmisores que libera el sol son tan poderosos que imitan los fuertes efectos de tomar antidepresivos como Prozac para los mismos síntomas. Se sabe que el Prozac libera grandes cantidades de serotonina en el cerebro, lo que alivia las emociones negativas, pero ¿quién sabía que en lugar de recurrir a la medicación, podría simplemente salir y disfrutar del buen clima?

Si padece depresión posparto, como algunas madres primerizas después de dar a luz, o depresión estacional como algunas durante el invierno, este método es igualmente eficaz para todas. Si el sol no sale debido al invierno, siempre puede encender luces brillantes dentro de su casa y sentarse cerca de ellas durante unas horas para mejorar su estado de ánimo también. Estas luces actuarán como lo hace el sol para aumentar sus niveles de serotonina y melatonina y hacer que se sienta mejor.

Si no desea hacer ejercicio al aire libre, siempre puede inscribirse en un gimnasio local o YMCA para hacer ejercicio y comenzar a sentirse mejor también. Aquí también puede adquirir amistades con personas más activas que lo mantendrán encaminado y lo mantendrán luciendo genial, ¡y sintiéndose genial también!

Sin embargo, el ejercicio no solo alivia la depresión; también funciona de maravilla con la ansiedad, el estrés, los pensamientos suicidas y los sentimientos de baja autoestima.

¡La luz del sol, la droga milagrosa! Deberías probarlo alguna vez.

CHAPTER 46:

¿Tiene ansiedad?

Aquí hay dos tipos de ansiedad que toman el control de nuestro día, incluida la ansiedad ocasional y la permanente. El segundo es lo que no quieres tener. En la mayoría de los casos, no se puede evitar a menos que uno lo trate intencionalmente. La ansiedad ocasional, por otro lado, no es permanente. Solo ocurre de vez en cuando, generalmente cuando experimentas algo de estrés o te presionan para rendir. A menudo va acompañado de miedo, predominantemente el miedo a fracasar en algún sentido, como en el lugar de trabajo o en cualquier otro entorno profesional y social. Ya sea que sea propenso al estrés o tenga la suerte de sentirse cómodo en situaciones estresantes, la ansiedad ocasional es normal. Es algo que todo el mundo experimenta en algún momento, si no con regularidad, de sus vidas. Aunque uno piensa que no se puede tratar debido a la extensión de su gravedad, en algunos casos,

La ansiedad te hace sentir impotente y como si no pudieras pelear la pelea. Sé lo que te sientes cuando tienes un ataque de ansiedad, ya sea que sea temporal y te persiga durante unas horas, o que permanezca contigo durante semanas y semanas. Es real y no te preocupes, no te lo estás imaginando. Es tan malo como crees que es, y si sabes que lo tienes o te sientes resistente a la idea de que podrías tenerlo, debes saber que lo que estás pasando está bien. Eres el único que conoce la verdad. Sabes en el fondo si lo tienes o no. No querer aceptarlo y reprimirlo no es saludable, pero es bastante normal para el individuo promedio. Nadie quiere aceptar que les pasa algo, y esa es la verdad por varias razones. La ansiedad es intensa, y si padece del tipo permanente, y no se sienta ansioso de vez en cuando cuando tiene que escribir un examen o ir a una entrevista de trabajo, aceptar que tiene este trastorno es difícil. Lo mismo ocurre con la depresión, algo que puede ser muy difícil de aceptar. No querrás gritarle al mundo ni creerlo por ti mismo. Nadie quiere admitir que tiene depresión, pero sin embargo, muchas personas viven con ella entre nosotros, incluidos nuestros amigos, familiares, compañeros de trabajo y perfectos desconocidos. La ironía es que la ansiedad y la depresión van de la mano. Estos trastornos causan emociones intensas y, debido a que la ansiedad se siente como si fuera imposible de controlar, las personas a menudo desarrollan depresión como resultado de ello. Lo mismo ocurre con la depresión, algo que puede ser muy difícil de aceptar. No querrás gritarle al mundo ni creerlo por ti mismo. Nadie quiere admitir que tiene depresión, pero sin embargo, muchas personas viven con ella entre nosotros, incluidos nuestros amigos, familiares, compañeros de trabajo y perfectos desconocidos. La ironía es que la ansiedad y la depresión van de la mano. Estos trastornos causan emociones intensas y, debido a que la ansiedad se siente como si fuera imposible de controlar, las personas a menudo desarrollan depresión como resultado de ello. Lo mismo ocurre con la depresión, algo que puede ser muy difícil de aceptar. No querrás gritarle al mundo ni creerlo por ti mismo. Nadie quiere admitir que tiene depresión, pero sin embargo, muchas personas viven con ella entre nosotros, incluidos nuestros amigos, familiares, compañeros de trabajo y perfectos desconocidos. La ironía es que la ansiedad y la depresión van de la mano. Estos trastornos causan emociones intensas y, debido a que la ansiedad se siente como si fuera imposible de controlar, las personas a menudo desarrollan depresión como resultado de ello. La ironía es que la ansiedad y la depresión van de la mano. Estos trastornos causan emociones intensas y, debido a que la ansiedad se siente como si fuera imposible de controlar, las personas a menudo desarrollan depresión como resultado de ello. La ironía es que la ansiedad y la depresión van de la mano. Estos trastornos causan emociones intensas y, debido a que la ansiedad se siente como si fuera imposible de controlar, las personas a menudo desarrollan depresión como resultado de ello.

Si desea reconocer y aceptar el hecho de que padece un trastorno de ansiedad, depende totalmente de usted. No tiene que gritarlo en voz alta para que todo el mundo lo sepa, pero sí tiene que reconocerlo y tratar de tratar y mejorar sus síntomas para que pueda tener una mejor experiencia por completo. Aceptarlo significa que tiene una respuesta a lo que ha estado sintiendo o experimentando durante lo que probablemente ha pasado mucho tiempo, ya que la ansiedad permanente no solo aparece y desaparece. Cuando sabe lo que está mal, puede abordar el problema y enfrentar sus miedos con facilidad sabiendo que está tratando de lograr algo.

Considere si tiene los siguientes síntomas:

- hiperventilación

- Falta de concentración

- sudoración y temblores

- Sensación de nerviosismo, tensión, debilidad, cansancio o inquietud.

- experimentar una sensación de peligro y pánico

- Pesadillas o problemas para dormir

- Sentir la necesidad de evitar los desencadenantes de ansiedad.

- Problemas gastrointestinales

- Incapacidad para controlar la preocupación.

- Preocupación por cosas que no puede controlar.

Los trastornos de ansiedad incluyen:

- Agorafobia: el miedo y la evitación de lugares o situaciones que pueden causar pánico o hacer que se sienta indefenso, atrapado o avergonzado.

- Trastorno de ansiedad generalizada: ansiedad persistente o excesiva que incluye preocuparse por eventos o actividades. La preocupación es incontrolable y afecta cómo uno se siente físicamente. Se acompaña de otros trastornos de ansiedad y, en ocasiones, de depresión.

- Trastorno de pánico: experimentar episodios repetidos de miedo, terror o ansiedad repentinos e intensos que provocan ataques de pánico en cuestión de minutos. Los sentimientos incluyen dificultad para respirar, palpitaciones o palpitaciones, dolor en el pecho y pensamientos sobre la muerte inminente. Provoca preocupación por la ocurrencia de estas emociones o por evitar situaciones donde podrían ocurrir.

● Ansiedad médica: experimentar pánico o ansiedad intensos directamente relacionados con problemas de salud física.

● Mutismo selectivo: el fracaso constante cuando los niños, y a veces los adultos, no pueden hablar en ciertos entornos o situaciones, incluida la escuela, los entornos sociales y el trabajo, que podría afectar su funcionamiento en estos entornos.

● Trastorno de ansiedad social: el miedo y la evitación de cualquier tipo de situación social como resultado de sentirse cohibido, avergonzado o preocupado por el juicio o por ser percibido de manera incorrecta. Este trastorno implica niveles extremadamente altos de ansiedad.

● Fobias: una ansiedad importante que se desencadena por un objeto o una situación a la que uno puede tener miedo. La prioridad número uno para alguien con fobia es evitarla a toda costa, ya que puede provocar ataques de pánico.

● Trastorno de ansiedad por separación: un trastorno que ocurre en los niños y que comenzó durante la fase de desarrollo del niño debido a la separación de sus padres o tutores.

● Trastornos inducidos por sustancias: acompañados de síntomas de pánico y ansiedad severos causados por el uso indebido de medicamentos, drogas o alcohol. Con este trastorno, uno generalmente se siente desesperado sin él o temeroso de no poder acceder a él en un momento dado.

● Trastornos adicionales (especificados y no especificados): ansiedad o fobias que son tanto angustiantes como perturbadoras para la vida.

¿Debería consultar a un médico o diagnosticarse usted mismo?

Si siente que está preocupado por tener un posible trastorno de ansiedad o se siente impotente acerca de sus sentimientos o comportamiento de manera constante, debe pensar en buscar tratamiento médico de inmediato. Una buena indicación para consultar a un médico sobre un trastorno potencial o su tratamiento es considerar si afecta su trabajo, sus relaciones y diferentes aspectos de su vida. Si constantemente experimenta miedo, depresión, está preocupado por su salud mental debido a una ansiedad incontrolable, tiene problemas con el abuso de sustancias o teme que su ansiedad pueda estar relacionada con problemas médicos de salud, también debe buscar ayuda.

Si no está preocupado por su ansiedad y siente que es temporal y podría desaparecer por sí sola sin empeorar con el tiempo, no es necesario que busque apoyo profesional inmediato. Todos experimentan cierto grado de estrés y pánico en sus vidas. Sin embargo, cuando se vuelve persistente o peor, es cuando debe tomarlo en serio y abordarlo.

Las principales opciones de tratamiento para los trastornos de ansiedad por parte de los profesionales médicos son las siguientes:

● Medicamentos antidepresivos: un medicamento recetado, generalmente combinado con la terapia cognitivo-conductual (TCC) para combatir la ansiedad y la depresión juntas. Este medicamento contiene inhibidores selectivos de la recaptación de serotonina (ISRS), que actúa produciendo menos efectos secundarios que los medicamentos recetados anteriormente, como los betabloqueantes.

● Terapia cognitivo-conductual (TCC): terapia que se usa junto con medicamentos antidepresivos para tratar la ansiedad, la depresión y el miedo. Actúa ayudando a los pacientes a aprender a recuperar el control de sus sentimientos y de su vida.

● Ejercicio: una solución simple pero muy eficaz para liberar hormonas que hacen sentir bien, incluida la serotonina, en el cerebro. El ejercicio siempre te hace sentir mejor, ya sea mental o físicamente. Puede proporcionar una sensación de que tiene el control de algo en su vida, como volverse más fuerte en su cuerpo o mejorar su estado físico. Le permite esforzarse y confiar en su capacidad para completar la rutina de ejercicios que planeó para usted todos los días. Lo mantiene responsable, lo ayuda a relajarse y promueve el bienestar general.

● Métodos de relajación: si la ansiedad y la depresión lo hacen sentir fuera de control, tomarse el tiempo para implementar un método de relajación solo puede ser beneficioso para usted. Incluye la meditación y la práctica de la atención plena. También puede participar en un pasatiempo que lo haga sentir más relajado, como leer, practicar yoga, respirar profundamente o escuchar música relajante. Puede relajar su sistema nervioso y mejorar la calidad de su vida diaria.

Para prevenir por completo el desarrollo de trastornos de ansiedad, la clave es obtener ayuda temprano, ya que es un trastorno de salud mental que requiere tratamiento. Cuanto más espere para tratarlo, más difícil será tratarlo, ya que puede seguir empeorando. También debe evitar el consumo de alcohol y drogas, incluido fumar cigarrillos, para evitar que su ansiedad empeore. Si su condición aún está poco desarrollada, debe hacer todo lo posible por mantenerse activo, participar en la interacción social y entablar tantas relaciones afectivas como sea posible.

La presencia de ansiedad en las relaciones

Imagínese si reacciona de forma exagerada a situaciones estresantes y hace algo tan simple como prepararse demasiado para un evento social o tal vez incluso una tormenta. Puede parecer inofensivo. Quiero decir, es mejor estar demasiado preparado que mal preparado, ¿verdad?

Si.

Sin embargo, indica la presencia de ansiedad. Cuando tiene pensamientos ansiosos sobre cualquier cosa que sea completamente simple para quienes lo rodean, podría estar sufriendo un trastorno de ansiedad. ¿Cómo afecta eso a las personas en su vida, especialmente a su cónyuge? Bueno, aunque le parezca un problema subyacente, puede ser agotador para su pareja o para cualquier otra persona en su vida. Sobrestimar los eventos o considerar todo lo que podría salir mal, no es algo de lo que todo el mundo quiera escuchar. Aunque es necesario aceptar a las personas que nos rodean, incluida tu gente que te acepta, este es solo un signo de ansiedad que podría afectar negativamente una relación.

Ahora imagine reaccionar de forma exagerada, no solo ante eventos potencialmente estresantes, como un gran evento o una tormenta inminente, sino también ante situaciones en el trabajo. Si es propenso a estresarse más de lo normal por el trabajo, incluidas sus responsabilidades o fechas límite, podría estar trayendo gran parte de su estrés y ansiedad a casa. Puede dañar a su familia. También puede hacer que le resulte difícil relajarse, lo que también podría hacer que las personas que lo rodean se pongan tensas. No sé ustedes, pero una relación tensa es incómoda y desagradable.

Si se asusta fácilmente, su respuesta a cualquier imprevisto puede afectar su vida y la de quienes le rodean. Eso incluye tener dificultad para concentrarse, luchar para dormir, pensar demasiado en las irrealidades, tener dolores de cabeza, dolores musculares o experimentar tensión, problemas de garganta, sudoración, temblores y náuseas. Todos estos síntomas de ansiedad tienen un efecto en su salud física y mental y alteran su calidad de vida, lo que también perturba la vida de las personas que lo rodean.

Entonces, si alguna vez pensó que la ansiedad era algo de lo que podía deshacerse o esconderse de las personas que lo rodeaban, está equivocado. Le afecta de más formas de las que puede imaginar, y probablemente más de las que le gustaría admitir. La ansiedad causa pánico, miedo, inquietud y sentimientos tensos. Afecta todas las áreas de tu vida porque te afecta a ti.

CHAPTER 47:

Hábitos

El hábito del sueño

Por la mayoría de las personas con depresión, lo crea o no, la causa número uno de esa depresión es el "sueño". No me importa si estás pasando por un divorcio, has perdido a un ser querido, estás en bancarrota o simplemente te has sentido deprimido durante mucho tiempo sin razón aparente.

El sueño es una necesidad absoluta para que su cuerpo autorregule todas sus emociones reprimidas. Sí, sé que algunos de ustedes sienten que duermen demasiado, pero el problema es que simplemente no duermen de manera reparadora.

Estos son los hábitos de sueño que debe seguir para prepararse para dormir:

1. Acuéstese a la misma hora todas las noches. Incluso los fines de semana para regular el horario de sueño natural de su cuerpo.

2. Levántese a la misma hora, incluso los fines de semana. Programe la cantidad de sueño que necesita según la cantidad de horas que necesite para sentirse bien descansado. Si necesita cafeína para sentirse despierto, entonces no ha descansado bien.

Empiece por planificar intencionadamente 9 horas de sueño. Si se despierta solo y se siente descansado, entonces ha dormido la cantidad adecuada de sueño.

Experimente para reducir las horas de sueño, pero tenga en cuenta que la mayoría de las personas necesitan entre 7 y 9 horas de sueño. Lo más probable es que se beneficie de las 9 horas completas.

Por cierto, deshazte del uso de cafeína por completo.

No confunda la somnolencia con la abstinencia de cafeína. La cafeína tiene terribles efectos de abstinencia, haciéndote sentir dolores de cabeza y una sensación de somnolencia que pide esa inyección de cafeína. ¡No lo hagas!

3. No tome siestas durante el día. Las siestas alterarán enormemente su horario de sueño. Si duerme la siesta durante el día, incluso en sus días libres, su horario de sueño se sale de control y su cuerpo se confunde.

Si siente la necesidad, siéntese derecho o, mejor aún, párese o haga algo con los pies. Agradezca que se sienta somnoliento y retrase la energía del sueño hasta la hora designada para acostarse.

4. Atenúe las luces de su casa aproximadamente una hora antes de acostarse. Apague las luces, consiga algunas bombillas de baja intensidad y enciéndalas en las lámparas seleccionadas si es necesario.

Tu cuerpo necesita sentir que se acerca la noche; de lo contrario, sentirá que estás tratando de dormir mientras aún sale la luz del sol.

5. Haga su rutina de la hora de acostarse media hora antes de acostarse. Apague las luces, cepille sus dientes, tome una ducha o un baño tibio, o cualquier otra cosa que haga antes de acostarse. Sea constante, su cuerpo y su mente reconocerán la rutina y automáticamente comenzarán a sentirse somnolientos.

6. Mantenga su habitación solo para dormir y tener relaciones sexuales. No mire televisión ni tenga sus dispositivos de computadora en el dormitorio. Deje de mirar televisión o navegar por Internet aproximadamente media hora antes de acostarse.

Las pantallas de la televisión, la computadora y los teléfonos inteligentes simulan que su cuerpo está despierto y estimulan su cerebro demasiado para sentir sueño.

Puede leer en la cama, solo si se acuesta temprano. No lea si ya pasó su hora real de acostarse, ya que la lectura también estimulará su cerebro.

¿Qué pasa si no puedo quedarme dormido?

Si no puede dormir mientras está en la cama, puede haber un par de razones. Es posible que haya tomado una siesta durante el día y su cuerpo ahora tenga la energía adicional, o su mente aún puede estar acelerando todas las experiencias que ha tenido durante el día. Aprenda de ese error y no lo repita.

Si constantemente tiene problemas para dormir, también debe consultar con su médico, ya que algunas personas pueden pasar años con trastornos del sueño, como apnea del sueño, y nunca saben que lo tienen o reciben tratamiento.

¡Existe un buen conjunto de hábitos que son muy útiles para el insomnio!

Si no puede dormir, haga lo siguiente:

1. Pase lo que pase, quédese en la cama.

2. Haz algo de meditación. La meditación en la cama es una excelente alternativa a dormir, ya que su mente seguirá descansando (mucho más descanso que quedarse despierto leyendo o viendo televisión), incluso cuando esté despierto.

Las meditaciones autoguiadas son excelentes para esto. Aquí hay un ejemplo de una meditación autoguiada simple pero muy buena para descansar tu mente:

Cierre los ojos, respire profundo y lentamente mientras relaja deliberadamente su cuerpo de la cabeza a los pies.

Luego imagina que tu cama comienza a flotar. Imagínese flotando suavemente por la ventana y hacia el cielo. Llévate a un hermoso lugar que te guste.

Un ejemplo es ir a un hermoso lugar en una montaña, cerca de un riachuelo tranquilo donde puedes tumbarte escuchando el correr del agua y el suave canto de los pájaros.

Observe y sienta los hermosos alrededores. Haga esto todo el tiempo que quiera.

Luego, vuelva a flotar y navegue suavemente por el cielo de regreso a su hogar. Observe toda la belleza de la vista y sienta el aire fresco mientras flota por el cielo.

Vuelve a flotar en la ventana de tu dormitorio y aterriza suavemente.

Expresa agradecimiento y siéntelo por todas las cosas que viste y sentiste en tu hermoso viaje.

Repite todo lo que quieras y hasta que te duermas. La ventaja de la meditación guiada es que eliges concentrarte en lo que quieres en lugar de dejar que tu mente divague en pensamientos posiblemente no deseados. Incluso si no duerme, su mente todavía está descansando mientras hace esta meditación guiada y relajante.

Ahora que hemos establecido la importancia del sueño, veremos qué hacer cuando se despierte.

El hábito del movimiento diario

Aquí hay otro hábito diario que debes hacer. Preparas tu cuerpo y tu mente para el día. Recuerda que la mente está conectada a tu cuerpo. Así que vas a poner en marcha tu cuerpo a primera hora de la mañana.

Una vez que comience a hacer esto y sienta los beneficios, sentirá que se está perdiendo el día cuando se pierda esta rutina.

Planee levantarse una hora antes para salir a caminar o trotar durante al menos 20 minutos; 40 minutos es incluso mejor.

NOTA: debe consultar a su médico antes de comenzar una nueva rutina de ejercicios.

El ejercicio es la clave para cualquiera que se ayude a sí mismo con la aptitud de la mente y el cuerpo. El ejercicio no solo mejora su cuerpo, sino que para nuestros propósitos es un limpiador de toxinas.

La mayoría de las personas acumula tensión y estrés a lo largo del día acumulando adrenalina y otras toxinas. Estas toxinas tienen un propósito especial para darnos la energía extra para enfrentar situaciones difíciles y ayudarnos a reaccionar incluso cuando estamos en peligro.

El problema es que al final del día, las toxinas se acumulan en nuestro organismo. La única forma conocida de deshacerse de estas toxinas es el ejercicio. Ejercicio cardiovascular para ser más específico.

Entonces, lo más simple que puede hacer es hacer un poco de ejercicio cardiovascular manteniendo su frecuencia cardíaca al ritmo recomendado durante al menos 20 minutos. Haga esto al menos 3 días a la semana, si no los 7 días.

NOTA: Dependiendo de los problemas de salud o lesiones que pueda tener, siempre consulte a su médico antes de comenzar cualquier actividad de ejercicio.

Ejercicio de empoderamiento

Cuando despierte, levántese de inmediato, póngase los zapatos y salga a caminar. Esta es una excelente manera de cargar su cuerpo y realmente energizar su día.

Lo siguiente es adoptado por el método de Tony Robbins sobre cómo comenzar el día y lo he usado durante mucho tiempo con algunos cambios menores. Siéntase libre de adaptar esto a sus propias necesidades. Lo importante es que hagas un buen ejercicio cardiovascular.

Recuerde, el cuerpo y la mente están conectados. Esto es lo que haces:

1. Empiece una caminata rápida y respire profundamente. Cuando empiece a caminar para calentar su cuerpo, inhale mucho oxígeno por la nariz cuatro veces seguidas en rápida sucesión y luego exhale cuatro veces seguidas.

Entonces, por cada paso enérgico, inhala ruidosamente por la nariz. Llene su estómago en lugar de su pecho:

Inhala, inhala, inhala, inhala.

Luego exhale como si soplara por la boca cuatro veces:

Soplar, soplar, soplar, soplar.

Repita el patrón de respiración tres veces durante 30 respiraciones.

2. Enumere tres cosas por las que está agradecido. Por ejemplo, puede comenzar con el aire fresco en su cara y dos más.

Siente realmente los sentimientos de gratitud fluyendo dentro de ti. Es muy importante que sienta el agradecimiento.

3. Entonces siente que Dios (o tu poder universal) dentro de ti te sana. Siente a Dios sanándote desde dentro. Sanando tus emociones, tus relaciones, tu cuerpo y tu espíritu. Siente realmente cómo Dios te sana desde dentro.

Si no crees en Dios, siente que las fuerzas del universo convergen dentro de ti para curarte. Es importante que se sienta sanando de adentro hacia afuera.

4. A continuación, enumere tres cosas importantes que va a hacer hoy. Imagínese haciendo esto.

5. Llame a Cadence. Si está caminando, asegúrese de hacerlo a un ritmo lo suficientemente rápido como para aumentar su frecuencia cardíaca. Comience a llamar la cadencia a su caminar o trotar con un patrón similar al de su respiración.

Las cadencias son habituales en el ejército por una razón. Hay un poder de diálogo interno en el ritmo que energiza tu cuerpo y tu alma. Antes incluso de saber sobre la depresión, usé cadencias para ayudarme a terminar un maratón de 26 millas.

Todo maratonista sabe que después de las primeras 10 millas, estás luchando contra tu mente en lugar de contra tu cuerpo. Las cadencias son una excelente manera de mantenerte concentrado en el ejercicio y puedes combinarlas con cualquier aspecto de la vida.

Continúe caminando rápidamente o si puede empezar a trotar.

Estas cadencias deben ser de naturaleza positiva y describir lo que desea. Asegúrate de seguir la cadencia de tus pasos.

Algunas cadencias de ejemplo:

"Cada día, en todos los sentidos, me vuelvo más y más fuerte".

"Doy amor. Yo recibo amor "

"Me siento bien. Luciendo bien. Sintiéndome fuerte ".

Puedes repetir una o más de tus cadencias como desees y cuáles quieres que sean tus metas.

6. Termine y estire. Tómate 5 minutos para estirarte en silencio. Pon música de meditación si puedes.

7. Listo. Desayuna, bebe tu agua y comienza tu día.

Si puede, también le recomiendo que haga algo de levantamiento de pesas. Pero esto es la guinda del pastel. Puede hacerlo inmediatamente después de su caminata o al final de la tarde después de un día completo de trabajo.

Aunque no es absolutamente necesario, el entrenamiento con pesas al menos tres veces a la semana durante tan solo 20 minutos, estimula sus hormonas para sentirse bien, lo fortalece, mejora su postura y puede mejorar su sensación general de bienestar y fortaleza mental.

Recomiendo hacer su rutina de caminar / trotar a primera hora de la mañana, porque realmente lo prepara para el día, tanto física como mentalmente de muchas maneras. Su cuerpo se energiza con la sangre que fluye a través de su cuerpo y mente mientras su corazón bombea sangre a través de sus órganos, cerebro y cerebro. Qué manera de empezar el día con más energía.

CHAPTER 48:

Asestando un golpe a la depresión y Forjando hacia el futuro

Hasta ahora, hemos aprendido que la ansiedad y la depresión son condiciones regulares y dolorosas. Los sentimientos pueden variar desde un sentimiento normal de depresión que puede durar varias semanas hasta una afección grave que podría requerir tratamiento en un hospital. La TCC funciona con o sin medicamentos antidepresivos y se ha demostrado que reduce las tasas de recaída.

Un primer paso crucial para ayudarlo a lidiar con la depresión es saber qué pensamientos pasan por su cabeza y familiarizarse más con cómo reacciona ante situaciones problemáticas. Muchos de nosotros estamos atrapados en caminos negativos y automáticos. Algo sucede, y luego los pensamientos, sentimientos y comportamientos caen en cascada unos sobre otros inevitablemente.

Un autoanálisis cuidadoso es fundamental para poder pausar este proceso y analizar lo que está sucediendo.

Las personas que padecen depresión suelen tener lo que se conoce como tríada cognitiva. Este es el conjunto de tres puntos de vista negativos que caracterizan la depresión: puntos de vista negativos sobre usted, puntos de vista negativos sobre el mundo y puntos de vista negativos sobre el futuro.

Es útil buscar cualquiera de estos patrones de pensamiento negativos en su vida. La primera parte de la tríada cognitiva, las opiniones negativas sobre uno mismo, es algo fácil de reconocer. Estos son los pensamientos automáticos que incluyen los pronombres personales yo, me o mi. Es posible que se encuentre diciendo cosas como esta:

Yo soy una mala persona.

Nadie me quiere.

Soy terrible en mi trabajo.

Como ejercicio, tómese un tiempo para escribir los pensamientos que tiene repetidamente que son negativos sobre usted mismo. ¿Cuál es la forma en que te castigas a ti mismo? ¿Cómo te hablas a ti mismo cuando ocurre un error? Estas declaraciones negativas son globales y parecen surgir automáticamente. No se tome el tiempo para evaluar si las declaraciones son verdaderas o no. Simplemente escríbalos.

El segundo elemento de la tríada cognitiva es la visión relacionada con el mundo en general. A veces, estos son más difíciles de detectar porque muchas personas piensan erróneamente que sus puntos de vista negativos son descripciones precisas del mundo. Muchas personas con alteraciones del pensamiento tienen la vaga sensación de que es el resto del mundo el que está perturbado, y solo ellos ven las cosas con precisión.

Una buena pista de que es una perspectiva negativa en contraposición a una descripción precisa del mundo es que es absoluta: si cree que algo nunca funciona o siempre es malo, probablemente esté exagerando el caso.

De cualquier manera, tómate un tiempo para escribir los pensamientos negativos que tienes sobre el mundo. No evalúe si las afirmaciones son verdaderas o no; En este punto, busque pensamientos negativos y dirigidos hacia afuera. Algunos ejemplos incluyen:

- Todos los hombres son unos idiotas.

- Los poderosos son corruptos.

- La vida es injusta.

La última parte de la tríada cognitiva negativa son los pensamientos negativos que tienes sobre el futuro. Podrías decirte a ti mismo:

- Mi vida empeorará.

- Nada saldrá bien.

- El mundo se va a destruir a sí mismo.

Estos pensamientos son predicciones sobre cómo van a salir las cosas y, en general, son negativos. Sin detenerse a determinar si son ciertos o no, anote todos los pensamientos negativos que tenga sobre el futuro. ¿Te concentras en el hecho de que las cosas irán mal? ¿Está prediciendo continuamente resultados negativos para las cosas que podría intentar?

Mira tus listas. ¿Hasta qué punto eres negativo en general? ¿En qué categoría son tus pensamientos los más negativos? Es crucial que tenga una buena idea de cómo se manifiestan sus pensamientos negativos y dónde debe concentrar su tiempo.

Muchas personas acuden a terapia con el conocimiento general de que están tristes, preocupadas o cínicas. Por otro lado, sus pensamientos se sienten verdaderos y precisos. No eres pesimista. Podrías pensar que eres realista. Evaluar todos sus pensamientos negativos como colectivo es una forma de darse cuenta de que existe un patrón general de pensamientos negativos.

El acto de pensar en sus pensamientos es una habilidad en sí misma y debe desarrollarse. A veces será difícil para las personas establecer la capacidad de analizar sus pensamientos.

¿Qué efecto tuvo el pensamiento negativo? ¿Cambió su comportamiento de alguna manera? ¿Podrías imaginar que tu comportamiento cambiaría si tuvieras un pensamiento diferente?

Haga una hoja de trabajo con cinco columnas: situación, sentimientos, reacciones físicas, comportamientos y pensamientos.

Con la situación en la que está pensando, complete cada columna. En la categoría de situación, escriba qué sucedió quién estuvo involucrado, dónde sucedió y cuándo sucedió. En la columna de sentimientos, escriba lo que sintió y clasifique la intensidad de esa emoción del 1 al 10. En la columna de reacciones físicas, escriba cómo reaccionó su cuerpo y clasifique eso del 1 al 10. En la columna de comportamientos, escriba el acciones que hiciste. Finalmente, en la columna de pensamientos, escriba los pensamientos que tuvo en esa situación.

Analice cuál es la relación entre estas columnas y cómo interactúan entre sí. A medida que avanza en su vida, desarrolle el hábito de ver las cosas desde el exterior y analizarlas de esta manera.

Puede ser útil completar este formulario todos los días. Asegúrese de dedicar tiempo a analizar sus situaciones y comportamiento para que desarrolle una conciencia de los patrones.

Cada persona tiene tipos específicos de situaciones que ponen en marcha sus caminos negativos automáticos. Tiene desencadenantes que lo estimulan a pensar, a sentir y a comportarse que lo llevan a cambiar. Para abordar tus problemas, debes saber qué tipo de situaciones te resultan difíciles y desencadenan tus patrones negativos.

A veces, ya conocerá sus factores desencadenantes. Para otras personas, es difícil identificar las situaciones específicas que provocan emociones problemáticas. Puede pensar que siempre está triste o que siempre bebe demasiado y no puede identificar situaciones específicas que se convierten en problemas.

Un primer paso útil puede ser controlar los sentimientos o comportamientos problemáticos. Puede comprobar y ver si hay algunas situaciones en las que los sentimientos son peores o los comportamientos más problemáticos. Imagínese a alguien que piensa que siempre está enojado. Al principio, esta persona podría pensar que está enojada todo el tiempo. Pero si supervisó cuidadosamente sus sentimientos y determinó cuándo eran más fuertes, comenzará a ver patrones. Quizás, en este caso particular, se enoja más con su hija adolescente cuando no hace su tarea o rompe el toque de queda. Podría descubrir que su ira hacia su hija se desbordaba por el resto de su vida.

Puede usar una hoja de trabajo de monitoreo simple como la que se muestra a continuación. Cuando lo use, observe qué situaciones son las más difíciles y califique sus sentimientos del 1 al 10. Cuando lo haga, a menudo comenzará a ver patrones. Imagínese a Richard, que se siente infeliz en su nueva escuela todo el tiempo. Si llenó la hoja de trabajo, podría verse así.

Cuando Richard mira la hoja de trabajo, toda llena, descubre que se sentía infeliz en situaciones sociales. No estaba enumerando la infelicidad cuando estaba en clase o respondiendo preguntas. Solo se sentía infeliz cuando se sentía excluido socialmente. Le ayudó a darse cuenta de que académicamente la escuela iba bien. Quizás estaba en una banda y no se sentía infeliz en la banda. Eso podría ir bien. El problema fue cuando se sintió rechazado socialmente.

Las situaciones pueden involucrar eventos interpersonales, cosas solitarias o incluso cosas imaginadas. Pueden ser recuerdos, imágenes parciales o imágenes mentales a las que está respondiendo. A menudo están bloqueados en ciertos momentos del día, así que asegúrese de hacerse preguntas sobre los aspectos contextuales de la situación.

Mientras identifica situaciones, hágase las preguntas W. ¿Qué sucedió? ¿Quien estaba involucrado? ¿Dónde ocurrió? ¿Cuando sucedió? En cierto modo, es similar a ser periodista, averiguar los hechos del asunto. Debe tener una idea de qué eventos causaron los sentimientos o comportamientos negativos a los que se dirige.

A veces, si está luchando por descubrir qué es importante en una situación en particular, describa la situación con gran detalle. Los eventos existen en múltiples sentidos, incluidos los sonidos, los olores y el tacto. Cuando usa múltiples sensaciones, puede ayudarse a visualizar el espacio que ocupaba e identificar las vistas, los sonidos y las sensaciones para ayudar a desencadenar su memoria. Si la situación involucró a otra persona, puede pedirle a confidentes de confianza que representen la situación con usted. Pueden tomar el lugar de la otra persona y luego puedes analizar la situación nuevamente.

Una cosa común que sucede es que la situación que causa sentimientos y pensamientos negativos no es solo una situación discreta o un solo momento. Las situaciones que nos desencadenan pueden evolucionar. Una disputa con un amigo puede comenzar como un insulto o una herida bastante menor y luego escalar rápidamente a insultos mutuos antes de salir herido y herido. Es probable que sus pensamientos y sentimientos evolucionen a lo largo de toda la interacción. En esos casos, es útil dividir el conjunto de eventos en momentos específicos con varias etapas de la interacción.

Sea siempre lo más específico y concreto posible cuando le describa estas situaciones. Cuando identifica situaciones desencadenantes en términos vagos, no tendrá una idea completa de lo que sucedió. En lugar de decir: "Mi esposa no respeta mi trabajo", sería mejor decir: "Mi esposa me dijo que pensaba que su trabajo era más importante que el mío".

Cuando te vuelves más específico y concreto, avanzas en el proceso de describir el mundo sin interpretación. A veces, nuestros pensamientos colorean lo que son nuestros recuerdos. En el ejemplo anterior, su esposa le dice que pensaba que su trabajo era más importante. Pero, ¿y si hubiera dicho que no quiere perderse un evento laboral para su empresa para asistir a un evento laboral para la suya? Es posible recordar esta interacción porque ella piensa que su trabajo es más importante. Pero en un análisis más detallado de ese pensamiento, la situación no lo justifica. El hecho de que ella no esté dispuesta a priorizar su trabajo sobre el de ella no significa que piense que su trabajo no es importante.

Una forma de pensar en esto es que los hechos de una situación son diferentes al significado de una situación. El objetivo es separar los hechos de los pensamientos y sentimientos sobre la situación. Un ejemplo podría ser que podría describir a su hijo como grosero con su maestra. Grosero es un adjetivo y describe lo que piensa sobre las acciones de su hijo, pero no describe lo que hizo su hijo. ¿Cuál fue la acción?

No registre situaciones con sus pensamientos y sentimientos incrustados en ellos. En lugar de pensar, "Estaba tan enojado con mi madre cuando llegó tarde", separe esos dos elementos. Tu madre llegó tarde y estabas enojada. El evento sucedió sin los sentimientos, y luego sucedieron los sentimientos.

CHAPTER 49:

Cambia tu enfoque: cambias tu vida

A veces, lo que necesita para reducir la ansiedad y el estrés es cambiar su enfoque. Cuando intentas evitar que los pensamientos entren en tu mente, más pensamientos siguen apareciendo.

Una de las mejores formas de evitar ese ciclo de pensamiento es simplemente cambiar de canal. Cambias tu enfoque, cambias la calidad de tu vida.

La historia de Macy

Macy (no es su nombre real) sintió que su vida estaba estancada en la rutina. Sintió que vivió una vida no tan notable y fue como si se alejara de su adolescencia hasta el día de hoy, pasando de una relación a la otra.

Ahora tiene casi 40 años y todavía tiene el mismo trabajo de nueve a cinco en el que ha trabajado durante los últimos 10 años. Sin cambios de carrera ni promociones. En todo caso, lo más grande que pasó en su vida fue tener a su primogénito.

Ella sufría de síndrome de ovario poliquístico y sentía que su hijo Dean, que ahora tiene 3 años, fue nada menos que un milagro. Su esposo no tenía trabajo y se quedó en casa para cuidar al niño. Se sentía como la leona que todos los días salía a mantener su orgullo.

No es que nunca hayan intentado tener una vida mejor para sí mismos. Hace tres años, ella y su esposo abrieron un mostrador de comida para llevar donde Macy iba a trabajar. Su marido era un cocinero extraordinario.

A la gente le encantaban las comidas caseras que ofrecían. Sus almuerzos fueron un gran éxito. Todos querían lo que servían. La gerencia estaba feliz de tenerlos también, ya que reciben almuerzos gratis de vez en cuando.

Cuando las cosas empezaron a mejorar, Macy se enteró de que estaba embarazada. Fue un milagro, pero sintió que era inoportuno.

Como alguien tuvo que quedarse en casa para cuidar a su recién nacido, el esposo de Macy finalmente tuvo que quedarse en casa y ella volvió a trabajar después de que terminó su licencia de maternidad. ¿Qué pasó con su negocio de carritos de comida?

Bueno, tuvieron que dejar eso en espera hasta nuevo aviso.

Avance rápido hasta hoy, Macy sintió que la presión aumentaba. No tienen capital para comenzar un nuevo negocio y ella cumplía 40 años. Sus amigos, que tenían su edad, ya eran ricos y tenían hijos mayores.

Todavía estaban en la carrera de ratas, por así decirlo, y Macy estaba atravesando una crisis de la mediana edad. Ella nunca pensó que podría sentirse de esa manera ya que pensó que era una cosa de hombres. Pero la vida la estaba alcanzando y las cosas no se veían tan bien.

Comenzó a sentir que su esposo no estaba realmente haciendo lo suyo, ya que parecía que en realidad no estaba tomando ninguna iniciativa para tratar de mantener a su familia. Lo peor es que estaba empezando a sentirse atraída por hombres que parecían más exitosos que su marido.

En un momento le confesó a un amigo cercano que de alguna manera quería cambiar las cosas y que tal vez eligió al hombre equivocado después de todo. Pero ahora sentía que estaba atrapada en un trabajo sin salida y una relación que parecía ser algo que la estaba frenando.

Pero algo cambió desde la última vez que hablé con ella. Aprendió a vivir cambiando su enfoque. Hoy disfruta de su vida.

Su esposo todavía estaba tratando de encontrar trabajo, todavía está trabajando en ello. Ahora que existe una cuarentena comunitaria en todo el país debido a la pandemia del virus corona, encontrar trabajo como reparador no será tan fácil.

Pasan todo el tiempo juntos como familia; han estado haciendo eso durante todo un mes desde el cierre debido a la propagación del COVID-19. Entonces, ¿qué cambió en las últimas 4 semanas desde entonces? Era su perspectiva, su enfoque cambió.

Pasar tiempo con las personas que más le importaban ayudó a cambiar su perspectiva. Seguro que él era un "ama de casa" (así es como llamaban a los tipos como él) y ella hizo todo el trabajo. Pero apreciaba el trabajo que hacía su esposo cuidando a su hijo.

Pudo cambiar la forma en que veía las cosas, aprendió a valorar a su hijo más que a su carrera y se dio cuenta de la gran influencia que tiene su familia para ella. Y eso la motivó a hacerlo mejor.

Es una habilidad que se puede adquirir

Cambiar el enfoque de uno es en realidad una habilidad, es algo que la gente puede adquirir. Te da un gran golpe en la dirección correcta. Cuando se encuentra en una situación contra la pared, puede cambiar las cosas simplemente cambiando su enfoque.

Stephen Covey llama a esto un cambio de paradigma. Cambias la forma en que ves las cosas y cambias el centro de tu perspectiva, y estás preparado para algo que realmente cambie las reglas del juego.

En el caso de Macy, encontró una manera de trabajar desde casa y pidió la ayuda de su esposo para trabajar también cuando la pareja no está ocupada cuidando a sus hijos. A veces se turnan para cuidar a su bebé.

La mayor cooperación tanto en el cuidado de los niños como en el cuidado de la familia ha cambiado drásticamente la forma en que la pareja ve su condición actual y cómo ahora planifican un futuro mejor a pesar de estos días sombríos.

La clave del enfoque que cambia la vida

Según el entrenador de vida JD Meier, una de las claves para cambiar tu enfoque es hacerte las preguntas correctas. Hágase las preguntas correctas y provocará sus pensamientos. También te hace explorar otras posibilidades.

Hacer y responder mejor a las preguntas que invitan a la reflexión lo obliga a tomar una posición. También te obliga a razonar y desafía tu forma de pensar actual permitiéndote ver las cosas desde una nueva perspectiva.

Por qué es crucial cambiar su enfoque

Al hacer preguntas y desafiar sus prejuicios y suposiciones actuales, aumenta sus posibilidades de mejorar sus resultados. No puede esperar mejorar su suerte en la vida a menos que cambie su forma de pensar.

Si todavía está atrapado en una mentalidad de empleado de ingresos únicos, entonces no lo espere en la vida y acumule algunas riquezas como emprendedores de alto riesgo. Para vivir como un emprendedor millonario necesitas cambiar tu forma de pensar a la de un emprendedor.

Mejore las preguntas y haga mejores y obtendrá mejores resultados. Mejor serás. Cuanto mejores sean sus posibilidades de cambiar su enfoque para mejor.

Consejos para cambiar su enfoque

Antes de repasar los pasos reales que puede seguir para cambiar su enfoque, aquí hay algunos consejos y pautas que puede utilizar para ayudarlo a lograr un cambio de paradigma.

- No hagas declaraciones, haz preguntas

Las personas generalmente intentan decirse a sí mismas en qué concentrarse. Me gustaría decirte ahora mismo que eso nunca funciona. Puedes decirte a ti mismo que debes ser una mejor persona, pero que podría pasar un tiempo antes de que ese mantra entre en vigencia en tu vida.

La mejor opción es hacer preguntas que inviten a la reflexión y que desafíen su punto de vista actual. Por ejemplo, en lugar de decirse a sí mismo que deje de concentrarse en los despidos actuales de la empresa, pregúntese cuál es la mejor opción para usted: permanecer en esta empresa o buscar mejores oportunidades en otro lugar.

- Haga menos preguntas de por qué y más preguntas de cómo

En lugar de preguntarse por qué siempre llega tarde a todo: al trabajo, a recoger a sus hijos, etc., pregúntese cómo puede llegar a tiempo a partir de este momento. Cómo las preguntas motivan su lado creativo para encontrar soluciones.

- Haga preguntas que lo hagan concentrarse en lo que realmente quiere

La vida siempre te dará obstáculos. Siempre habrá rocas en el suelo que pueden hacerte tropezar. Existe esa altura aterradora cuando caminas sobre la cuerda floja. Cuando está esquiando, no debe mirar a los árboles.

Haga preguntas que lo llevarán a concentrarse en sus deseos y metas de vida. Pregúntese cuánto dinero quiere ver en su cuenta bancaria. Pregunte qué tipo de automóvil desea realmente conducir. Pregúntese dónde quiere ir para unas vacaciones de ensueño.

- Haga preguntas relacionadas con el futuro

El futuro es donde está la aventura. En lugar de preguntar por qué las cosas salieron mal, pregúntese cómo puede aprovechar al máximo esta situación para mejorar su futuro. Pregunte cuál es su próximo movimiento para mañana. Estas preguntas le ayudarán a aumentar su resolución y concentrarse en lo que puede hacer en el futuro.

- Haga preguntas que provoquen emociones positivas.

¿Se da cuenta de lo indulgente que es la gente cuando asiste al funeral de alguien? Es obvio que no todas las personas que mueren son verdaderas santas. Pero cuando escuchas el elogio o los testimonios de las personas que asisten a los funerales, suelen recordar las cosas buenas de los fallecidos. Traen recuerdos felices y cosas que desencadenan recuerdos felices y buenos sentimientos.

Puedes usar el mismo principio cuando haces preguntas que te ayudarán a cambiar tu enfoque. Si tuviste un mal día, no te preguntes qué es lo peor que te pasó ese día. En cambio, deberías preguntarte cuál fue tu parte favorita de ese día.

Cambiar su enfoque una pregunta a la vez

Aquí hay una guía paso a paso sobre cómo puede hacer las preguntas correctas y mejorar su enfoque.

1. Da un paso atrás y toma un asiento trasero para que puedas ver el problema mucho mejor.

Es difícil concentrarse en las soluciones si tiene el problema en la cara que bloquea la vista de todo lo demás. Deje de resolver problemas y siéntese. Coge un bolígrafo un papel y responde las siguientes preguntas:

- ¿Cuáles son las cosas que te hacen sentir infeliz?

- ¿Qué va y qué no va bien?

- ¿Cuál es tu mayor preocupación hoy?

2. A continuación, haga preguntas más positivas y de apoyo esta vez.

- ¿Qué te hace feliz en este momento?

- ¿Qué está pasando bien en tu vida ahora mismo?

- ¿Cuáles son las cosas que te están yendo bien ahora?

3. No haga preguntas que tienden a desalentar el poder.

Evite preguntas que no tengan respuestas claras. Evite las preguntas que sean demasiado especulativas o las que se centren en temas vagos. No preguntes sobre situaciones que están fuera de tu control. Aquí hay algunas preguntas que debe evitar:

- ¿Por qué no puedo salir adelante en la vida?

- ¿Por qué me está pasando esto?

- ¿Podría haberme amado?

4. Haga preguntas más constructivas, afirmativas y de apoyo.

- ¿Cómo puede mi nuevo negocio beneficiar a otros y, a su vez, crear oportunidades para mí?

- ¿Qué más puedo hacer para impulsar aún más las ventas?

- ¿Cómo demuestro mi amor por mi familia mucho mejor de lo que estoy haciendo ahora?

5. Haga preguntas para resaltar lo positivo

- ¿Qué oportunidades tengo durante este bloqueo de la comunidad?

- ¿Cómo puedo maximizar las interacciones en línea para mejorar mi negocio?

- ¿Qué oportunidades se me han abierto a causa de esta recesión?

CHAPTER 50:

Date el regalo de la perspectiva

Asumir una actitud de humildad es una de las cosas más importantes que puede hacer por usted mismo. Te permite disfrutar del don de la perspectiva. Si piensa en términos dramáticos, eventualmente todo se convierte en una emergencia. Cada cosa negativa que sucede en tu vida parece una crisis. Nunca te quedas sin drama. Siempre operará a niveles máximos de estrés.

A mucha gente le gusta este estado mental, lo crea o no. Estas personas prefieren sentir dolor, siempre que sientan algo. En otras palabras, tienen tanto miedo del entumecimiento o la sensación de pérdida que creen que sentirán cuando se suelten. En consecuencia, prefieren vivir la vida con un alto nivel de estrés y presión.

Hable acerca de hacerse harapiento; hablar de vivir en una sopa mental tóxica. Eso es exactamente lo que sucede cuando intentas aferrarte a la idea de que la vida se trata de ti. Piensas que una vez que mueres, el mundo muere contigo porque no queda nadie para experimentar el mundo. Bueno, déjame decirte que el mundo tiene su propia realidad separada. Si mueres y no estás ahí para observar, créeme, el mundo seguirá adelante. Esto es parte de la realidad absoluta. La realidad no muere contigo.

Tienes que dejar de lado tu adicción al yo y la ilusión de control que te da. Una vez que te permites una buena dosis de humildad, desatas la perspectiva. Las cosas no son tan serias; las cosas no son tan grandes. Ciertamente, las cosas no son tan dramáticas como crees. El sol seguirá saliendo mañana. La gente seguirá adelante y continuará con sus vidas. Esta es una de las cosas más liberadoras que puedes hacer por ti mismo. Es una excelente manera de restablecer sus niveles de energía mental y emocional para que pueda convertirse en una persona más eficaz.

Cuando realmente crea que no es el centro del universo y que hay otros intereses y objetivos en competencia más grandes y valiosos que usted, estará bien. No perderás nada. Bueno, no del todo. Terminas perdiendo la ilusión y la falsa sensación de seguridad que el egocentrismo trae a la mesa. Además, terminas ganando perspectiva con respecto a lo siguiente.

Tu relación adecuada con los demás

Cuando te permites sentirte satisfecho siendo otra cara entre la multitud, comienzas a ver tus relaciones adecuadas con otras personas. En lugar de que la gente exista para complacerte o satisfacer tus necesidades, entiendes que eres parte del gigantesco concierto de jazz de la vida. Estás tocando tu pieza mientras todos los demás tocan su segmento, y lo dejas así. Ya no sientes que todo tiene que fluir a través de ti o que todo tiene que tener sentido para ti. Simplemente te mueves con la música. Estaba ahí antes de que aparecieras. Seguirá estando allí mucho después de que te hayas ido.

Conocer tu lugar en el gran esquema de las cosas te permite aceptar a las personas por lo que son. Esto funciona para reducir gran parte del drama innecesario en tu vida porque una vez que comprendes que el mundo no gira en torno a ti y tus sensibilidades, te vuelves más tolerante con las personas. Podrás dejar de esperar la perfección de los demás, mientras esperas que te acepten por lo que eres. Tus relaciones (y tu actitud hacia ellas) se convierten en calles de doble sentido.

Relación adecuada entre el pasado, el presente y el futuro

Otra gran perspectiva que obtienes es tu relación personal con tu pasado, presente y futuro. A menos que tenga acceso a una máquina del tiempo, no hay mucho que pueda hacer sobre el pasado, excepto por una cosa: puede cambiar su percepción y lectura de su pasado. Esta es una de las cosas más fortalecedoras que puede hacer.

Si no puedes dejar atrás las heridas y los traumas del pasado, estás dejando que tu pasado te defina negativamente. Esto puede arruinar su vida porque no puede dejar de lado estas lesiones reales y percibidas del pasado. Deja de ser un prisionero de tu pasado eligiendo verte a ti mismo como un ser histórico. Sabes que hay muchas cosas que sucedieron en el pasado que podrías leer de una manera muy empoderadora y positiva para ayudarte a sentirte poderoso y en control del presente.

Como dice el viejo refrán: los que controlan el presente controlan el pasado; los que controlan el pasado controlan el futuro. Esto definitivamente se aplica a las narrativas personales. Si se adueña del hecho de que tiene el control de sus pensamientos y se niega a culpar a los demás o poner excusas, puede hacer mucho para desarrollar una mentalidad adecuada con respecto a su pasado. Tu pasado no tiene por qué ser un lugar de dolor, frustración, decepción y degradación. No tiene por qué involucrar imágenes mentales o películas psicológicas de tus padres que te abandonan, te abofetean, dicen palabras hirientes o no te tratan de la manera en que sientes que deberías haber sido tratado.

Tienes que entender eso incluso en el infierno; todavía quedan pequeños pedazos de cielo. Incluso en el cielo, todavía hay una manera de imaginarte en el infierno. Todo depende de tu perspectiva. Es por eso que es crucial enfocar su mente en el concepto de humildad y cambiar su atención del centro al lado. Si puede definirse a sí mismo de esta manera, entonces puede desarrollar una nueva relación con su pasado. Por supuesto, esto requiere que usted tome el control total de su personalidad. Si puede hacerlo, puede establecer un rumbo diferente para su futuro. Después de todo, tu pasado proporciona combustible emocional e inspiración para lo que harás en el futuro.

Si se define a sí mismo como un ganador, un vencedor y alguien que hace que las cosas sucedan, entonces es probable que su futuro sea mucho más brillante. Por lo menos, sería mucho mejor que si eliges imaginarte constantemente como una víctima o como alguien que simplemente tiene una mala suerte.

Relaciones adecuadas entre su potencial, sus capacidades actuales y sus capacidades pasadas

Lo más dañino de aferrarse a una narrativa egocéntrica es que, en la superficie, puede parecer un acto de confianza. Después de todo, debes tener confianza para pensar que eres el centro del universo, ¿verdad? Bueno, no del todo. Es posible que esté ocupando el centro porque está tratando de aferrarse a su vida. Lo que realmente sientes es que estás en el fondo o en el fondo del barril. No te sientes tan deseable. Sigues aferrándote al centro de tu conciencia e intentas filtrar todo según tus necesidades y lo que sientes que te mereces. Cuanto más lo hace, más deprimido, desanimado, frustrado o decepcionado se vuelve.

Cuando adoptas una actitud de humildad, comprendes que tus habilidades pasadas son solo puntos de partida, eso es todo. No te definen. No limitan lo lejos que llegará. Muestran dónde empezaste. Tu pasado simplemente indica con qué tienes que trabajar. Sus experiencias pasadas son bloques de construcción si decide aprovecharlas. Este es un cambio de mentalidad muy crucial porque su estimación de su potencial, capacidades presentes y habilidades pasadas tiene un papel importante que desempeñar en la cantidad de energía y enfoque que va a poner en hacer que las cosas sucedan en su vida.

Si está constantemente obstaculizado por la percepción negativa de sus habilidades pasadas, es muy fácil para usted definirse por sus fallas y deficiencias pasadas. No se equivoque al respecto, todos tenemos deficiencias y ninguno de nosotros salió de la puerta 100% ganador. Incluso Michael Jordan tuvo problemas para jugar baloncesto en la escuela secundaria. En muchas ocasiones se sintió decepcionado por su desempeño y dudaba de su capacidad para jugar baloncesto.

No importa cuántas veces hayas fallado en el pasado. No debes definirte por esos contratiempos. En lo que debe concentrarse es en el hecho de que ha comenzado. Al menos, pones un pie delante del otro y probaste algo. Es su decisión si puede seguir construyendo. Adoptar un cierto nivel de humildad te ayuda a tener una perspectiva adecuada de la relación entre tus habilidades pasadas, tus capacidades actuales y tu potencial futuro.

Sal de ti mismo para controlarte

Antes de continuar, permítanme recapitular rápidamente de qué se trata la terapia cognitivo-conductual. La TCC opera bajo la premisa de que los comportamientos desadaptativos provienen de pensamientos mal formados, imprecisos o incorrectos que surgen de narrativas personales inexactas o menos que óptimas. En términos sencillos, las acciones negativas que realiza y las emociones que siente provienen de pensamientos mal formados que surgen de sus narrativas personales inexactas o dañinas. Simplemente eligió leer su realidad personal negativamente.

En otras palabras, aquí no hay lugar para la culpa; no hay chico malo. En cambio, esta negatividad que sientes es en realidad solo un error. Si puede adoptar nuevas narrativas, puede vivir una vida más positiva porque se siente más positivo y con más poder, y esto le permite tomar acciones más positivas.

Una razón clave por la que las personas tienen comportamientos desadaptativos que parecen no poder detener es porque se aferran a narrativas negativas. Simplemente cambiando su enfoque de usted mismo a los demás, o al mundo en general, puede lograr un progreso tremendo en el cambio de su comportamiento y estados emocionales. Aumenta la probabilidad de que se sienta bien consigo mismo y actúe como una persona positiva, lo que luego lo hace sentir aún mejor, y repite el proceso una y otra vez.

En lugar de que este proceso lo arrastre hacia una espiral descendente, en realidad puede invertir la dirección de la espiral. Si te vuelves más positivo, te sentirás más empoderado. Esto lo lleva a ser más competente y a tener un impacto mayor y más positivo, no solo en las personas que lo rodean inmediatamente, sino en el mundo en general.

Es fácil decir esto; es fácil decir que solo necesitas intercambiar narrativas y todas estas cosas positivas asombrosas sucederán. Como probablemente ya sepa, hay muchas cosas en la vida que son más fáciles de decir que de hacer; CBT es definitivamente uno de esos. Entonces, si está teniendo dificultades para soltarse, elija preocuparse por los demás. Si realmente quieres potenciar el poder de la humildad en tu vida, haz esto: elige preocuparte por los demás.

No hablo de pensar en ellos. No estoy hablando de reducirlos a una especie de ícono o ritual, donde sientes que te sentirás mejor si piensas ritualmente en otras personas. Me refiero a cuidar de los demás. Aquí es donde entra en juego la compasión. Si considera que el cuidado de los demás es otro elemento de la lista de tareas pendientes o algo que puede reducir a algún tipo de ritual, entonces no se beneficiará completamente del poder de cambiar su narrativa de usted mismo. a otra cosa.

CHAPTER 51:

Planes de acción3

Plan de acción I: lidiar con pensamientos ansiosos

Nada impacta tus pensamientos tanto como la ansiedad. De repente, el mundo se paraliza y empiezas a pensar que las cosas y situaciones cotidianas pueden ser una amenaza para ti. La sensación de que todo va mal y de que no podrás afrontar la situación hace que la ansiedad sea psicológicamente peligrosa.

Puede comenzar a encontrar situaciones normales, o situaciones que le parecieron normales la última vez que ocurrieron, potencialmente peligrosas. Por ejemplo, tener tos puede molestarlo y obligarlo a pensar que padece algún trastorno crónico del cual la tos es un síntoma, o su hijo está a 10 minutos de la escuela puede obligarlo a pensar en todas las cosas incorrectas que podrían haber sucedido. a él.

Como regla general, las personas con ansiedad viven bajo el temor constante de que algo vaya tan mal que puedan ser terribles de afrontar. Lo que temen no es solo la situación, sino también el hecho de que no podrán manejarlos y permanecer tranquilos y seguros en ella. Se trata de una especie de círculo vicioso. Cuando se siente ansioso, está rodeado de pensamientos de miedo, hilo y evitación. Además, cuando considera una situación negativa o amenazante, es probable que se sienta ansioso por ella.

Lo que piensa tiene un impacto directo en lo que siente y, si puede controlar sus pensamientos, sus niveles de ansiedad disminuirán automáticamente. Tomemos el ejemplo de dos mujeres que esperan que sus hijos regresen de una fiesta a altas horas de la noche. Sus hijos han salido de una fiesta y habían prometido volver a las 11 de esa noche. La primera dama comienza a entrar en pánico cuando el reloj marca las 11, y cada minuto después de esa hora sus niveles de ansiedad aumentan. Para aumentar su miseria, comienza a pensar en todas las cosas malas que podrían haberle pasado a su hijo, lo que se suma sustancialmente a la ansiedad.

La segunda mujer también se pone ansiosa por saber por qué su hijo no ha vuelto a los 11. Sin embargo, recuerda todas las veces en que su hijo había prometido regresar a una hora determinada y había llegado 10 minutos tarde, por lo que sus niveles de ansiedad bajan. En ambos casos, las damas se pusieron ansiosas, sin embargo, mientras que la primera dama aumentó sus niveles de ansiedad al pensar en cosas que aumentaron su preocupación, la segunda dama pensó en cosas que la ayudaron a controlar su ansiedad.

Basta decir; Los pensamientos tienen un impacto significativo en sus niveles generales de ansiedad. Un mayor nivel de ansiedad se traducirá en síntomas físicos más graves. La mejor manera de manejar el escenario es romper el ciclo de ansiedad y pensamientos pensando desde una perspectiva positiva y constructiva.

Para ayudarlo a manejar los pensamientos ansiosos, debe tomarse un tiempo y seguir el ejercicio de dos pasos que se explica a continuación.

- El primer paso es identificar los pensamientos que le provocan ansiedad.

- El segundo paso es reemplazar estos pensamientos con pensamientos alternativos que sean más constructivos y realistas.

A medida que avancemos, exploraremos estos dos pasos con mayor detalle y cómo puede implementarlos en su vida diaria.

No puede desafiar la ansiedad a menos que sepa la causa detrás de ella. Esta es exactamente la razón por la que identificar los pensamientos ansiosos es extremadamente importante. Dicho esto, es igualmente importante señalar que este proceso de identificación no será sencillo. Tales pensamientos son automáticos y ocurren con tanta rapidez que ni siquiera te das cuenta de que algo que pensabas acaba de aumentar tus niveles de ansiedad. Afortunadamente, los efectos de la ansiedad son tales que sabrá que está ansioso y aplicar la psicología inversa a la causa es la única opción que tiene. A medida que practique, será más fácil identificar esos pensamientos.

Por lo general, pensamientos ansiosos que toman la forma de "qué pasaría si" y "No creo que pueda hacer frente". Si ha experimentado una situación embarazosa últimamente o un incidente que ha tenido un impacto grave en su mente, entonces revivir el incidente en nuestra mente también puede ser motivo de ansiedad. El aspecto más desafiante de identificar pensamientos ansiosos es que ya está ansioso, y ser capaz de controlar su mente en ese momento para un análisis de este grado puede ser difícil.

Por lo tanto, es una buena idea tener preguntas bien estructuradas para hacerse cada vez que se sienta ansioso. Por ejemplo, como tú mismo:

¿Por qué me siento así?

¿Cómo comenzó?

¿Son todas mis suposiciones realmente ciertas?

¿Sucederá esto realmente?

¿Cómo afectará esto a mí, a mi vida y a las personas que me rodean?

¿Cómo empezar?

Prepare un registro de pensamientos

Mientras realiza esta actividad, asegúrese de registrar sus pensamientos y respuestas en un diario. Esto le ayudará a analizar la situación con una mente más tranquila en un momento posterior. De esta manera, podrá utilizar la información recopilada para manejar la ansiedad en instancias futuras, incluso si no pudo ayudarse a sí mismo en el momento en que ocurrió. Esta hoja de registro también puede desempeñar un papel fundamental en la determinación de patrones de comportamiento y en la identificación de problemas subyacentes, si los hubiera.

Determine los pensamientos realistas a partir de pensamientos ansiosos

Una vez que el proceso de identificación está completo, y sabe cómo hacerlo en el momento de la ansiedad, además de analizar el patrón durante un período, el siguiente paso es determinar si los pensamientos son realistas. La mayoría de los pensamientos ansiosos son en realidad suposiciones o reacciones exageradas a situaciones. Por lo tanto, este paso le ayudará a obtener un punto de vista realista y objetivo sobre la situación.

En el futuro, debe buscar una forma alternativa de pensar sobre la situación. Esta es una tarea abrumadora y necesitará practicar mucho este método antes de poder ser un experto en él. En el paso anterior, había preparado un registro de pensamientos. En este paso, puede agregar dos columnas al registro de pensamientos, una para cada evidencia que respalde su pensamiento y la otra que lo contradiga. Utilice estas columnas para crear una nueva columna, que ofrece un pensamiento alternativo y realista para reemplazar el pensamiento ansioso existente.

Evaluación

Ningún método es eficaz a menos que pueda ayudarlo a reducir sus niveles de ansiedad. Por lo tanto, antes de sentarse a escribir el registro: evalúe sus niveles de ansiedad calificándolo en una escala del 1 al 10; 1 es el menos ansioso y diez el más alto. Califique sus niveles de ansiedad después de haber evaluado el pensamiento alternativo utilizando el método ilustrado aquí. Esto le ayudará a saber si el método le está funcionando.

Plan de acción II: afrontar las preocupaciones

Entender la preocupación

Las personas que se quejan de ansiedad suelen preocuparse mucho; mucho más de lo que deberían. Si usted es un preocupado crónico, lo más probable es que se preocupe por muchas cosas. Por lo tanto, tendrá algunos temas de preocupación en su mente. A medida que aprende a manejar un tema de preocupación, su mente puede cambiar a otro. Pronto se hace evidente que el problema no son los incidentes; el problema está dentro de ti y en la forma en que percibes las cosas. Por lo tanto, lo que necesita administrar no es la situación, sino que debe administrarse a sí mismo.

Otra cosa que debe comprender es que preocuparse es un laberinto en sí mismo. Si cree que preocuparse es algo malo, entonces se preocupará por el hecho mismo de preocuparse. Por otro lado, si comienza a creer que preocuparse es bueno, continuará preocupándose por que eso no sea lo suficientemente preocupante.

Al mencionar los efectos negativos de la preocupación, a algunas personas les preocupa preocuparse y cómo puede afectarlas negativamente. Estos pensamientos suelen adoptar la forma de preocuparse por el hecho de que la preocupación se ha salido de control o darse cuenta de que es dañino y no poder hacer nada al respecto.

Lo que es aún peor es que ni siquiera sabe si está demasiado preocupado por preocuparse. Para determinar esto, debes preguntarte si preocuparte es un problema y qué es lo peor que te puede pasar si sigues preocupándote. Por último, una evaluación rápida sobre si es posible que deje de preocuparse puede traer un cierre decente a la situación.

Al hablar de preocupaciones y preocupaciones, lo que más preocupa a las personas es el hecho de que no son capaces de controlar sus sentimientos. Para desafiar esta creencia, lo primero que debe hacer es buscar un incidente en el que estuviera preocupado. Evalúe la situación para responder algunas preguntas:

- ¿Te fue posible controlar tus preocupaciones?

- ¿Qué tan duro dejaste de preocuparte?

- ¿Pudiste acabar con estas preocupaciones?

- En caso afirmativo, ¿cuál fue la causa de este paro?

Ahora que ha analizado la situación en su totalidad, observe su situación de ansiedad en su totalidad.

¿Con qué frecuencia se ha preocupado y pudo controlar sus preocupaciones?

¿Puede pensar en algún incidente en el que haya podido deshacerse de sus preocupaciones con éxito? Si es así, ¿cómo?

Al final de este análisis, estará en una mejor posición para evaluar si su situación preocupante es controlable o no. El mayor problema de controlar las preocupaciones y los pensamientos ansiosos es que es bastante difícil controlarlos o reprimirlos. Cuando intentas deshacerte de esos pensamientos y piensas en otra cosa, es probable que vuelvas a esos pensamientos que te provocan ansiedad, pase lo que pase. Es una psicología humana pensar más en las cosas que piensas que no piensas. Por ejemplo, si le pido que no piense en la paloma blanca, las imágenes de ella volverán a su mente todo el tiempo.

¿Cómo puede manejar las preocupaciones?

Períodos de preocupación controlados es un concepto que le ayudará en este esfuerzo. Cuando pueda lograr esto un par de veces, tendrá una sensación de control sobre la situación, que será fundamental para ayudarlo a romper el círculo vicioso de la preocupación incontrolable.

El concepto de período de preocupación controlado se basa en el hecho de que debe establecer un período fijo de tiempo, lugar y tiempo exacto para preocuparse. Debe ser a la misma hora todos los días.

Siempre que tenga ganas de preocuparse, debe decirse a sí mismo que abordará este tema en un momento posterior que esté reservado para preocuparse. Si bien puede elegir cualquier momento del día para esta actividad, es mejor evitar realizarla justo antes de acostarse.

- No dedique más de 15 minutos a preocuparse por todas las cosas que marcó durante el día.

- Haga una lluvia de ideas por sí mismo, y en el momento en que decida que el asunto ya no vale la pena preocuparse, debe dejar de preocuparse por él.

Para asegurarse de no olvidar ninguna de las agendas que había establecido para el período preocupante, anote sus preocupaciones del día en un bloc de notas reservado para este propósito. La belleza de este método es que juega con tu psicología de tal manera que no le estás pidiendo a tu mente que deje de preocuparse. En realidad, le está dando una cita posterior para preocuparse.

CHAPTER 52:

Miedo y ansiedad

El oído y la ansiedad pueden parecer similares, pero son dos sentimientos diferentes. Si bien ambos involucran respuestas de estrés, son reacciones a diferentes tipos de amenazas. La ansiedad es una reacción a la idea de una amenaza: lo mantiene nervioso y aprensivo, aumentando su conciencia para que pueda responder a cualquier amenaza potencial rápidamente. El miedo, por otro lado, es una respuesta a una amenaza conocida. En lugar de estar alerta en caso de una amenaza, está reaccionando a algo que lo está amenazando activamente. Es necesario hacer esta distinción, ya que el miedo puede causar síntomas de ansiedad, pero la verdadera ansiedad no causa directamente el miedo. Comprender estos matices, así como identificar cuándo lo que sientes es miedo o ansiedad, te ayudará a aprender a controlar tus sentimientos de ansiedad o preocupación. Después de todo, la ansiedad es la sensación de que se avecina algo malo,

Síntomas de ansiedad

Los ataques de ansiedad pueden tomar muchas formas. A veces, se presentan como agresión, mientras que otras veces, puede sentirse congelado por el miedo. En el corazón de un ataque de ansiedad, siente que hay un peligro a su alrededor, y no importa cuánto intente decirse a sí mismo que está bien, no puede deshacerse del miedo al peligro inminente. Esto a menudo se manifiesta en cualquier combinación de los siguientes síntomas:

Miedo abrumador o sensación de muerte o daño inminente

Dolor de pecho y palpitaciones del corazón.

Dificultad para respirar y sensación de asfixia.

Temblores, entumecimiento y escalofríos o sofocos

Náuseas y mareos

Sentirse como si se hubiera separado del mundo que lo rodea (lo que se denomina desrealización).

Todos estos síntomas pueden ser signos de ansiedad, pero también signos de problemas médicos graves. Si siente estos síntomas con regularidad, incluso cuando no hay peligro aparente a su alrededor, vale la pena hacerse un chequeo de un profesional médico autorizado. Su médico de cabecera puede eliminar cualquier preocupación de que haya una causa más siniestra de sus síntomas y también remitirlo a un experto en salud mental que podrá identificar con precisión su diagnóstico y ayudarlo en el camino hacia el bienestar.

Miedo y ansiedad saludables

Por muy desagradables que sean tanto el miedo como la ansiedad, son sentimientos tanto saludables como normales, con moderación. Cada uno de ellos tiene propósitos biológicos muy específicos, y cuando funcionan normalmente, ambos trabajan juntos para mantenerte con vida. Imagínese si se enfrenta a alguien con un arma: su reacción instintiva probablemente será el miedo. Este miedo iniciará su reflejo de lucha o huida, y con la adrenalina corriendo por sus venas, podrá concentrarse mejor en lo que está sucediendo, para que pueda reaccionar a los movimientos más rápido. Tus músculos estarán listos para entrar en acción para luchar o correr. Tu resistencia aumentará. Todos estos juntos lo prepararán para proteger su vida, lo que le permitirá huir de la persona con un arma o luchar contra la persona con el arma.

Del mismo modo, con la ansiedad, su cuerpo reacciona a la idea de una amenaza. Puede que no haya una amenaza de la que usted sea consciente, pero siente que podría haber una en algún lugar cercano, y esa aprensión es suficiente para mantenerlo preparado para lanzarse al modo de lucha o huida en cualquier momento. Si camina por un callejón oscuro por la noche, puede sentir que la ansiedad lo muerde, lo que le indica que se mantenga alerta y alerta ante cualquier amenaza que pueda saltar sobre usted. Esa ansiedad te advierte que puede existir un peligro, y en personas sanas, esta ansiedad está equilibrada. Lo mantendrá alerta cuando su entorno dicte que probablemente debería estarlo, como cuando camina por un callejón oscuro o cuando camina por un sendero de montaña al anochecer: su estado de alerta lo mantiene preparado para reaccionar ante cualquier tipo de amenaza que podría surgir.

Cuando el miedo y la ansiedad se vuelven problemáticos

Sin embargo, para alguien con un trastorno de ansiedad, con frecuencia siente ese estado de alerta y preocupación constante, incluso cuando no está justificado, dejándolo incapaz de relajarse y constantemente hiperconsciente de su entorno. Estos síntomas pueden comenzar a extenderse a otros aspectos de su vida, y cuando se convierten en un problema persistente, impidiendo repetidamente su capacidad para funcionar o disfrutar de la vida cotidiana, su ansiedad puede ser problemática. Solo usted mismo puede identificar cuándo su ansiedad se ha convertido en un problema. Para hacerlo, puede hacerse algunas preguntas. ¿Tu ansiedad es injustificada? ¿Es persistente? no importa lo irracional que pueda pensar que es? ¿Tiene una causa recurrente? ¿Se está volviendo tan malo que tienes que reorganizar tu vida para acomodar tus sentimientos negativos? ¿Se está volviendo tan malo que sus amigos y familiares hayan comenzado a mencionar o cuestionar su ansiedad? Cuando se desencadena su ansiedad, ¿no puede reaccionar de manera racional o saludable? ¿Siente que no puede hacer frente a su ansiedad en este momento? ¿Su ansiedad se está volviendo abrumadora?

Estas preguntas pueden ayudarlo a evaluar sus propias opiniones o sentimientos sobre su ansiedad. Si puede responder afirmativamente a alguna de ellas, es posible que tenga un problema de ansiedad y es probable que hablar con un profesional médico sea beneficioso para usted. Los profesionales están capacitados para guiarlo a través de los pasos para curar y controlar su ansiedad, así que no se sienta intimidado ni tenga miedo de buscar ayuda. Si su ansiedad es realmente problemática, probablemente necesitará alguna intervención, ya sea a través de libros de autoayuda como este o trabajando con un terapeuta, para comenzar a afrontar la situación de una manera saludable y eficiente.

Trastornos de ansiedad comunes

La ansiedad por sí sola no se refiere a un problema específico. Es un espectro de trastornos que pueden presentarse en una amplia gama de formas y formas, algunas de las cuales parecen estar relacionadas intuitivamente con la ansiedad, mientras que otras pueden no parecer obviamente relacionadas. En última instancia, cada uno de los siguientes trastornos sobre los que leerá está relacionado con la ansiedad, aunque cada uno se presenta de diferentes maneras. Todos ellos se relacionan con respuestas de estrés o ansiedad por una variedad de razones. A continuación, se ofrece una descripción general de los trastornos de ansiedad más comunes.

Trastorno de ansiedad generalizada (TAG)

El TAG se caracteriza principalmente por sentimientos crónicos de ansiedad, incluso cuando no es provocado. La víctima a menudo siente una sensación extrema y persistente de preocupación o miedo, así como los síntomas enumerados anteriormente. Para ser persistente, los sentimientos de ansiedad deben estar presentes durante la mayoría de los días durante al menos medio año. Son generales, lo que significa que no hay un desencadenante particular, y los síntomas de ansiedad se sienten en una amplia gama de circunstancias, como el trabajo, la conducción o incluso las interacciones sociales con amigos o familiares. A menudo, son omnipresentes, lo que significa que tienen un impacto significativo en la vida de la víctima de una manera negativa. Por ejemplo, si la víctima siente ansiedad cuando se ve obligada a presentarse en clase, puede reprobar varias tareas que impliquen hablar en público. Igualmente, una persona que está ansiosa cuando habla con extraños puede evitar intencionalmente todo contacto innecesario con otras personas, costándole su vida social. Dado que la ansiedad se presenta en una amplia gama de situaciones, puede llevar al paciente a intentar evitar todo lo posible con la esperanza de evitar los sentimientos de ansiedad que temen, que en realidad solo agravan la situación. Al temer la ansiedad en sí, el paciente puede sentirse ansioso ante la idea de volverse ansioso.

Trastorno de pánico

El trastorno de pánico se describe típicamente como episodios inesperados de terror intenso y abrumador junto con los síntomas físicos que se experimentan típicamente con la ansiedad en ausencia de un peligro real. Esto debe suceder más de una vez, y la víctima a menudo sentirá una abrumadora sensación de perder el control y una sensación de muerte inminente. No existe una causa conocida para estos ataques de pánico, aunque se cree que la genética, el estrés y un temperamento sensible pueden dejar a una persona en mayor riesgo de sufrir estos síntomas debilitantes. Sin buscar tratamiento, el trastorno de pánico puede afectar la mayoría de los aspectos de la vida diaria. El miedo a otro ataque de pánico puede hacer que desarrolle fobias, sienta que debe buscar tratamiento médico para otros problemas que pueden no estar presentes.

Trastorno obsesivo-compulsivo (TOC)

El TOC, como su nombre lo indica, implica una serie de obsesiones y compulsiones. Las obsesiones son pensamientos que ocurren repetidamente, incluso el motivo por el que intenta detenerlos o resistirlos y, por lo general, son perturbadores de alguna manera, forma o forma. Incluso si la persona que sufre de TOC es consciente de que las obsesiones son irracionales, no se pueden detener. Consumen mucho tiempo e inhiben la capacidad del individuo para funcionar normalmente.

Las compulsiones son comportamientos o pensamientos repetitivos sobre los que se actúa con la intención de detener las obsesiones. La persona con TOC reconoce que el alivio de la obsesión solo ocurrirá temporalmente y que puede ser irracional, pero no puede ayudarse a sí misma. Este mecanismo de afrontamiento suele llevar mucho tiempo, y la repetición de las compulsiones resta valor a la vida cotidiana. Las compulsiones dependen del contexto, lo que significa que para algunos, una acción específica puede ser una compulsión cuando es completamente normal o incluso esperada para otros. Por ejemplo, alguien que trabaja en una cocina puede lavarse las manos cientos de veces durante el día debido a tocar diferentes sustancias, mientras que alguien con una obsesión por la limpieza puede lavarse compulsivamente las manos ". s cientos de veces sin ninguna razón real que no sea para deshacerse de los pensamientos obsesivos. Claramente, la persona que trabaja en un restaurante necesita mantener las manos limpias y manipulará múltiples productos que requerirán que las manos estén limpias, pero una persona sentada en casa no tiene por qué lavarse las manos con tanta frecuencia.

Fobias

Las fobias son miedos intensos o aversión a estímulos específicos. Por ejemplo, una de las fobias más comunes es hacia las arañas. Alguien con fobia a las arañas puede tener reacciones irracionales al ver o incluso pensar en posiblemente ver una araña, y probablemente cambiará intencionalmente cómo se hacen las cosas o adónde va para evitar las arañas. Si se encuentra una araña, las personas con aracnofobia suelen experimentar una ansiedad intensa. Las fobias pueden ser específicas o generales, y van desde temer a un animal o insecto específico hasta temer un concepto, o incluso temer formas y olores específicos. Incluso existe una fobia específica a los pequeños agujeros en un fondo, como el picado de las semillas de fresa en la fruta, llamada tripofobia. Estas fobias pueden ser algo inocuas, como temer a las arañas, pero también completamente abrumadoras y perjudiciales para la vida cotidiana.

Desorden de ansiedad social

El trastorno de ansiedad social es bastante similar a una fobia y solía denominarse fobia social en lugar de trastorno de ansiedad social. Las personas con esta forma de ansiedad sienten un miedo intenso a ser juzgadas o rechazadas en situaciones sociales. A menudo, temen que sus comportamientos arraigados en la ansiedad, como sonrojarse o tartamudear, sean vistos negativamente por los demás y, debido a esto, evitan las interacciones sociales tanto como sea posible.

CHAPTER 53:

Creencias cognitivas de Desorden obsesivo compulsivo

E l trastorno obsesivo compulsivo a menudo se malinterpreta. En realidad, es bastante común que las personas se queden atrapadas en una rutina que les cuesta romper.

Por lo general, la persona realiza el comportamiento para deshacerse de las ideas obsesivas, pero esto solo le brinda un alivio de corta duración. No llevar a cabo estos rituales obsesivos puede desencadenar mucha ansiedad.

El nivel de TOC de una persona puede ser de leve a extremo, pero si es grave y no se trata, puede acabar con la capacidad funcional de alguien.

Aproximadamente 1 de cada 150 personas luchan contra este trastorno compulsivo. Las condiciones alimentarias, la tristeza, la ansiedad y otras condiciones de la personalidad pueden, en algunos casos, acompañar al TOC. El porcentaje de hombres y mujeres que padecen este trastorno es aproximadamente el mismo.

Normalmente, ya se hace evidente en la juventud de alguien, y las investigaciones han señalado que es genético. Aunque esos signos pueden notarse en la infancia de una persona, los estudios indican que la mayoría de los signos suelen comenzar en la adolescencia. El tratamiento y las pruebas son esenciales cuando se observan tales signos.

Como indican las palabras, el trastorno obsesivo compulsivo es un trastorno que se basa en obsesiones, que se originan a partir de miedos y ansiedad. Como respuesta a estas obsesiones, una persona suele realizar rituales y repetir la misma acción una y otra vez, lo que se especifica como comportamiento compulsivo. El comportamiento, sin embargo, es solo un resultado notable de la raíz. La raíz son los miedos que desencadenan los pensamientos obsesivos.

Entendiendo el TOC

Se ha dicho que lo más probable es que el trastorno obsesivo compulsivo sea causado por efectos adversos a la actividad cerebral y su capacidad para vincular información a todas las partes que la necesitan. La aparición del TOC suele comenzar en la niñez hasta la edad adulta temprana, con una edad promedio de diagnóstico de 19 años.

Intentar comprender una compulsión:

La siguiente es una muestra de una víctima de TOC. Para comprender las complejidades de las compulsiones, comparte su estilo ritual específico experimentado desde la primera infancia hasta el diagnóstico a los 11 años:

"Esta compulsión se trataba de contar. Todo tenía que ser un número par con la excepción de 6 y 25. ¿Lo que significa que no se permiten 6, pero 25 sí?

El número 25 jugó un papel en la vida diaria al tener que hacer cosas como: beber agua y mantener el vaso en mis labios durante 25 segundos, masticar 25 veces, rascar 25 veces, etc.

Incluso los números jugaron un papel al tener que ser, bueno, incluso. Cosas simples como si estuviera comiendo papas fritas, las cuento y tengo que terminar en un número par. Ambas manos tendrían que estar igualadas con fichas y con la misma cantidad de fichas por mano. Lo que significa que tengo que comer una cantidad uniforme de chis por mano y alternar las manos una cantidad uniforme de veces para que uno no sea el primero o el segundo.

Si me caigo accidentalmente y me raspo la rodilla, deliberadamente me hago caer de nuevo para rasparme la otra rodilla y nivelarla ".

Germafobia:

El miedo a los gérmenes. Las personas con este tipo de TOC se sienten inclinadas a lavarse siempre que pueden, oa limpiar sus hogares, oficinas y cualquier otra cosa que pueda haber a su alrededor. Cuando la gente normal ve suciedad en las manos o un poco de leche derramada sobre la mesa, se lava y limpia, así de fácil.

Pero las personas con TOC se lavan las manos, se secan y luego tienen pensamientos persistentes sobre bacterias microscópicas con garras adheridas a su piel y que se niegan a soltarse. Se lavan de nuevo, esta vez con un exfoliante, y luego se secan; sus manos finalmente están limpias. Pero espera, usaron la misma toalla para secarse. Las bacterias con garras han vuelto. La toalla se tira, se vuelve a lavar, se seca con una toalla nueva y se tira junto con el exfoliante.

La germafobia puede ser cara. A menudo, las personas reemplazan los artículos del hogar con demasiada frecuencia y usan cosas innecesarias que podrían representar gastos adicionales, como guantes o mascarillas.

Acaparamiento:

Mucha gente es desordenada, entonces, ¿cuál es la diferencia entre desordenado, ávido coleccionista de artículos extraños y acaparamiento? El acaparamiento es cuando una persona recolecta artículos hasta el punto de que la funcionalidad y la calidad de sus vidas se ven afectadas. Cuando la casa de alguien está tan llena de desorden o 'colecciones' que ya no puede vivir cómodamente y hacer las tareas domésticas normales, como cocinar, usar el perchero o dormir con suficiente espacio.

El lóbulo frontal del cerebro que se encarga de equilibrar las opciones y un proceso de pensamiento racional ha demostrado estar inhibido en las personas que acumulan. Como resultado de esto, las prioridades de un acaparador van de un punto al punto de acaparamiento.

Síntomas del acaparamiento:

1. Dar valor sentimental a los objetos, incluso de este tipo, puede resultar irracional. Algunos de estos objetos pueden incluir cosas que se clasificarían como basura.

2. Ver valor y utilidad en todos y cada uno de los artículos.

3. Creer que todo lo que hay en su colección será de alguna utilidad algún día.

Señales

¿Qué síntomas son comunes para una persona con trastorno obsesivo compulsivo? Aquí hay una lista de posibles signos:

1. Tienen ideas o imágenes repetidas en su cabeza sobre varias cosas, como la preocupación por los gérmenes, los intrusos, lastimar a otros, la violencia, los actos sexuales o ser demasiado fríos.

2. Repiten exactamente el mismo comportamiento una y otra vez, como cerrar puertas, lavarse las manos, contar o acumular.

3. Constantemente tienen ideas y hábitos no deseados que les cuesta controlar.

4. No encuentran satisfacción en las rutinas o conductas, pero encuentran un remedio corto para el estrés y la ansiedad si las realizan.

5. Dedican una hora o más cada día a estas ideas y rutinas, que interfieren con la vida.

6. Miedos paranoicos constantes, típicamente imprácticos; difícil razonar con ellos sobre esos aspectos de su percepción de la realidad.

7. El seguimiento y el lavado son las compulsiones más comunes del TOC. Otros tienen una propensión compulsiva a reorganizar las cosas o a repetir mentalmente expresiones o hacer listas.

8. Las personas con TOC generalmente temen perder el control. Esto no significa que todos los "fanáticos del control" tengan TOC o que todas las personas con TOC sean "fanáticos del control", pero existe el temor de que puedan dañar a alguien con su conducta compulsiva.

9. Pueden ocurrir fijaciones espirituales, como el temor de ofender a Dios.

10. Las ideas sexuales indeseables, como la homosexualidad o el incesto, pueden acompañar al TOC. Esto no significa que estas personas deban ser consideradas peligrosas, homosexuales, pedófilas o desenfrenadas,

pero es normal que algunas personas con TOC solo tengan esos pensamientos que les preocupan.

11. El perfeccionismo suele ser típico, hasta el punto de que se preocupan por la exactitud o la necesidad de recordar o rastrear cosas.

Algunas personas con trastorno obsesivo compulsivo comprenden parcial o totalmente la inutilidad de sus hábitos obsesivos y compulsivos, aunque les resulta difícil dejar de hacerlo. Otros carecen de una comprensión de sus patrones de pensamiento inusuales y están cegados al simple hecho de que están exagerando.

Muchas personas con TOC tienen la capacidad de mantener bajo control sus síntomas obsesivo-compulsivos cuando trabajan, estudian o se sienten lo suficientemente relajados para funcionar bien. Sin embargo, la resistencia puede deteriorarse ocasionalmente, particularmente cuando están inquietos, cuando ocurren cambios abruptos en sus vidas o cuando sienten pánico por dentro.

Es típico que los síntomas aparezcan y desaparezcan, que se vuelvan más fáciles de manejar o que empeoren. Si los síntomas son demasiado terribles, sus obligaciones y tareas cotidianas pueden sufrir las consecuencias. Otra forma en que algunas personas con TOC manejan su trastorno compulsivo es tomando alcohol o drogas, lo que sin duda no es una buena solución en absoluto.

Terapias farmacológicas que existen

¿Qué necesitará saber su médico antes de recomendar medicamentos anti-obsesivo-compulsivos? Parte de la información que realmente necesitará su profesional médico consiste en:

Su historial médico: ¿tiene otras afecciones médicas? Por ejemplo, es posible que le pregunten sobre enfermedades cardiovasculares, enfermedades del hígado, epilepsia, anemia u otras enfermedades de la sangre, glaucoma y diabetes. Cualquier condición médica que tenga puede ser muy importante, así que asegúrese de darle al médico una lista completa. Aparte de eso, se le preguntará si alguna vez ha tenido alguna alergia a algún medicamento. Por ejemplo, ¿alguna vez ha tenido una reacción alérgica a un antidepresivo?

¿Algún medicamento que esté tomando? Por ejemplo, ¿está tomando medicamentos para el corazón o la presión arterial, píldoras anticonceptivas, anticoagulantes, antibióticos o antidepresivos? Cualquier medicamento que esté tomando puede ser esencial, así que asegúrese de informar a su profesional médico sobre todos los medicamentos, incluidos los de venta libre.

Tu dieta típica -¿Bebes grandes cantidades de café o té? ¿Cuánto alcohol ingieres? ¿Está siguiendo una dieta especial de algún tipo? ¿Te preparas para comenzar alguna dieta única en el futuro?

Su profesión y actividades: ¿Realmente necesita operar equipos peligrosos o conducir un automóvil? A veces, los fármacos anti-obsesivo-compulsivos provocan sedación o dificultan la coordinación, pero estos suelen ser efectos negativos momentáneos.

O una nota especial para las mujeres: ¿estás embarazada? ¿Existe la posibilidad de embarazo mientras se toman medicamentos anti-obsesivo-compulsivos? ¿Está amamantando o amamantando a su hijo? (Las drogas anti-obsesivo-compulsivas pueden ser dañinas para los bebés que están gestando o amamantando, aunque hasta la fecha no hay evidencia de que lo sean).

Las listas de preguntas anteriores no están completas, pero deberían darle una idea de lo que su médico querrá saber antes de comenzar un tratamiento farmacológico anti-obsesivo-compulsivo. La conclusión es informar a su médico sobre cualquier condición médica, medicamentos, etc., incluso si está siendo tratado por algunos profesionales médicos. Si no está seguro de si deben sacarse ciertos hechos, menciónelos y deje que su médico elija qué tan importantes son en su tratamiento. Sin dicha información, un médico tendría problemas para tratarlo de manera segura y eficaz.

¿Las drogas anti-obsesivo-compulsivas son dañinas durante el embarazo? No hay pruebas de un cribado sustancial en animales de laboratorio de que la clomipramina o fluvoxamina causen problemas con la reproducción, la fertilidad, el embarazo o el desarrollo fetal. Algunas mujeres han tomado clomipramina en diferentes etapas del embarazo sin efectos negativos obvios para ellas o sus hijos. Sin embargo, es riesgoso para las mujeres tomar algún medicamento mientras conciben o están embarazadas a menos que los peligros de no tomar el medicamento sean sustanciales.

Los fármacos anti-obsesivo-compulsivos en algunos casos producen anorgasmia (incapacidad para alcanzar el orgasmo o el clímax) en hombres y mujeres, pero estos efectos adversos son reversibles cuando se minimiza la dosis del fármaco o se suspende por completo la medicación.

¿Se necesitan pruebas de laboratorio antes de comenzar con las drogas anti-obsesivo-compulsivas? Dado que todos los medicamentos anti-obsesivo-compulsivos actualmente disponibles en los Estados Unidos son de investigación o especulativos, siguen siendo examinados de cerca por la Administración de Alimentos y Medicamentos. Todos los clientes que los reciben en programas especulativos deben someterse actualmente a análisis de sangre y de otro tipo (generalmente un análisis de orina, electrocardiograma, examen físico y examen ocular) a intervalos establecidos de forma rutinaria para examinar el efecto del medicamento en el cuerpo y garantizar que los pacientes participen en experimentos con las drogas puede hacerlo de forma segura. Si la FDA (la FDA autoriza la prescripción de estos medicamentos por parte de médicos en todo Estados Unidos, es posible que existan o no requisitos específicos para las pruebas de laboratorio.

CHAPTER 54:

El modelo del amor propio y Rompiendo el ciclo negativo

Esta parte del libro tiene un enfoque singular: brindarte un mejor camino hacia el amor propio. Sí, amándote a ti mismo. El viaje hacia el amor propio es un equilibrio entre hacer las cosas por uno mismo y lo que se espera de usted. Pero lo que importa no es lo que el mundo espera, sino lo que tú esperas de ti mismo.

Solo tú puedes hacerte feliz. Sé que esto suena a sentido común arbitrario o a un consejo a la antigua, pero ¿alguna vez has depositado tu dependencia por amor en otra persona y has terminado decepcionado? Exactamente. Nadie puede proporcionarle ese sentimiento de autocompasión las 24 horas del día, los 7 días de la semana. Nadie puede alimentarte con los pensamientos necesarios para crear tu mentalidad positiva.

Eres el jardinero maestro de tu mente, cuerpo y espíritu. Entonces, vive de esa manera. Haz cosas bonitas por ti mismo. Trate su vida como si fuera una gran creación. Haz esto y siempre estarás trabajando en el modelo del amor propio.

A lo largo de este libro, analizamos las mentalidades negativas que destruyen la autoestima, dañan la confianza y nos mantienen atrapados en nuestro propio infierno. Pero estos no son quienes somos. Son obstáculos que nos impiden convertirnos en lo que siempre hemos querido ser. Elimina los patrones de la derrota y te levantarás para ser imbatible.

El modelo del amor propio

Cuando escuchas las palabras amor propio, ¿en qué piensas? Solía odiar estas palabras porque no me amaba mucho a mí mismo, y ciertamente no se lo diría a la gente si lo hiciera. Pero, ¿qué es realmente?

Bueno, sabemos lo que significa no amarnos a nosotros mismos. Es posible que haya tenido profundos resentimientos hacia aquellos que le hicieron daño. Probablemente tenías muchas cosas sobre ti que no te gustaban. Tal vez te odiaste tanto a ti mismo que estuviste cerca de odiarte a ti mismo. El autodesprecio es poderoso, pero también lo es el amor. De hecho, es mucho más fuerte. Sin embargo, estamos condicionados a creer en el miedo desde una edad muy temprana.

El amor propio está en todas partes, pero lo hemos mantenido oculto todos estos años. ¿Por qué? Vulnerabilidad. Lástima. Miedo. Nos escondemos para protegernos. Pero al proteger quiénes somos, no expresamos quiénes somos. Es un poderoso catch-22.

Antes de que realmente pueda tener un equilibrio en su vida y construir relaciones saludables con las personas que lo rodean, primero debe desarrollar su relación con usted mismo.

Pero, ¿qué significa amarte a ti mismo?

Mucha gente nunca lo hace. Se les enseña que el éxito se trata de obtener altas calificaciones, logros, conseguir un trabajo para justificar nuestro propósito y luego encontrar a esa persona especial que nos completará. He hecho todas estas cosas y puedo decírselo con confianza, aunque ayudó a contribuir a mi autoestima y éxito, no hubo mucho enfoque en la autorrealización. En cuanto a mis logros, no me hicieron feliz por mucho tiempo. Pronto estaba buscando algo más.

Las relaciones me dieron una idea de cómo se suponía que era el amor, pero finalmente fracasaron cuando no pudieron cumplir con mis expectativas necesitadas. Tuve éxito en los negocios un día, pero un mal día al siguiente. Lo que faltaba era un sistema sostenible que no dependiera de algún nivel de éxito que tuviera que alcanzarse primero.

Cuando me rechazaron o me dijeron: "Lo siento, simplemente no está funcionando", me convencí de que no era digno de ser amado. Resulta que la validación externa no es una fórmula para la felicidad.

Amor incondicional

He conocido a muchas personas a lo largo de los años que confesaron que no podían sentir ningún amor por sí mismas. Cuando les preguntaba por qué, decían: "Nunca nadie me hizo sentir digno de ser amado". El amor incondicional es lo que aprendemos de nuestros padres. O lo entendemos o no, y si no lo obtenemos, el amor con el que crecemos se vuelve en gran medida condicional.

Pasamos por la vida creyendo que podemos ser amados una vez que hemos alcanzado cierto nivel de estatus. Si te criaste en un entorno que favorece tus logros, es posible que hayas recibido esta validación por tu desempeño en la escuela o los deportes.

"Si obtengo las calificaciones más altas en clase, mis padres estarán felices".

"Si hago lo que dice mi esposa, ella me mostrará su aprecio".

"Si puedo estar a la altura de las expectativas de mi jefa, ella me respetará".

Cuando carecemos de esa conexión con el amor incondicional, pasamos nuestras vidas buscándolo. Es la búsqueda de la validación de que somos amables. Pero cuando se trata de amor incondicional, aparte de nuestros padres, la fuente más grande proviene de tu interior. Sí, lo que buscas es lo que ya tienes. Hollywood lo tiene todo mal.

Se nos hace pensar que una vez que encontremos a esa persona especial, descubriremos esa fuente de poder que puede proporcionarnos el amor que necesitamos. Pero no es así. Las personas son personas, y lo que confundes con amor incondicional al principio es realmente el comienzo de una relación que aún tiene que descubrir los defectos de cada individuo. Muchas relaciones fracasan porque, a medida que avanzan, estos defectos se hacen más evidentes y la ilusión se hace añicos.

Tenemos que mantenernos arraigados en la realidad.

¿No se siente a veces que siempre estamos tratando de complacer, validar o cumplir las expectativas de otra persona en función del desempeño o el logro? Hay algunas sociedades que se mueven de esta manera. Muchas personas también.

Esto es lo que sucede en este caso: Nos movemos por la vida enfocados en hacer y no en ser. En lugar de ser una persona digna de amor, pones todos tus esfuerzos en obtener el reconocimiento de los logros. Pero estos logros son de corta duración.

Tan pronto como haya terminado con un logro, pasará al siguiente. Se convierte en un ciclo interminable sin resultados sostenibles. Eres tan bueno como tu último logro.

La mayoría de las personas pierden el concepto de amor incondicional porque creen que el amor se basa en un logro impulsado por resultados.

Esto es lo que dijo Marty sobre su infancia:

Se esperaba que tuviera un buen desempeño en la escuela. Cuando lo hice bien, mis padres me compraron una computadora. Si lo hice excepcionalmente bien, fue una recompensa de algún tipo. Pero una vez me enfermé y no pude ir a la escuela. Mis calificaciones y rendimiento bajaron, y cuando eso sucedió, no obtuve ninguna recompensa. Años más tarde me di cuenta de que el amor que me estaba quedando solo se atascaba mientras hacía algo. Se basaba en hacer y no ser.

Imagina dos puertas:

Puerta n. ° 1: El amor condicional es el amor que recibimos cuando agradamos a los demás. Al cumplir con sus expectativas, sentimos que estamos haciendo lo que se espera de nosotros. El amor está justificado.

Puerta # 2: El amor incondicional es el amor que recibimos cuando simplemente estamos siendo nosotros mismos. No se necesita validación ni justificación.

Tomaré la puerta número dos.

El amor condicional se basa en hacer. Tienes que demostrar que eres digno antes de que alguien te dé el reconocimiento que deseas. Pero el amor incondicional es ser, y esto es lo que te puedes dar. El único error que comete la gente es esperar sacar esto del mundo.

Hemos pasado gran parte de nuestra vida dependiendo de otras personas para nuestras necesidades, y esto es especialmente cierto cuando se trata de atraer el amor. Por supuesto, podemos obtener el amor de nuestros amigos y familiares. Pero el verdadero respeto es la autoestima, la autosuficiencia y la confianza en uno mismo.

Una de las mejores cosas que puede hacer por sí mismo es vivir con autocompasión. ¿Ha oído hablar de mostrar compasión a los demás con la esperanza de recibir algo a cambio? Bueno, intenta darle la vuelta a eso y muestra compasión por ti mismo. Después de todo lo que has pasado hasta ahora, ¿no crees que te lo mereces?

No tienes que ganarte la compasión. Es tuyo. Decide tratarte a ti mismo con respeto. Conviértalo en un respiro diario. No necesitas permiso de nadie, y si alguien en tu vida es un ladrón compasivo y te impide experimentar todo tu potencial, entonces es hora de echar un vistazo a esa relación.

Tengo un lema que me funciona: cualquier cosa o cualquiera que sea una fuerza negativa constante en mi vida me está ayudando a crecer como individuo o no lo está. Si no está contribuyendo a su vida, lo pateará. Solo podemos sentirnos bien con nosotros mismos cuando aprendemos a tratarnos como seres humanos valiosos.

Honestidad abierta

Debe ser honesto consigo mismo tanto como sea posible. Sea fiel a lo que sabe que es correcto. Acéptelo cuando se sienta temeroso e inseguro. Esta es una señal de que podría estar volviendo a su vieja rutina. Acéptese con todos sus defectos y no se critique a sí mismo ni a los demás por los suyos. La gente cometerá errores y arruinará las cosas. Éso es lo que hacemos.

Trabaje su empatía y tenga una mente abierta hacia las personas que están haciendo todo lo posible. Pero tenga en cuenta las personas que conoce y que deben mantenerse a distancia. Si te están arrastrando hacia abajo con sus problemas y problemas, pero parece que no están dispuestos a hacer nada al respecto, corta los lazos y aléjate de ellos. Ser fiel a ti mismo también implica ser consciente de las personas a las que no puedes ayudar en este momento. No están preparados.

Expresando autocompasión

Como mencioné anteriormente, la compasión es una fuerza impulsora positiva que necesitamos. Sin compasión en tu vida, dirigida específicamente hacia ti mismo, es como si estuvieras tratando de navegar en un bote con un agujero.

La compasión es un arma contra la tiranía, la animosidad y el egoísmo. Cuando creamos compasión y nos conectamos con el amor que podemos encontrar allí, cambia su forma de pensar desde el miedo al empoderamiento. La autocompasión es la capacidad de amarse a sí mismo, no de una manera narcisista, sino por una preocupación genuina por uno mismo.

Un ejemplo sería una persona que pasó toda su vida atrapada en adicciones destructivas. Bill estaba atrapado en el sentimiento de lástima por sí mismo, sumido en la autocompasión y sentía que tenía poco que aportar a la sociedad o la humanidad.

Pero Bill también tenía una fuerte voluntad de cambiar. Cuando finalmente decidió cambiar las cosas, dejó la mayoría de sus adicciones y desarrolló su compasión al ayudar a otros a recuperarse también. Puede encontrar su compasión compartiendo su historia con otros. No hay mejor manera de contribuir que ayudar a otra persona a superar los obstáculos.

Auto-aceptación

Es difícil para muchos de nosotros agradarnos a nosotros mismos tal como somos. Como realmente somos, ahora mismo, sin tener un apego al pasado o al futuro. Esta es el área en la que luchamos para equilibrar nuestras vidas.

CHAPTER 55:

Control emocional

Usando maestría

Decantar las habilidades de dominio en esta sección le ayudará a lograr la Mente Sabia. Si practica Wise Mind cuando los mares de la vida están en calma, será más fácil recordar esas habilidades en tiempos de turbulencia.

Hacer algo que te haga sentir un poco mejor todos los días ayuda a aliviar el estrés e inspira confianza. Adquirir confianza ayuda a reducir el estrés tanto en situaciones estresantes como en situaciones cotidianas.

Cuidarse a sí mismo lo ayuda a mantenerse firme para que cuando surjan dificultades, y lo harán, usted pueda mantener la calma y mantener un nivel constante de emociones.

Construye experiencias positivas

La construcción de experiencias positivas es necesaria para la regulación de las emociones, ya que necesitamos un pozo de aspectos positivos de donde sacar cuando nos estamos quedando sin nada. Muchas experiencias son maravillosas en ese momento, y luego puede que no seamos amigos de las personas con las que tuvimos la experiencia. No dejes que eso estropee la memoria. Recuerde quiénes eran cuando tuvieron la experiencia juntos. Hay dos categorías importantes en las que construir experiencias positivas: el corto y el largo plazo.

Término corto

Los recuerdos a corto plazo incluyen hablar con un buen amigo, dar un paseo, notar un área hermosa, ir al parque para perros, leer un buen libro, ver un programa o una película que le encanta, salir a cenar, hacer un picnic y reírse en un romper con un compañero de trabajo. La mayoría de nosotros ya hacemos algo para crear experiencias positivas a corto plazo todos los días sin pensar en ello.

Este ejercicio le pide que cree más experiencias positivas a corto plazo y que lo haga de forma deliberada. Llama a un viejo amigo. Manténgase alejado de las redes sociales después del trabajo durante unos días. Haga un esfuerzo concertado para contar historias ridículas y tontas con sus hijos. Envíe sus sobrinas y sobrinos regalos desde el pasillo de liquidación. Haz algo que cree experiencias positivas de forma deliberada.

Cuando practique deliberadamente cómo crear y notar experiencias positivas, comenzará a hacer y notar más como parte de su vida diaria. Cuando la positividad es parte de tu vida diaria, te sientes mejor emocional y físicamente.

Haz al menos una de estas cosas, o elige otra que te haga feliz, todos los días durante una semana. Esfuérzate por hacerlo durante una semana. Después de eso, intenta hacerlo a tu manera. Haz algo que nunca hayas probado antes. Probablemente hay algunas cosas que nunca pensó en probar:

- Leyendo un buen libro

- Escribiendo una buena historia

- Salir a tomar algo entre semana

- Ir al cine a mitad de semana

- Sexo

- Comer una buena comida

- Salir solo de postre

- Ir a una mermelada de poesía

- Ir a un bar de karaoke

- Unirse a trivia de pub con amigos

- Aprender a hacer sushi u otro plato exótico.

- Probar un nuevo plato exótico

- Correr

- Kickboxing

- Natación

- Ver una película para niños en el cine y concentrarse en la risa

- Detenerse en la ruta del perro para oler las flores.

- Haciendo algo bueno por un extraño

- Haciendo algo bueno para un amigo

- Jugando un juego de carnaval

- Conseguir el lavado de autos caro, completo por dentro y por fuera

- Completando su lista de tareas pendientes

- Escribir una lista ridículamente fácil de hacer para que puedas completarla

- Tomando fotografías con una cámara real

- Bajando por un tobogán de agua

- Jugar juegos de mesa con amigos

- Jugar juegos interactivos, como "Cómo organizar un asesinato"

- Ir a ver una película o un concierto en el parque

- Asistir a una nueva clase de pasatiempos como pintar o escribir o aprender a patinar

- Organizar su estantería o armario

- Comprar una nueva prenda de vestir, joyas o un libro para usted

- Visitar un hogar de ancianos para cantar o jugar al bingo con los residentes.

- Dejar que sus hijos le enseñen a jugar a su videojuego favorito

- Recibir un masaje

- Ir al quiropráctico

- Ir a una obra de teatro o a la ópera

- Ir a una obra de teatro de la escuela secundaria

- Ir a un partido de fútbol americano universitario

- Conducir a una ciudad diferente para cenar con un amigo.

- Ir de turismo

- Uniéndose a Toastmasters

- Ser voluntario en un refugio para personas sin hogar durante los meses que realmente lo necesitan: enero-octubre

- llevar "paquetes para personas sin hogar" en sus autos: bolsas Ziploc de un galón con materiales de higiene personal, productos de higiene femenina, cigarrillos, barras de granola, botellas de agua, calcetines, barras de chocolate, peluches, dinero en efectivo, tarjetas de regalo para McDonald's, etc. mantas, abrigos y ropa que hubieras regalado. Conduzca por las áreas donde hay personas sin hogar y entréguelas.

- Jardinería

- Planeando una fiesta

- Arreglarte el pelo

- Hablar con un acento diferente por una noche

- Dedicar una canción en la radio a alguien

- Escribiendo en tu diario

- Pasar algún tiempo solo sin televisión, radio o internet; solo tú y una taza de la bebida que elijas

- Salir a almorzar con un amigo

- Jugando voleibol

- Jugar al escondite con tus compañeros de trabajo (y tratar de no ir a casa cuando tienen los ojos cerrados)

- Cantando en el carro

- Conduciendo a las montañas

- Asar malvaviscos

- Ir a la sauna

- Sentado en un jacuzzi

- Sentado en una tina fría

- Hacer un fuerte en el ascensor en el trabajo con un letrero que dice: '¡No se permiten jefes!'

- Desafiando silenciosamente al conductor en el auto que está a tu lado en un semáforo a un baile en tus autos

- Tener una caja de bocadillos de frutas en su escritorio para cualquiera que tenga un mal día

- Tener una pelea de canciones con tu cónyuge

- Convencer a un extraño de que crees que eres un vampiro

- Llamar a una estación de radio y contarles una historia divertida.

- Hacer un rompecabezas

- Montar un monociclo

- Ir a un museo o acuario

- Ir a un psíquico, solo por risas

- Hacer una sesión de Reiki

- Sacar a pasear un peluche, fingir llorar cuando alguien le dice que no es real

- Llamar a una estación de radio y fingir ser psíquico. Busca en Google al DJ mientras hablas y cuéntales todo sobre ellos mismos para que te crean.

- Ir a una clase de danza del vientre

A largo plazo

Las experiencias positivas a largo plazo están más orientadas a objetivos, creando una vida que vale la pena vivir. ¿Cuáles son algunos de los objetivos que le gustaría alcanzar? Escriba algunas metas específicas. Divídalos en subcategorías.

Dinero

Mucha gente tiene metas orientadas al dinero. Anote cuánto le gustaría ahorrar cada mes o destinar a su deuda. Si lo coloca en un lugar que olvidará o una IRA (Cuenta de jubilación individual) que no puede tocar, es menos probable que lo gaste.

Aprenda a presupuestar. Lleve un registro de cuánto gasta frente a cuánto gana. Lleve un registro de todos sus gastos. Vea dónde puede recortar. Detalla tus gastos sobre la marcha: guárdalos en tu teléfono hasta que los pongas en una hoja de cálculo. Cuando llegue el momento de los impuestos, ya sabrá cuánto ha gastado en suministros médicos o gastos relacionados con el trabajo. Utilice su tarjeta de débito en lugar de su tarjeta de crédito. Entonces solo gasta lo que tiene, y si no guarda sus recibos, todo estará en su extracto bancario de todos modos.

Salga de las deudas tanto como sea posible. Es posible que siempre tenga deudas por educación, salud y hogar, pero puede pagar sus tarjetas de crédito y socavar las demás.

Ahorre tanto como sea posible. Ahorre empacando su propio almuerzo en lugar de salir a comer. Pon eso en un frasco. Use esas monedas cuando su hijo necesite cordones de zapatos o algo. Después de un tiempo de pagar con cambio, olvidas que alguna vez tuviste alguna dignidad; Es genial.

Si su trabajo ofrece un 401 (k), acéptelo. Inmediatamente. El 401 (k) sigue a la persona, no al trabajo. Si su trabajo ofrece horas extras, hágalo. Recoger turnos. Preséntese con su uniforme y pregunte quién quiere irse a casa. Cuando una pareja se queja de que no saben dónde está su mesera, prometa cuidarlos usted mismo porque claramente ella no valora a sus clientes. Luego embolsa esa propina de $ 20. Encuentra pequeños trucos para hacer tu trabajo, y tus errores funcionarán PARA ti.

Relaciones

Repara una relación.

Si tiene una relación en su vida que siente que debe repararse para poder seguir adelante con su vida, es posible que deba tomar la iniciativa. Puede que tenga que dar el primer paso, ofrecer la primera disculpa. No una disculpa falsa de "Lamento que te sientas así", sino una disculpa sincera de "Lamento haberte tratado de esa manera". Ni siquiera una disculpa medio sincera: "Lamento haberte tratado de esa manera, pero te lo merecías y aquí está el por qué ..." Deja que la segunda mitad se produzca si aceptan tu disculpa y puedes iniciar una discusión.

Finalizar una relación.

No todas las relaciones se pueden salvar y no todas deberían serlo. Si ha ofrecido una disculpa sincera y ha sido rechazado, puede ser el momento de reducir sus pérdidas y seguir adelante. Puede ser triste para ambos, pero algunas relaciones con el tiempo se vuelven tóxicas para una o ambas partes. Si este es el caso, puede intentar un último esfuerzo y luego debería deshacerse de él. Si vuelven, puedes ver cómo te sientes en ese momento y si es algo que quieres renovar. Algunas relaciones están mejor muertas. Revivir esos es el verdadero apocalipsis zombie.

Crea nuevas relaciones.

Cuanto más envejecemos, más difícil es crear nuevas relaciones. Tenemos que salir de nuestra zona de confort para conocer gente nueva. Habla con la gente de tu liga de bolos. Inicie una liga de bolos. Habla con gente nueva en las funciones a las que asistes con regularidad, como la iglesia, el kayak o la demanda de personas. O incluso reuniones familiares.

Ve a cosas semanales. Únete a Toastmasters. Migrarás hacia las mismas personas cada semana, pero ¿cuánto les hablas realmente? Conozca a alguien, más que a nivel superficial. Haga preguntas de sondeo como: "Si inventaras una superpotencia, ¿cuál sería?" Nada de este negocio de superpotencias ya inventado. Eso es aburrido. "Puedes viajar al pasado, antes de un gran desastre, con la capacidad de advertir a la gente, pero podrías apedrearte o quemarte como una bruja, o puedes viajar veinte segundos hacia el futuro todos los días. ¿Cuál eliges?"

Trabaja en las relaciones actuales.

Esfuérzate por mantener las relaciones que tienes. Desarrolle vínculos más profundos con las personas. ¿Conoce realmente sus esperanzas, temores, deseos y sueños?

Haga todo lo posible para mantenerse en contacto. La mayoría de las amistades se basan en la conveniencia, cuando es conveniente para ambas o todas las partes hablar o pasar el rato. Enviar mensajes de texto es una excelente manera de hacerles saber que estás pensando en ellos y ellos responderán cuando puedan. También es una excelente manera de comunicarse mal, pero eso se puede hacer en cualquier medio.

Conclusión

E spero que haya podido seguir los consejos y ejercicios a lo largo del libro y que estos ya hayan comenzado a tener efecto. Ahora, tenemos que lidiar con algo por lo que pasan todas las personas deprimidas. La razón por la que la depresión es tan poderosa es porque su mente le dice cosas negativas de forma continua. Refuerzas tu propia depresión. Si se dice a sí mismo que está deprimido todo el tiempo, entonces la depresión es lo único que puede experimentar. Bloqueas la posibilidad de sentirte diferente.

A lo largo de nuestra vida, tomamos nota de los comentarios negativos. Quizás tus padres fueron negativos sobre las cosas que hacías cuando eras niño. Quizás tu pareja sea crítica con tu forma de hacer las cosas. Quizás te criticas todo el tiempo como resultado de las experiencias por las que has pasado en tu vida. Una clienta en particular con la que trabajé tenía el potencial de hacer mucho en su vida, pero se contuvo porque continuamente se decía a sí misma que:

a) Ella no era lo suficientemente buena

b) Ella nunca lograría nada

c) Ella no tenía lo que se necesitaba para tener éxito

Ninguno de estos hechos era realmente cierto, pero se convenció a sí misma de que eran ciertos repitiéndolos continuamente. Si hacía algo mal, se insultaba a sí misma y repetidamente se decía a sí misma que era estúpida. El problema con este tipo de retroalimentación es que alimenta la depresión.

Por lo tanto, cuando se escuche a sí mismo hablando negativamente, apáguelo y déjelo ir. Dígale algo positivo a sí mismo y repita los mantras positivos a menudo para hacerle saber a su mente que en realidad no tiene que ser perfecto. Por cada comentario negativo que se escuche hacer, sígalo con una afirmación positiva, para evitar la depresión y comenzar a normalizar su estado de ánimo. Te hará mucho más feliz.

Durante el transcurso de este libro, ha aprendido diferentes formas de lidiar con su depresión y ansiedad. Necesita volver a los capítulos del libro y seguir los ejercicios nuevamente, haciéndolos parte de su vida diaria. Una vez que pueda hacer esto, se sentirá mejor acerca de quién es usted. Tendrá mejores interacciones con los demás y también podrá encontrar su propio nivel de felicidad.

Recuerda que tienes la opción. Conviértete en una estadística o respétate a ti mismo y trabaja para no convertirte en una estadística. La depresión ocurre cuando conviertes tu mente en una fuente de negatividad o dejas que tu entorno dicte quién eres. Al emplear los consejos que le he mostrado en este libro, puede alejarse de la depresión y sentirse mucho más saludable y feliz de manera permanente porque tendrá las herramientas mentales para lidiar con los eventos malos que suceden en la vida y podrá tomar ellos en su paso.

¡Voltea esta página para dejar una reseña de este libro en Amazon!

¡Gracias y buena suerte!